사랑은 느림에 기대어

일러두기

1. 본문에 인용한 성경 본문은 대한성서공회에서 펴낸 새번역판을 따랐으며, 개역개정판 이나 개역한글판을 인용한 경우 따로 표기했습니다.
2. 이 책에 실린 저작물은 해당 저작권자의 허락을 받아 게재하였으나 부득이하게 저자와 연락이 닿지 않아 허락받지 못한 저작물도 있습니다. 관련 저작물에 대해서는 출판사로 연락 주시기 바랍니다.

걸음을 늦추고 정성 다해
일상을 살아 내는 이들에게

사랑은 느림에 기대어

김기석

비아
토르

신앙이 깊어지려면 버려야 할 것은 버리고,

더러운 것은 닦아 내고, 지향을 바르게 해야 합니다.

지향은 다른 것 없습니다.

하나님을 사랑하고, 이웃을 사랑하는 것입니다.

사랑은 아낌과 존중으로 나타나야 합니다.

차례

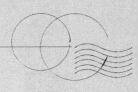

마주잡을손하나

불청객인 코로나19가 찾아온 후 세 번째 봄을 맞이한다. 잠시 머물다 갈 반갑지 않은 손님이라 여기며 대수롭지 않게 맞아들였는데, 이제는 아예 안방에 자리를 잡고 앉아 우리 일상을 거덜 내고 있다. 인간은 유정한데 대지는 무심하다. 봄이 되어 미세먼지가 또다시 시야를 가려도 꽃들은 어김없이 피어나고 굳은 대지를 뚫고 새싹들이 돋아난다. 천지불인天地不仁이라는 말이 조금도 그르지 않은 것 같다. 하기야 대지가 변덕스러운 인간의 감정에 따라 출렁인다면 어찌 살 수 있으랴. 우주의 리듬에 따라 묵묵히 제 할 일을 다 하는 땅과 하늘이 고마울 뿐이다.

　코로나19는 일종의 멈춤 신호였다. 욕망의 벌판을 질주하느라 숨 가쁜 사람들에게 잠시 멈추어 서서 제 꼴을 좀 돌아보라는 초대였다. 그러나 그 살뜰한 초대에 담긴 뜻을 헤아리는 이들이 많지 않은 것 같다. 지구의 신음이 도처에서 들려온다. 사람들은 "이것 참 큰일이군" 하고 탄식하면서도 예전에 하던 일을 계속한다. "노아가 방주에 들어가는 날까지, 사람들은 먹고 마시고 장가가고 시집가고 하였는데, 마침내 홍수가 나서, 그들을 모두 멸망시켰다"(눅 17:27). 경고의 나팔 소리가 이미 울렸는데도 사람들은 혼곤한 잠에서 깨어나려 하지 않는다. 깨어나는 순간 맞닥뜨려야 하는 음울한 현실에 지레 겁을 내는 것인지도 모르겠다. 지금이야말로 우리 삶을 점검해야 할 때다. 욕망에 조율된 우리 삶이 과연 지속 가능한가를 물어야 한다. 사람들을 무한 경쟁의 수레바퀴 속으로 밀어 넣는 이 사회 체제가 하나님의 뜻에 부합하는지 묻고 또 물어야 한다. 안타깝게도 그런 성찰은 일어나지 않는 것 같다.

예레미야는 남 왕국 유다가 무너지는 것을 눈으로 목도한 사람이다. 그는 사람들에게 미구에 닥쳐올 재난을 예고하지만, 누구도 거기에 귀를 기울이지 않았다. "아몬의 아들 요시야가 유다 왕이 되어, 십삼 년이 되던 해부터 오늘에 이르기까지, 이십삼 년 동안, 주님께서 나에게 계속하여 말씀하셨고, 나는 그것을 여러분에게 열심히 전하였으나, 여러분은 그 말을 전혀 듣지 않았습니다"(렘 25:3). 듣지도 않고, 들을 생각도 없고, 귀를 기울이지도 않는 이들에게 말을 해야만 하는 것처럼 곤고한 일이 또 있을까? 그래도 말하지 않을 수 없는 것이 예언자의 운명이다.

"태초에 말씀이 있었다." 얼마나 강력한 말인가? 하나님은 '말씀'으로 세상을 창조하셨다. 말씀을 뜻하는 히브리어 '다바르dabar'는 에너지로 가득 찬 말씀이다. 말씀은 창조적이어서 사건을 일으킨다. 그러나 오늘 우리의 말은 어떠한가? 아무것도 산출하지 못하는 텅 빈 기호일 때가 많다. 말이 넘치는 시대다. 저마다 메신저가 되어 자기 생각이나 의견을 드러낸다. 대면하고는 하기 어려운 말도 메일이나 문자를 통해서는 서슴없이 할 수 있다. 그 많은 말은 생산되자마자 시간의 뒤안길로 모습을 감추고 결국은 물거품처럼 스러지고 만다. 문자향文字香 서권기書卷氣가 서린 글이 더욱 그리운 시대다.

예언자에 비길 수는 없지만, 목회자도 말을 전하는 자다. 물론 사람 사이의 소통이 말로만 이루어지는 것은 아니지만, 말을 배제한 소통 또한 상상하기 어렵다. 언어言語라 할 때 언言은 단정적으로 하는 말이고, 어語는 함께 나누는 말이다. 말이 통한다는 말은 언어의 맥락을 피차 이해한다는 말이다. 맥락이 소거된 말은 정보를 전달할 수는 있지만, 그 말 속에 담긴 정서와 울림을 오롯이 전달할 수 없다. 일상을 공유하는 이들은 표현이 명료하지 않아도 상대방이 하는 말의 의미를 어렵지 않게 알아차린다. 말이 자연스럽게 흐르지 못할 때 마음의 흐름도 끊긴다. 지난 2년 남짓한 시간이 그러했다. 이제나저제나 말길이 트이기를 기다리다가 시간의 공백을 메우고 싶어 편지를 쓰기 시작했다. 그 편지는 교우들과 세상을 향한 말 건넴이었다. 누군가에게는 위로와 힘이 되고 또 누군가에게는 도전이 되기를 바랐다.

편지는 내밀하고 사적인 소통 행위다. 그러나 대상을 특정하지 않는 편지도 있다. "가을엔 편지를 하겠어요 누구라도 그대가 되어 받아 주세요"라는 유행가 가사처럼 매주 그리움의 잉크를 찍어 쓴 나의 편지를 누군가 '그대'가 되어 받아 주기를 바랐다. 가끔은 메아리가 들려오는지 귀를 기울이기도 했다. '느린 우체통'에 넣은 편지이니 답장이 올 때까지 더 많은 시간을 인내해야 하는지도 모르겠다.

어린 시절 서울에 유학 와서 살던 내게 가장 큰 기쁨은 시골에 계신 아버지의 편지를 받는 것이었다. "막내 보아라"로 시작되는 편지마다 객지에 사는 아들에 대한 염려와 사랑이 가득 담겨 있었다. 익숙한 글씨체와 문체에서 아버지의 숨결을 물씬물씬 느낄 수 있었다. 호롱불 아래 엎드려 한 자 한 자 꾹꾹 눌러쓰셨을 광경을 상상하는 것만으로도 고향 집 안방에 있는 것 같았다. 그 편지를 모퉁이가 닳을 때까지 주머니에 넣고 다녔던 것은 부모님이 내 곁에 계심을 느끼고 싶었던 까닭이었을 것이다. 나중에 랍비 브라츨라브의 나흐만이 들려준 비유를 들으며 어린 시절의 내 마음이 어떠했는지를 깨닫는다.

부왕父王으로부터 멀리 떨어진 곳에 한 왕자가 살고 있었다. 그는 아버지가 너무나도 그리웠다. 한번은 아버지한테서 편지가 왔는데 너무나도 기뻤다. 그는 편지를 소중하게 간직했다. 그러나 편지를 받고 기뻐하며 즐거워하는 만큼 아버지가 그리워졌다. 그는 자리에 앉아 한탄했다. "아, 아, 아버지의 손을 만질 수만 있다 해도 얼마나 좋을까? 나에게 손을 내밀어주신다면 그 손을 꼬옥 껴안으련만. 내 아버지요 스승이며 빛이신 그분에 대한 애타는 그리움을 입술에 담가 그 손가락 마디에 입을 맞추리라. 자비로우신 아버지, 아버지의 손가락을 만질 수만 있다 해도 얼마나 좋을까!" 그가 이렇게 아버지를 만져보고 싶은 그리움으로 한탄하는 동안, 머리를 번갯불처럼 스쳐 가는 생각이 있었다. 나에게는 아버지의 편지가, 당신 손으로 직접 쓰신 편지가 있지 않은가? 부왕의 친필이라면 그분의 손과 맞먹는 것 아닌가? 그러자 그의 가슴에서 큰 기쁨이 솟구쳤다.[1]

가끔 옛 선비들이 주고받은 편지를 읽는다. 예절을 갖추면서도 할 말을 다 하는 말의 품격에 적이 놀라곤 한다. 퇴계 이황은 동년배인 남명 조식에게 보내는 편지를 "황滉은 재배再拜합니다"라는 말로 시작한다. 조식은 답장에서 "문득 간절한 뜻으로 깨우쳐 주신 편지를 받고 보니, 저의 병통을 다스릴 약이 될 말씀이 넓고도 많아 아침저녁으로 만나던 사이 같았습니다"라고 말한다. 두 선비 사이에 흐르는 존경의 마음이 절로 느껴진다. 허균은 권필에게 내방을 권유하며 "바람 잘 드는 마루를 벌써 쓸어 놓고 기다리오"라고 말한다.[2] 무슨 말이 더 필요한가. 참 절절한 그리움이다. 정확한 기억은 아니지만, 근대기의 문인은 웃어른이 보내온 편지에 대한 답신에서 "편지를 받자옵고 세수를 하고 무릎을 꿇고 앉아 읽었습니다"라고 말한다. 그 마음이 느껴워 가슴이 울컥했던 기억이 또렷하다.

사도 바울도 많은 편지를 썼다. 대개는 신생 교회가 직면하고 있던 문제들에 신학적 답을 제시하거나 누군가를 추천하기 위해서였다. 편지에는 발신인의 감정이 담겨 있을 때가 많다. 교인들을 향한 뜨거운 그리움과 감사의 마음을 담기도 하고, 사람들을 오도하거나 십자가의 길에서 멀어진 이들에 대한 걷잡을 수 없는 분노를 가감 없이 드러내기도 한다. 눈이 침침해지면 대필을 세워서라도 편지를 썼다. 그가 바라는 것은 오직 사람들이 '그리스도 안에서' 우뚝 서도록 돕는 것이었다. 바울은 그리스도인들을 가리켜 이렇게 말한다.

여러분은 분명히 그리스도께서 쓰신 편지입니다. 우리는 그것을 작성하는 데에 봉사하였습니다. 그것은 먹물로 쓴 것이 아니라 살아 계신 하나님의 영으로 쓴 것이요, 돌판에 쓴 것이 아니라 가슴 판에 쓴 것입니다(고후 3:3).

교우들에게 보냈던 편지를 책으로 엮는 것이 격에 맞지 않는 일인지도 모르겠다. 그래도 덧정 없는 시간의 강물에 떠밀리면서도 우리가 지향해야 할 방향을 잃지 않기 위해 몸부림쳤던 한 사람의 기록으로 읽어 주면 좋겠다. 고정희 시인의 〈상한 영혼을 위하여〉에 나오는 한 구절을 꼭 붙들고 싶다. "캄캄한 밤이라도 하늘 아래선/ 마주 잡을 손 하나 오고 있거니."[3]

현실은 중력처럼

> 누가 "나는 마음이 깨끗하다. 나는 죄를 말끔히
> 씻었다" 하고 말할 수 있겠느냐? 규격에 맞지
> 않은 저울추와 되는 모두 주님께서 미워하시는
> 것이다. 비록 아이라 하여도 자기 행위로 사람
> 됨을 드러낸다. 그가 하는 행실을 보면, 그가 깨
> 끗한지 더러운지, 올바른지 그른지, 알 수 있다
> (잠 20:9-11).

주님의 사랑이 우리 가운데 임하시기를 빕니다.

날이 제법 차갑습니다. 소한 절기를 맞이했으니, 어찌 보면
당연한 일이겠습니다. 안락함과 편안함에 길든 비루한 몸 탓인
지 바람 앞에 우뚝 설 생각이 들지 않습니다. 요즘 같은 세월에
감기에 걸리면 큰일이라는 생각도 물론 그러한 나태함에 한몫
하고 있습니다. 아무쪼록 건강하게 이 추위를 이겨 낼 수 있기
를 빕니다.

러시아 시골 마을인 야쿠티아의 오미야콘 초등학생들은 영
하 50도에도 등교를 한다는 보도를 보았습니다. 세상에서 제

일 추운 마을이라는 그 마을 아이들의 빨간 볼이 떠오릅니다. 사람의 적응력은 정말 대단합니다. 얼음의 세계에서도, 사막의 열기 속에서도, 물 위에서도 삶을 일구니 말입니다. 혹독한 추위에 저의 어린 시절이 떠올랐습니다. 그 시절을 거친 이들 모두가 겪은 일입니다. 웃풍이 심한 방에서 겨울을 나기란 여간 힘겨운 것이 아니었습니다. 머리맡에 뭉쳐 두었던 걸레가 새벽이면 꽝꽝 얼었고, 이불 속에 들어가 있어도 하얀 입김이 피어올랐습니다. 방바닥의 갈라진 틈으로 연탄가스가 스며들어 곤욕을 치른 경험이 있기에 창문을 빠끔히 열어 둘 수밖에 없었습니다. 그 틈으로 들어오는 황소바람이 어찌나 차갑던지요. 아침이 되어 수돗가로 나가면 고무 대야에 밤새 똑똑 떨어진 물이 꽁꽁 얼어 있기 일쑤였고, 바가지로 얼음을 깨뜨린 후 그 아래 고여 있던 물로 세수를 했습니다. 마치 칼로 베는 것처럼 얼굴이 시렸던 기억이 지금도 또렷합니다.

빙판으로 변해 버린 가파른 마을 길은 간밤에 무슨 일이 벌어졌는지를 알려 줍니다. 늦은 저녁에 온 물차에서 물을 받은 주민들이 물지게를 지고 비틀비틀 언덕을 오르다가 쏟은 물이 빙판을 만든 것입니다. 사람들은 집집마다 내놓은 연탄재를 깨뜨려 길을 만들곤 했습니다. "연탄재 함부로 발로 차지 마라/ 너는/ 누구에게 한 번이라도 뜨거운 사람이었느냐"[4]고 묻던 안도현 시인의 시가 그대로 피부에 와닿는 것은 그런 경험이 있기 때문일 겁니다.

몇 해 전, 남극 황제펭귄의 생태를 다룬 다큐멘터리를 보았습니다. 극한의 추위 속에서 살아가는 펭귄들 모습이 생명의 아름다움과 장엄함을 일깨워 주었습니다. 그런 상황에서도 알을 낳고, 알이 얼지 않도록 발 위에 올려놓고 아랫배로 눌러 보호하는 펭귄의 모성애 혹은 부성애를 보며 생명 경외를 가르친 알베르트 슈바이처가 떠오른 것은 어쩌면 당연한 일인지도 모르겠습니다. 그 가운데서도 잊을 수 없는 것은 허들링huddling 이었습니다. 남극의 혹한을 견디기 위해 펭귄들은 서로 몸을 기댄 채 거대한 집단을 이루어 바람에 맞섭니다. 원의 중심부에는 상당한 온기가 발생한다고 합니다. 맨 바깥에 있는 펭귄들은 온몸으로 바람을 막아 내야 하고 체온이 떨어질 수밖에 없습니다. 그래서 조금씩 움직이며 안쪽에 있던 펭귄들은 바깥쪽으로 이동하고, 바깥쪽에 있던 펭귄들은 안쪽으로 이동하는 허들링을 한다고 합니다. 따뜻한 안쪽을 독차지하려고 수단 방법을 가리지 않는 인간 세상보다 훨씬 낫다는 생각이 들었습니다. 하나의 공동체가 건강해지려면 바로 이런 원리가 작동해야 합니다.

이번 주간의 뜨거운 이슈는 양부모에게 학대받다가 숨진 정인이 이야기였습니다. 너무 끔찍하여 보도를 보기 어려웠습니다. '사람이 어찌 이럴 수가 있나!', '세상이 어쩌다 이 지경이 되었나!' 하는 탄식이 절로 나왔습니다. 불쌍한 사람이 억눌리고, 가련한 사람이 폭력에 쓰러지는 일이 비일비재하게 일어나는 현실이지만, 그 대상이 여리고 여린 아이라는 사실에 말문이 막힐 따름입니다. 게다가 그 양부모란 사람들이 둘 다 목사의 자녀고 유명한 기독교 대학 출신이라는 사실을 알고는 더 놀랐습니다. 이 세상에 와서 꽃도 피워 보지 못하고 학대받다가 죽어 간 아이를 하나님께서 선하신 능력으로 안아 주시기를 바랄 뿐입니다.

잘 믿는 것처럼 보이는 이들 중에도 실천적 무신론자가 있음을 우리는 알고 있습니다. 하나님을 믿는다 하면서도 하나님을 경멸하는 이들이 있습니다. 이런 현실 가운데서 시편 시인의 고백과 기도가 절절하게 다가옵니다. "주님께서는 학대하는 자의 포악함과 학대받는 자의 억울함을 살피시고 손수 갚아 주려 하시니 가련한 사람이 주님께 의지합니다. 주님께서는 일찍부터 고아를 도우시는 분이셨습니다"(시 10:14). "그런데 왜?"라는 질문이 떠오릅니다. 정인이가 그렇게 지속적인 학대를 당할 때 하나님은 왜 바로잡지 않으셨는지요? 참담한 일이 벌어질 때마다 우리는 이런 질문 앞에 서곤 합니다. 누구에게도 해답은 없습니다.

나치 수용소에서 살아남아 증언자로 일생을 산 엘리 위젤Elie Wiesel의 희곡 《샴고로드의 재판Le Proces de Shamgorod》은 17세기 유럽에서 벌어진 유대인 집단 학살 문제를 다루고 있습니다.[5] 엘리 위젤은 "하나님이 선하시고 전능하시다면 왜 그런 일을 방관하셨느냐?"는 질문 앞에 우리를 세웁니다. 작품에 등장하는 이들은 하나님을 피고석에 앉힌 채 하나님에 대한 모의재판을 엽니다. 재판을 하려면 원고와 피고, 재판장과 변호인이 있어야 합니다. 그러나 누구도 변호인 역할을 하겠다고 나서지 않습니다. 나중에 한 나그네가 등장하여 변호사를 자처하면서 그럴듯한 논리를 펴지만, 사실 그는 사탄이었습니다. 세상에서는 우리가 아무리 이해하려 해도 이해할 수 없는 일들이 벌어지곤 합니다. 어떤 이들은 그것이 '신이 없다는 증거' 혹은 '신이 무능하다는 증거'라고 말합니다. 정말 그런 걸까요? 신정론 theodicy의 문제는 이처럼 언제나 우리를 당혹스럽게 합니다.

성경의 하나님은 안타깝게도 '기계 장치로서의 하나님Deus ex Machina'이 아닙니다. 인간의 무대에 갑자기 등장하여 악인들을 처벌하고 선인들을 구하시지 않는다는 말입니다. 역사는 그래서 악인들의 독무대처럼 보입니다. 하나님의 시간은 인간의 시간과 다릅니다. 하나님께는 하루가 천 년 같고, 천 년이 하루와 같습니다. 우리는 당장 눈앞의 현실을 바라보며 조급해하지만, 하나님의 시간은 더디게만 흐릅니다. 우리는 하나님의 뜻이 결국 이루어질 것을 믿습니다. 마틴 루서 킹 주니어 목사는 이런 현실을 바라보며 의미심장한 말을 남겼습니다. "우주의 윤리적 포물선은 길지만, 그 방향은 정의 쪽으로 굽어 있다."[6] 이 말씀을 붙들고 살아야 합니다. 온 힘을 다하여 역사를 그 방향으로 밀어붙이는 것이 믿는 이들의 소명입니다. 참담한 일이 벌어질 때마다 투덜거리는 것만으로는 문제가 해결되지 않습니다. 아동 학대 방지 법안 90여 건이 국회에 계류 중이랍니다. 중대재해 처벌 등에 관한 법률도 아직 처리되지 않았습니다.[7] 천하보다도 귀한 생명이 낭비되지 않는 사회를 만드는 것은 우리의 꿈이지만, 더 근본적으로 하나님의 꿈입니다. 생명을 비용의 문제로만 다루지 말아야 합니다.

이제 교회는 매우 중대한 갈림길에 서 있습니다. 젖과 꿀이 흐르는 땅에 대한 소망을 품고 광야로 들어갔던 탈출 공동체는 거듭되는 시련과 난관 앞에서 회의에 빠졌습니다. 영롱했던 꿈은 어느새 퇴색되고 고생스러움만 도드라지게 느껴졌기 때문입니다. 그들은 모세를 원망하면서 애굽의 끓는 가마솥을 그리워했습니다. 노예처럼 부림을 받던 시절, 자기 삶의 주체로 설 수 없던 시절을 그리워하는 것처럼 안쓰러운 일이 또 있을까요? 지향해야 할 목표가 흐릿하면 현실은 중력처럼 우리를 잡아당깁니다. 많은 이들이 순례자의 삶을 포기합니다. 명목상의 기독교인들은 많지만 혼신의 힘을 다하여 믿음 안에 머물려는 이들은 많지 않습니다. 이게 오늘 우리의 현실입니다. 겉으로는 좋은 신앙인처럼 보이지만, 여전히 어둠의 영에 속한 이들이 있습니다. 열정적이지만 그 열정의 방향이 잘못되면 자기도 해치고 남도 해칩니다. 끝없는 성찰과 각고의 노력이 필요한 것은 그 때문입니다. 믿음이 때로는 자기를 속이는 허위의식일 수 있음을 늘 자각해야 합니다.

옛 선비들은 자기 닦음에 철저했습니다. 《대학大學》의 팔조목八條目은 격물格物, 치지致知, 성의誠意, 정심正心, 수신修身, 제가齊家, 치국治國, 평천하平天下입니다. 큰 배움을 통해 더 좋은 사람이 되려는 사람이라면 반드시 수행해야 할 덕입니다. 선비들은 아홉 가지 바른 생각九思과 아홉 가지 바른 몸가짐九容을 유지하려고 늘 경계했습니다. 발걸음을 가벼이 하지 않기, 손을 공손하게 맞잡기, 눈을 단정하게 뜨기, 입을 다물고 있기, 말소리를 고요하게 하기, 머리를 곧게 들고 몸을 바르게 하기, 호흡을 가지런하게 하기, 의젓하고 품위 있게 서기, 얼굴빛을 명랑하고 점잖게 유지하기 등이 그것입니다. 지금 우리에게 필요한 것도 이런 수련 혹은 수행이 아닌가 싶습니다. 예수님은 "너희의 의가 율법학자들과 바리새파 사람들의 의보다 낫지 않으면, 너희는 하늘 나라에 들어가지 못할 것이다"(마 5:20)라고 말씀하셨습니다. 믿음은 행함을 배제하지 않습니다. 행함이 없는 믿음은 허위의식일 따름입니다.

신앙이 깊어지려면 버려야 할 것은 버리고(끊음), 더러운 것은 닦아 내고(씻음), 지향을 바르게 해야 합니다. 지향은 다른 것 없습니다. 하나님을 사랑하고, 이웃을 사랑하는 것입니다. 사랑은 아낌과 존중으로 나타나야 합니다. 사람을 대하는 태도를 보면, 그가 빛에 속한 사람인지 어둠에 속한 사람인지 알 수 있습니다. 시간이 많지 않습니다. 너무 늦기 전에 관계 속에 하늘의 빛을 모셔 들여야 합니다. 새해 두 번째 주일을 앞두고 있습니다. 새로운 존재로 빚어지기 위해 더욱 정성스럽게 살아야 하겠습니다. 성령께서 우리 속에 생기를 불어넣으시어, 생명과 평화의 파종자로 살아갈 수 있게 해 주시기를 빕니다.

2021년 1월 7일

희미한 빛,
미미한 희망이라 해도

> 이제 나는 깨닫는다. 기쁘게 사는 것, 살면서 좋
> 은 일을 하는 것, 사람에게 이보다 더 좋은 것
> 이 무엇이랴! 사람이 먹을 수 있고, 마실 수 있
> 고, 하는 일에 만족을 누릴 수 있다면, 이것이야
> 말로 하나님이 주신 은총이다(전 3:12-13).

환자를 대동하고 병원에 다녀왔습니다. 병원 문을 나서니 눈
이 퐁퐁 내리고 있었습니다. 시야를 가릴 정도로 내리는 눈이
시원의 세계로 저를 안내하는 듯했습니다. 갑자기 열린 흰 세
계를 보니 가와바타 야스나리의 《설국雪國》이 떠올랐습니다. 이
소설을 처음 읽은 때가 고등학교 2학년 무렵이 아닌가 싶습니
다. 지금은 내용도 가물가물하지만, 첫 문장만은 잊을 수 없습
니다. "국경의 터널을 빠져나가니, 설국이었다." 삶의 무거움을
조금쯤 짐작하며 현실과는 아주 다른 세계를 꿈꾸었던 터라,
이 문장은 그야말로 주술처럼 제 마음을 사로잡았습니다.

휜 눈으로 덮인 세상은 사람을 낭만적으로 만듭니다. 시를 잘 알지 못하는 사람도 백석의 〈나와 나타샤와 흰당나귀〉에 나오는 한두 구절을 떠올리게 마련입니다. "가난한 내가/ 아름다운 나타샤를 사랑해서/ 오늘밤은 폭폭 눈이 나린다."[8] 나타샤란 이름이 이국적입니다. 러시아 문학을 공부했던 백석에게는 외롭고 쓸쓸한 자기 마음을 의탁하기에 적절한 이름이었을 것입니다. 이 시구가 유난히 마음을 사로잡는 까닭은 나타샤를 사랑하는 것과 눈이 내리는 것을 인과 관계로 연결하고 있기 때문일 겁니다. 사랑이란 그런 것이지요. 마치 황지우 시인이 〈너를 기다리는 동안〉이라는 시에서 설렘 가운데 기다리는 이의 심정을 드러내기 위해 "바스락거리는 나뭇잎 하나도 다 내게 온다"[9]고 노래했던 것과 비교할 수 있을 것 같습니다.

아파트 앞은 눈밭으로 변했고, 아직 초등학교도 들어가지 않은 듯한 아이 둘이 엄마와 함께 나와 썰매를 탑니다. 이럴 때를 대비하여 미리 마련해 놓았던 것일까요? 그런데 저만치에서 나무라는 소리가 들려옵니다. 경비 아저씨였습니다. 아이들이 썰매를 타고 놀면 길이 빙판이 될까 걱정되었던 것이겠지요. '에이, 잠깐만 눈감아 주시지.' 속으로만 생각했습니다. 내리는 눈은 사람을 무장 해제시키는 것 같습니다.

〈위대한 침묵*Die Große Stille*〉은 제가 제일 좋아하는 다큐멘터리입니다. 무려 168분짜리이니 짧다고 할 수 없는 작품입니다. 해발 1,300미터 알프스 산자락에 자리한 그랑드샤르트뢰즈 수도원의 삶을 조용히 보여 줍니다. 카르투시오 수도원은 규율이 엄격한 봉쇄 수도원입니다. 대사도 별로 없고, 자연의 소리 이

외의 인위적인 음악도 일체 배제하고, 자연조명만으로 제작한 다큐멘터리입니다. 수도원의 삶은 단순하기 이를 데 없습니다. 기도하고 찬양하고 노동하고 침묵하는 것이 다입니다. 침묵 속에서 농사짓고, 음식 만들고, 상 차리고, 설거지하고, 옷을 다림질하는 수도사들 모습이 참 거룩해 보입니다. 단순한 일상입니다. 변하는 것이 있다면, 계절뿐입니다. 다큐멘터리를 보던 이들이 유일하게 웃음을 터뜨리는 장면이 있습니다. 산골에 눈이 내리자 하얀 수도복을 입은 수사들이 열을 지어 언덕을 오릅니다. 울력이라도 하려는 것인 줄 알았습니다. 그런데 뜻밖에도 언덕 아래로 미끄럼을 타며 내려왔습니다. 근엄하던 수사들 입에서 깔깔거리는 웃음이 터져 나왔습니다. 저는 이 장면이 참 좋습니다. 아름다움을 향유할 줄 아는 능력과 놀이야말로 인간을 아름답게 만든다는 프리드리히 쉴러Friedrich Schiller의 말에 깊이 공감합니다. 우리들 속에는 너나없이 아이가 숨어 있습니다. 역할과 지위와 나이라는 의상에 가려져 있을 뿐입니다. 그 아이가 잠시 깨어날 때 우리는 맑은 웃음을 웃을 수 있습니다. 유머가 사람들 사이의 긴장을 풀어 준다면, 웃음은 우울을 해독하는 명약입니다.

예수님의 초상을 그린 화가들은 한결같이 그분의 거룩하신 모습을 담아내기 위해 고심했습니다. 맑고 고요한 관상觀想의 깊이 속에 머무시는 주님을 그린 그림도 있고, 적대자들 앞에서도 한없이 평온한 모습을 담은 그림도 있습니다. 광야에서 시험을 받으시는 장면이나 겟세마네 동산에서 기도하시는 모습을 담은 그림 또한 비장합니다. 십자가 처형 장면을 형상화한 그림은 숭고한 아픔으로 우리를 압도합니다. 복음서에는 예수께서 눈물을 흘리시는 장면이 몇 번 나옵니다. 베다니 마을에 살던 나사로의 죽음에 비통해하는 사람들을 보면서 예수님은 눈물을 흘리셨습니다(요 11:35). 평화를 알지 못하는 도성 예루살렘의 운명을 예감하면서도 주님은 우셨습니다. "예수께서 예루살렘 가까이에 오셔서, 그 도성을 보시고 우시었다"(눅 19:41). 이 말씀 앞에 설 때마다 가슴이 미어지는 것 같은 아픔이 느껴집니다. 히브리서 기자는 "예수께서 육신으로 세상에 계실 때에, 자기를 죽음에서 구원하실 수 있는 분께 큰 부르짖음과 많은 눈물로써 기도와 탄원을 올리셨습니다"(히 5:7)라고 기록하고 있습니다.

그런데 예수님이 웃으셨다는 기록은 보이지 않습니다. 시편에는 하나님이 웃으셨다는 표현이 나옵니다. 시인은 주님을 거역하고 역사의 주권자임을 인정하지 않는 이들을 보며 "하늘 보좌에 앉으신 이가 웃으신다"(시 2:4)고 말합니다. 이 웃음은 기쁨의 웃음이 아니라 비웃음입니다. 예수님은 정말 웃지 않으셨던 것일까요? 1980년대 초반에 민주화 운동에 투신하던 기독교인들이 좋아하던 예수의 초상이 있습니다. 그 그림 속에서 주님은 너털웃음을 터뜨리고 계십니다. 억압과 두려움이 먹장구름처럼 우리를 짓누를 때 주님의 그런 표정은 우리를 적잖이 가볍게 만들어 줍니다. 스스로 경건하다 자부하던 이들이 예수님을 조롱하기 위해 붙인 별명이 있습니다. '마구 먹어 대는 자', '포도주를 마시는 자', '세리와 죄인의 친구'입니다(마 11:19). 이런 별명에서 유추할 수 있는 것은 적어도 목을 조르

듯 사람들을 답답하게 만드는 분은 아니었다는 사실입니다. 흔쾌하게 초대에 응하고, 낯선 이들과의 잔치를 즐기시던 주님은 분명 젠체하는 태도로 사람들을 주눅 들게 만드는 분이 아니라, 사람들 마음을 유쾌하게 만드는 분이 아니었을까요? 영혼이 맑은 사람, 깊은 곳에 잇대어 사는 사람은 강박적일 수 없습니다. 이런 말씀을 드리는 까닭은 힘들더라도 자꾸 유쾌하게 현실을 대하자고 말씀드리고 싶기 때문입니다.

헤르만 헤세의 〈행복〉이라는 시는 역설적 진실을 보여 줍니다. 우리는 모두 행복하기를 바랍니다. 그런데 헤세는 그 바람이 절박할수록 행복은 더 멀어질 뿐이라고 말합니다. 행복을 인생의 목적으로 삼는 사람, 목표나 목적을 정해 놓고 맹렬히 돌진하는 사람은 행복을 누릴 자격이 없다는 것입니다.

행복을 붙잡으려고 쫓아다닌다면,
너는 아직 행복을 누릴 자격이 없는 거야,
사랑스러운 모든 것이 네 것이 된다 해도.
잃어버린 것을 네가 안타까워하고
목표를 정해 놓고 초조해한다면,
너는 아직 평화가 무엇인지 모르는 것.
모든 갈망을 단념하고
목표나 욕망 따위를 더 이상 알지 못할 때,
행복이라는 말을 더 이상 입에 담지 않을 때,
비로소 일상의 물결은 더 이상 네 마음을
괴롭히지 않고, 네 영혼은 안식을 찾으리라[10]

대충대충 살라는 말이 아닙니다. '행복을 위하여'라고 말하며 조바심치거나 안달하지 말고, 주변 사람들을 고문하지 말고, 묵묵히 일상을 충실히 살아 낼 때 비로소 영혼의 안식을 누릴 것이라는 말입니다. 신앙생활이란 영원에 잇댄 오늘을 사는 것입니다. 지금 우리에게 주어진 시간이 하나님의 값진 선물임을 자각하면서 한껏 기뻐하며 사는 것이 우리의 의무입니다. 의무라는 단어가 조금 무겁지요? 그렇다면 영적 지혜라는 말로 바꿔도 좋습니다.

웃기 어려운 처지에 있는 분들이 많음을 잘 압니다. 벼랑 끝에 선 듯 삶이 위태로운 분들도 있습니다. 그럴수록 우울의 늪에 빠져들지 않아야 합니다. "주님, 내가 깊은 물 속에서 주님을 불렀습니다. 주님, 내 소리를 들어 주십시오. 나의 애원하는 소리에 귀를 기울여 주십시오"(시 130:1-2). '깊은 물' 속에 빠져들 듯 암담한 상황에 있다 해도 우리 기도를 들으시는 하나님을 신뢰하십시오. 잠시 쓰린 시간을 견디고 나면 새로운 희망의 날이 움터 올 것입니다. 희미한 빛, 미미한 희망이라 해도 꼭 붙드십시오. 그 작은 빛과 희망이야말로 하나님의 은총이 우리 가운데 스며드는 통로이니 말입니다. 한 주간도 주님이 주시는 평화를 누리시고, 주위 사람들에게 명랑함을 감염시킬 수 있기를 빕니다. 안녕히 계십시오.

2021년 1월 14일

근심의 무게

내가 하나님 안에서 모든 것을 보고, 모든 것 안에서 하나님을 보는 날이야말로 영적 각성의 날이다. _메히틸트 폰 마그데부르크

주님이 주시는 평강이 교우 여러분과 함께하시기를 빕니다.

대한大寒 절기에 접어들었습니다. 겨울의 마지막 절기라지요? "설중雪中의 봉만峯巒들은 해 저문 빛이로다."[11] 머리에 흰 눈을 이고 있는 산을 바라보면 마음이 차분해집니다. 땅의 현실이 팍팍하기 때문일까요? 설산은 마치 신비의 세계로 통하는 문처럼 여겨지기도 합니다. 경이의 눈으로 세상을 볼 때 우리는 하늘의 광채를 보게 됩니다. 괴테가 "모든 산봉우리에는 정적이 있다"[12]고 말한 것도 같은 진실을 보았기 때문일 겁니다.

우리나라에서 코로나19 첫 번째 환자가 발생한 지 벌써 1년

이 되었다고 합니다. 참 긴 세월이었습니다. 초창기만 하더라도 이 감염병이 이렇게 심각하게 일상을 뒤흔들어 놓으리라고 예측하지 못했습니다. 그저 몇 주만 불편을 감수하면 될 줄 알았습니다. 그러나 질병은 이러한 낙관을 무참하게 짓밟았으며, 우리더러 삶을 돌아보라고 요구하고 있습니다. 여기저기서 포스트-코로나 담론이 쏟아져 나오는 것은 그 때문입니다. 이구동성으로 하는 말은 더는 이전과 같은 방식으로 살 수 없다는 것입니다. 불편을 즐겁게 선택하는 지혜가 필요한 것 같습니다.

교우들 가운데 어려움을 겪는 이들이 여럿 있습니다. 건강 문제로 입원하고 수술하거나 수술을 앞둔 이들도 있고, 병이 재발하여 어려운 시기를 지나는 이들도 있습니다. 화재로 작업장을 잃어버린 가족도 있습니다. 일자리를 잃고 몸에 익지도 않은 노동 현장에 선 이도 있고, 전직轉職을 준비하는 이도 있습니다. 퇴직을 앞두고 새로운 사업을 시작한 이도 있습니다. 모두 절박합니다. 그런데 현실은 어떠합니까? "역병이라는 존재는 인간의 절박함에 관심이 없다. 역병 그 자체의 운동 원리에 충실할 뿐이다."[13] 냉혹한 현실입니다. 이 어려운 현실에 직면한 이들에게 필요한 것은 '내가 혼자가 아니구나' 하는 자각입니다. 사랑과 관심 그리고 기도가 절실히 필요합니다. 인생에서 가장 힘겨운 시간을 견디고 있는 모든 이들을 은총의 큰 손으로 감싸 주시기를 하나님께 청할 뿐입니다.

하나님께서 부르셨을 때 아브라함은 '살던 땅'과 '난 곳', '아버지의 집'을 떠났습니다. 익숙한 곳을 떠나는 것은 위험에 뛰어드는 것을 뜻합니다. 보호해 줄 울타리가 없는 곳에서 낯선 존재로 사는 것은 모험일 수밖에 없습니다. 그러나 떠나지 않으면 더 큰 세계에 접속하지 못합니다. 새가 부화하려면 알을 깨고 나와야 하는 것과 같은 이치입니다. 깨지는 것은 아픔을 동반하지만, 더 큰 세계로 도약하는 것이기도 합니다. 부등깃이 자라 날개가 제법 펼쳐지면, 새들은 허공으로 도약을 감행하며 날기를 연습합니다. 창공을 자유롭게 날기까지는 부단한 노력이 필요합니다. 어쩌면 사는 게 그런 건지도 모르겠습니다. 교우들이 겪는 어려움이 새로운 삶으로의 열림이 되기를 바랍니다.

경제적 어려움도 힘들지만, 정서적 긴장감이 더 견디기 어렵습니다. 지속적인 긴장 속에 머물 때 마음속 여백은 줄어들고 낯빛은 어두워집니다. 말이 퉁명스러워지고, 표정 또한 싸늘해지기 쉽습니다. 누군가를 원망하는 마음이 커지고, 분노심에 사로잡히기도 합니다. 그럴수록 시선을 다른 데로 돌려야 합니다. 몸의 자세가 바뀌면 생각도 바뀝니다. 제가 종종 산책을 즐기는 것도 그 때문입니다. 슈테판 츠바이크^{Stefan Zweig}는 거리를 두면 모든 것이 변한다면서 몽테뉴^{Michel de Montaigne}의 견해를 예로 들었습니다.

작은 장소에 묶여 있는 사람은 작은 근심에 빠진다. 모든 것은 상대적이다. 몽테뉴는 언제나 거듭, 우리가 근심이라 부르는 것은 자체 무게를 지닌 것이 아니라 우리가 그것을 키우거나 줄이는 것이라고 말한다. 모든 것은 그 자체의 무게를 지니는 것이 아니라 우리가 그것에 부여한 무게를 지닌다. 가까이 있는 것이 멀리 있는 것보다 더 많은 근심을 만들어내고, 우리가 작은 척도로 움직일수록 작은 것이 더 많은 근심을 만들어낸다.[14]

어떤 일 혹은 사태에 우리가 부여한 무게가 우리가 느끼는 무게라는 말이 크게 와닿습니다. 매사를 가볍게 대하라는 말은 아닐 것입니다. 진중하게 살면서도 언제나 더 큰 세계와의 관계 속에서 자기 삶을 살필 필요가 있습니다. "내가 눈을 들어 산을 본다. 내 도움이 어디에서 오는가? 내 도움은 하늘과 땅을 만드신 주님에게서 온다"(시 121:1-2). 이 시의 맥락에서 '산'은 '시온'을 가리키는 말인 동시에 하늘과 땅을 만드신 주님을 암시합니다. 중요한 것은 '눈을 들어'라는 말입니다. 시선을 돌리는 것은 회피가 아닙니다. 현실을 제대로 보기 위한 일종의 거리 두기입니다. 현실은 우리를 한없이 몰아댑니다. 거기 휩쓸려서 전전긍긍하다 보면 방향을 잃고 헤매게 마련입니다. 정신없이 앞만 보고 달리던 어느 날 문득 길을 잃었다는 자각이 찾아들기도 합니다. 그때야말로 영원의 세계가 우리를 소환하는 순간입니다. 잠시 심호흡을 하며 숨을 가다듬고 다시 시작할 용기를 내야 합니다. 전도자의 말에 귀를 기울이십시오.

인생을 즐겁게 지내고자 하는 사람, 그 사람은 누구냐? 좋은 일을 보면서 오래 살고 싶은 사람, 그 사람은 또 누구냐? 네 혀로 악한 말을 하지 말며, 네 입술로 거짓말을 하지 말아

라. 악한 일은 피하고, 선한 일만 하여라. 평화를 찾기까지, 있는 힘을 다하여라(시 34:12-14).

인생을 즐겁게 지내고자 하는 사람, 좋은 일을 보면서 오래 살고 싶은 사람은 누구입니까? 말씀은 우리를 물음표 앞에 세웁니다. 알고 있다고 생각하던 것도 누군가 정색하고 물으면 낯설게 보입니다. 질문은 삶의 환기창과 같습니다. 전도자의 이 질문은 삶을 근본부터 다시 돌아보라고 요구합니다. 염세주의자가 아니라면 세상에 즐겁게 살고 싶지 않은 사람이 어디 있겠으며, 좋은 일을 보며 오래 살고 싶지 않은 사람이 누가 있겠습니까?

누구나 바라는 바지만, 그렇게 살지 못합니다. 왜 그럴까요? 대답은 간명합니다. 거짓말을 하고, 악한 말을 하기 때문입니다. 거짓말은 자기의 부끄러움을 숨기거나 자기를 확대하려는 욕망에서 비롯된 말이고, 악한 말은 다른 이들을 밀어내거나 어려움에 빠뜨리기 위해 하는 말입니다. 자기 확장 욕망과 타자 부정이야말로 즐거운 삶의 적임을 알 수 있습니다.

존 웨슬리John Wesley는 감리교인들이 꼭 붙들어야 할 삶의 원리를 세 가지로 제시했습니다. 해를 끼치지 말라do no harm, 선을 행하라do good, 하나님의 사랑 안에 머물라stay in love with God. 해를 끼치지 않는 것이 소극적 윤리라면, 선을 행하는 것은 적극적으로 수행해야 할 윤리입니다. 선을 행하기 위해서는 손해를 감수해야 할 때도 있고, 위험을 무릅써야 할 때도 있습니다. 며칠 전 뉴스에서 눈이 펑펑 내리던 날 추위에 떠는 사람에게 자기가 입고 있던 외투와 장갑을 벗어 준 사람의 이야기를 들었습니다. 자세한 사정은 알 길이 없지만, 선을 행한 한 사람의 이야기가 냉랭한 세상의 얼음을 깨는 봄소식처럼 들려왔습니다. 그가 봄소식이 될 수 있었던 까닭은 자기 속에 이미 봄이 와 있었기 때문일 겁니다. 하나님의 사랑 안에 머물 때 이웃들에게 따뜻함과 친절함으로 다가갈 수 있습니다.

인생을 즐겁게 살고자 하는 사람이 꼭 명심해야 할 것이 하나 더 있습니다. "평화를 찾기까지, 있는 힘을 다하여라." 평화는 기다린다고 하여 저절로 주어지지 않습니다. 척박한 땅에 나무를 심고 물을 주어 가꾸는 사람이 있어 광야가 푸르러지듯, 평화로운 세상은 그런 세상을 열기 위해 혼신의 힘을 다하는 사람들을 통해 조금씩 드러납니다. 평화를 만드는 사람은 자기가 세상의 중심이 아니라는 사실을 아는 사람입니다. 스스로 중심이 되려는 마음을 버리지 않는 한 평화를 만드는 사람이 될 수 없습니다. 하늘 보좌를 버리고 인간의 아픔과 비애가 서린 폭력의 세상에 오신 주님의 마음을 품은 사람이라야 평화를 지향할 수 있습니다.

코로나 블루라는 가파른 언덕을 허위단심으로 넘느라 다 숨이 가쁘지만, 가끔은 멈춰 서서 하늘도 보고, 구름도 보고, 흘러가는 강물도 보고, 새들도 보고, 교우들의 얼굴도 볼 수 있으면 좋겠습니다. 그럴 때 비로소 하늘 바람이 우리를 감싸고 있음을 느낄 수 있을 겁니다. 오늘도 참 좋으신 주님의 은총이 우리 가운데 임하시기를 빕니다.

2021년 1월 21일

가름의 시간

> 하나님의 말씀이 한껏 펼쳐지고 그렇게 풍성하
> 게 전개되는 축복의 만찬에 대한 인간의 가장
> 깊은 그리고 적절한 반응은 무엇일까요? 가장
> 깊은 감사의 기도가 아닐까요? 감사 그리고 은
> 총을 알아차리는 것 말입니다.[15] _매슈 폭스

주님의 은총과 평화를 기원합니다.

며칠 동안 날이 참 포근했습니다. 부질없는 짓인 줄 알면서
저도 모르게 교회 화단을 기웃거렸습니다. 시퍼렇게 언 채 겨
울을 버틴 화초에 약간 생기가 도는 것 같았습니다. 기분 탓이
겠지요. 지난 주일에는 모처럼 방송팀과 목회자들 외에 십여
명의 교우가 예배에 참여했습니다. 왠지 예배당에 생기가 차오
르는 느낌이 들었습니다. 이상하지요? 이전에 자유롭게 예배
를 드릴 때는 빈자리에 마음이 쓰였는데, 이제는 몇 사람이 앉
아 있는 것만으로도 마음이 흐뭇합니다.

하루에 한 번 정도는 물을 뜨러 지하 친교실에 내려갑니다. 내려갈 때마다 주방 칠판에 적힌 메뉴에 눈길이 갑니다. 육개장, 어묵볶음, 김치. 주방은 지난해 1월 마지막으로 공동 식사를 하던 그 시간에 딱 멈춰 있습니다. 쓸쓸합니다. 잠시 그 자리에 우두커니 서 있노라면 두런두런 교우들의 말소리가 들려오는 듯합니다. 그 소란스러움이 그립습니다. 샤를 페로^{Charles Perrault}의 동화집에 수록된 〈잠자는 숲속의 공주〉가 떠오릅니다. 공주가 물레 바늘에 찔려 깊은 잠에 빠지자 성안의 시간도 따라서 멈춰 버리고 맙니다. 고양이는 쥐를 잡기 직전에 동작을 멈췄고, 아궁이에서 활활 타오르던 불꽃도 일렁이던 그대로 멈춰 버렸습니다. 시간이 다시 흐르는 데 필요한 것은 왕자의 입맞춤, 곧 사랑입니다. 주방과 친교실의 시간도 깨어날 날이 다가오고 있습니다.

최근에 이상한 버릇이 하나 생겼습니다. 사람이 그리울 때면 여러 사람이 보내 준 편지와 엽서를 꺼내 다시 읽곤 합니다. 철학자 김용규 선생이 저를 가리켜 '하나님의 꿀벌'이라고 지칭한 것을 보며 슬며시 미소 짓기도 합니다. 정말 그렇게 살아야겠다고 다짐도 해 봅니다. 단정한 글씨도 있고 흘려 쓴 글씨도 있습니다. 필체는 그 사람의 성격을 반영한다지요? 오래전 독일의 어느 고성 박물관에 갔다가 종교 개혁자들과 인문주의자들의 글씨를 본 적이 있습니다. 에라스뮈스의 글씨는 단정하기 이를 데 없었고, 루터의 글씨는 호방하고 활달했습니다. 츠빙글리의 글씨도 아름다웠습니다. 편지의 내용을 다시 읽으면서 행간에 깃든 발신인의 마음을 헤아려 보기도 하고, 그 이후의 상황을 상상하기도 합니다. 그러다 보면 저절로 기도의 두 손을 모으게 됩니다.

많이 힘들고 답답하지요? 그래도 잘 견뎌야 합니다. 조금만 더 인내하면 좋은 날이 올 것입니다. 인터콥 상주 모임이 코로나 감염의 숙주 역할을 했다는 소식이 조금 잠잠해질 무렵 또 다른 단체인 IM선교회가 운영하는 IEM국제학교에서 발생한 집단 발병 소식에 망연자실하지 않을 수 없었습니다. 또 다른 비인가 종교 시설에서 대규모 감염 사태가 일어나지 않을까 걱정입니다. 이들로 인해 기독교가 컬트 집단처럼 여겨지는 현실이 참 괴롭습니다. 사도행전이 전하는 초대교회의 아름다움은 "그래서 그들은 모든 사람에게서 호감을 샀다"(행 2:47)는 말에 다 담겨 있습니다. 호감을 사지는 못할망정 손가락질은 당하지 말아야지요. 몰상식을 신앙으로 포장하고 사람들을 위험에 빠뜨리는 이들은 하나님의 일꾼이 아닙니다.

코로나19는 가파른 성장을 자랑하던 개신교회의 실상을 적나라하게 폭로하고 있습니다. 상황이 이러하다 하여 움츠러들 필요는 없습니다. 세례자 요한은 자기 뒤에 오시는 메시아를 소개하며 이렇게 말합니다. "그는 자기의 타작 마당을 깨끗이 하려고, 손에 키를 들었으니, 알곡은 곳간에 모아들이고, 쭉정이는 꺼지지 않는 불에 태우실 것이오"(눅 3:17). 지금이 어쩌면 가름의 시간인지도 모르겠습니다.

바울 사도의 말도 우렁우렁 들려옵니다. "아무도 이미 놓은 기초이신 예수 그리스도 밖에 또 다른 기초를 놓을 수 없습니다. 누가 이 기초 위에 금이나 은이나 보석이나 나무나 풀이나 짚으로 집을 지으면, 그에 따라 각 사람의 업적이 드러날 것입니다. 그 날이 그것을 환히 보여 줄 것입니다. 그것은 불에 드러날 것이기 때문입니다. 불이 각 사람의 업적이 어떤 것인가를 검증하여 줄 것입니다"(고전 3:11-13). 지금은 검증의 시간입니다. 우리 스스로 참된 믿음 위에 있는지 돌아보아야 할 때입니다. 개신교의 현실 때문에 너무 속상해하지 마십시오.

소설가 헤더 모리스Heather Morris는 아우슈비츠 수용소에 끌려가서 같은 민족의 팔에 문신 새기는 일을 했던 랄레 소콜로프와 한 인터뷰를 기반으로 《아우슈비츠의 문신가The Tattooist of Auschwitz》라는 책을 썼습니다. 거기 나오는 에피소드 하나가 잊히지 않습니다. 수용소는 육체적 학대가 일쑤 자행되는 곳이지만, 동시에 수용자들에게 인간적 모멸감을 안겨 주는 현장이기도 합니다. 인간의 존엄을 박탈당한 이들은 삶의 의욕을 잃곤 합니다. 질병, 영양실조, 추위, 모멸감, 고통을 견디다 못해 어떤 이들은 철조망으로 달려가다가 감시탑에서 쏜 총에 맞아 죽기도 했습니다.

그러나 지옥 같은 그곳에서도 사랑은 꽃핍니다. 랄레와 기타도 그렇게 연인이 되었습니다. 사랑은 그들이 인간임을 일깨워 주는 아주 소중한 감정이었습니다. 자유롭지 않았기에 간수를 매수하여 살짝살짝 만났습니다. 어느 날 랄레는 기타의 친구인 실카가 오랫동안 보이지 않는다며 기타에게 혹시 소식을 아느냐고 묻습니다. 망설이던 기타는 실카가 독일군 간부의 노리개가 되었다고 실토합니다. 그 말은 들은 랄레는 실카야말로 진정한 영웅이라며 그 말을 꼭 전해 달라고 부탁합니다. 기타는 그 말에 동의할 수 없어서 발끈하며 말합니다.

　　"무슨 소리야, 영웅이라니? 실카는 영웅이 아니야."
　　기타는 다소 짜증 섞인 목소리로 말을 잇는다.
　　"그냥 살고 싶은 것뿐이라고."
　　"그래서 영웅이라는 거야. 자기도 영웅이야. 실카와 자기가
　　살아남는 쪽을 택한 건 나치놈들에 대한 저항이야. 삶을 붙
　　들고 있는 건 저항 행위라고. 영웅적인 행동이야."16)

　　살아남기를 택하는 것이 곧 나치에 대한 저항이라는 말입니
다. 극한의 상황에 부닥쳐 보지 않은 이들은 이 말에 담긴 지극
한 아픔과 결기를 충분히 이해하지 못합니다. 그저 짐작만 할
따름입니다. 굴욕을 감내하며 살아남으려 한 것은 가련한 생
의 의지 때문이라기보다는 그곳에서 벌어진 참상을 증언하는
자가 되고 싶었기 때문일 겁니다. 아우슈비츠 수용소에 수감되
었다가 해방을 맞은 오스트리아의 정신과 의사 빅토르 프랑클
Viktor Frankl은 수용소 경험을 기록한 책에서 니체의 말을 인용합
니다. "나를 죽이지 못한 것은 나를 더욱 굳세게 만들 것이다."
자기들이 겪은 경험은 세상 어떤 권력자도 빼앗아 갈 수 없다
며 프랑클은 이렇게 말합니다.

　　우리들의 경험뿐이 아니었다. 우리가 행했던 모든 것, 우리
　　가 가질 수 있었던 위대한 사색, 그리고 우리가 겪었던 모든
　　고통이 어떤 것이든 간에 과거 속으로 흘러간 것은 사실이

지만 결코 잃어버린 것은 아니다. 우리는 과거로 흘러가 버린 모든 것을 실존으로 만들어 내야 한다. 과거에 겪었던 일은 일종의 실존이기도 하다. 그리고 어쩌면 가장 확실한 실존일지도 모른다.[17]

과거로 흘러가 버린 모든 것을 실존으로 만들어 낸다는 말은 그것을 허비하지 않는다는 말일 겁니다. 허비하지 않을뿐더러 그것을 아름다운 삶의 계기로 삼는 것이 지혜입니다. 모든 실패와 고통과 시련이 하나님의 선물이라고 말할 수는 없지만, 믿음의 사람들은 그것을 통해 더 넓고 깊은 세계를 바라볼 수 있어야 합니다.

벌써 1월 한 달이 다 지나가고 있습니다. 새해 첫 시간에 품었던 꿈들이 이미 퇴색되었는지도 모르겠습니다. 꿈은커녕 하루하루 버티기도 벅찬 이들도 있습니다. 안개처럼 스멀스멀 삶을 파고드는 우울과 허무에 갇히지 말고, 골리앗 앞에 섰던 다윗처럼 당당하게 삶과 마주하십시오. 눈에 보이지 않아도 하나님이 우리 곁에 계십니다. 온 누리에 울려 퍼지고, 끝까지 번져 가는 하나님의 말씀에 귀를 기울이십시오. 위로부터 오는 희망이 우리 속에 유입되리라 믿습니다.

모처럼 새 교우들과 줌zoom을 통해 대화를 나누었습니다. 대면하여 이야기 나누지 못하는 것은 안타깝지만, 이렇게라도 연결되지 않으면 안 되겠다는 생각이 들었기 때문입니다. 선교회, 속회, 각 부서, 동호회에서 청하면 기꺼이, 감사하게 대화에 끼어들겠습니다. 저뿐 아니라 목회실 식구들 모두 그런 초대를 기대하고 있습니다. 이번 주일도 비대면 예배를 원칙으로 하려 합니다. 그래도 사정상 꼭 현장 예배에 동참하고자 하는 분이 있으면 전화로 알려 주십시오. 스태프들을 제외하면 서른 명 정도 참여할 수 있습니다. 다시 날이 차가워진다고 합니다. 건강에 유의하시고, 조심조심 이 세월을 견디시면 좋겠습니다. 주님의 평안을 기원합니다.

2021년 1월 28일

겨울을 이기고 돌아온 봄

소망을 주시는 하나님께서, 믿음에서 오는 모
든 기쁨과 평화를 여러분에게 충만하게 주셔
서, 성령의 능력으로, 소망이 여러분에게 차고
넘치기를 바랍니다(롬 15:13).

주님의 평강을 빕니다.

별고 없이 다들 잘 지내시는지요? 며칠 동안 제법 날이 추웠
습니다. 건물 사이를 휘돌아 나오는 바람을 온몸으로 맞이하니
정신이 번쩍 들었습니다. 우여곡절을 겪으며 지내고는 있지만,
그래도 계절은 어김이 없습니다. 바야흐로 입춘지절立春之節입니
다. 24절기상으로는 입춘이 새해의 시작입니다. 사람들은 대문
이나 주련에 입춘대길立春大吉, 건양다경建陽多慶 등의 입춘첩立春帖을
써 붙여 놓고 한 해 동안 좋은 일이 일어나기를 빕니다. 미신처
럼 보일지 몰라도 각박하고 차가운 세상을 살아가기 위한 일

종의 지혜가 아닌가 싶습니다. 주님의 은총으로 여러분 가정마다 기쁜 일이 넘치시기를 빕니다.

이런 풍습은 서양에도 있다고 들었습니다. 올해 주현절에도 사람들은 자기 집 현관문에 하얀 분필로 '20+C+M+B+21'이라고 썼을 겁니다. 앞뒤에 나오는 숫자는 '연도'를 나타냅니다. 약자인 C, M, B는 예수님을 찾아왔던 동방박사들 이름의 첫 글자라고들 말합니다. 카스파르Caspar, 멜키올Melchior 발타사Balthasa가 그것입니다. 자기 집에 그런 귀한 손님이 오기를 구하는 것이겠지요? 그런데 사실 C, M, B는 라틴어 문장인 "*Christus Mansionem Benedicat*"을 축약한 것입니다. "그리스도여, 이 집을 축복하소서"라는 뜻입니다. 축원의 말과 동방박사 이야기가 결합한 경우라 하겠습니다.

사람들은 입춘 무렵이면 오신채五辛菜를 먹지 않으면 몸에 귀신이 들어온다며 파, 마늘, 달래, 부추, 흥거 등의 자극성 있는 채소를 먹었다고 합니다. 위와 장의 연동 작용을 돕기 위해서일 겁니다. 그런데 그 오신채가 인의예지신仁義禮智信 다섯 가지 덕목을 가리킨다고 말하는 이들도 있습니다.

가만히 보면 사람들이 하는 일은 동서를 막론하고 대개 비슷합니다. 유대인들은 유월절에 무교병과 더불어 쓴 나물을 먹었습니다. 출애굽 사건이라는 역사적 기억과 농경 문화권의 봄맞이 의식이 자연스럽게 합쳐진 것입니다. 감염병으로 집합 활동이 제한되기는 하지만, 그래도 우리 속에 잠들어 있던 신명을 깨워야 할 때입니다. 우울과 어둠을 떨쳐 버리고 다시금 삶의 노래를 불러야 합니다.

진짜 봄이 오려면 조금 더 기다려야 합니다. 엊그제 효창공원을 걷다가 산수유 노란 꽃망울이 터진 것을 보았습니다. 얼마나 반갑던지요. 계절의 봄도 봄이려니와 우리는 역사의 봄 또한 기다립니다. 이맘때가 되면 늘 떠오르는 시가 있습니다. 이성부 시인의 〈봄〉입니다.

기다리지 않아도 오고
기다림마저 잃었을 때에도 너는 온다.
어디 뻘밭 구석이거나
썩은 물웅덩이 같은 데를 기웃거리다가
한눈 좀 팔고, 싸움도 한 판 하고,
지쳐 나자빠져 있다가
다급한 사연 들고 달려간 바람이
흔들어 깨우면
눈 부비며 너는 더디게 온다[18]

절창입니다. 봄이 꼭 산뜻한 바람과 함께 오는 것은 아닙니다. 봄은 '뻘밭 구석'이나 '썩은 물웅덩이' 같은 데를 기웃거리느라 우리가 기대하는 시간에 오지 않을 때가 많습니다. 봄조차 해찰하는 버릇이 있는 모양입니다. 그러나 봄은 기어코 옵니다. 기다림에 지친 사람들은 봄과 만나는 순간 두 팔을 벌려 껴안지 않을 도리가 없습니다. 시인은 봄을 의인화하여 말합니다. "가까스로 두 팔 벌려 껴안아 보는/ 너, 먼 데서 이기고 돌아온 사람아." 역사의 봄은 저절로 오는 것이 아니고 진창 같은 세상과 맞서 싸운 사람들을 통해 온다는 뜻입니다. 이 시를 암송하며 가슴 설렜던 기억이 새삼스럽게 떠오릅니다.

세상에는 정말 봄을 만드는 사람들이 있습니다. 우리 가슴의 얼음을 녹여 주는 사람들 말입니다. 지난주에 택배를 하나 받았습니다. 일 년에 한두 번 거창에 있는 목사님 댁에서 보내오는 택배를 반기는 까닭은 그 안에 담긴 물품에 대한 기대도 있지만, 노란 종이에 인쇄된 사모님의 편지 때문입니다. 택배 상자에는 종이봉투 수십 개에 갖가지 곡물과 가공품이 담겨 있었습니다. 시래기, 들깨, 계피, 생들기름, 토란대, 현미차, 현미 찹쌀, 쌀 뻥튀기 과자, 떡국 떡, 먹는 가래떡, 수수, 곶감, 호두, 토종 재팥, 토종 흰팥, 토종 붉은팥, 토종 콩나물 콩, 메주콩, 서리태, 쥐눈이콩, 강낭콩, 토종 쌀, 손바느질로 만든 컵 받침. 사모님은 각각의 물품을 어떻게 재배하고 수확했는지, 그 종자들을 어떻게 입수했는지, 조리할 때 주의해야 할 것이 무엇인지를 유머러스한 필치로 그려 내곤 합니다. 그 작물들을 심고 가꾸는 과정에서 경험한 자연과의 교감 이야기는 덤입니다. 종이봉투 겉면에 작물 이름을 적을까 했지만, 보물찾기 하듯 열어 보라고 일부러 적지 않았다는 메시지를 읽고는 빙그레 웃지 않을 수 없었습니다. 선선하고 따뜻하고 푸근한 마음과 표정이 읽혔기 때문입니다.

이 얄궂고 험난하고 난폭한 세상을 염려하며 비분강개하는 이들이 많습니다. 묻지도 않았는데 세상의 숨겨진 진실을 알려 주겠다고 나서는 이들도 있습니다. 가끔은 과도한 열정 탓에 다른 이들을 비난하고 혐오하고 냉소하기도 합니다. 그들도 다

소중한 이웃입니다. 그러나 우리 마음에 잠들어 있는 선의 열정을 조용히 깨우는 이들은 스스로 봄이 된 사람들입니다. 마음 씀이 따뜻한 사람, 누구를 만나든 정성스럽게 대하는 사람들과 자꾸 만나다 보면 그들의 선함이 우리 속에 스며들지 않을까요? 이런 사람들과 자꾸 만나고 싶습니다.

이런 생각에 골똘하다 보니 "그러면 나는 어떤 사람인가?"라는 질문이 떠오릅니다. "나와 만나고 돌아서는 사람들 가슴에 나는 어떤 흔적을 남겼나?" 이 질문 앞에 설 때마다 마음을 가다듬지 않을 수 없습니다. 사도 바울은 믿는 이들을 가리켜 "우리는, 구원을 얻는 사람들 가운데서나, 멸망을 당하는 사람들 가운데서나, 하나님께 바치는 그리스도의 향기입니다"(고후 2:15)라고 말했습니다.

꽃들은 다가오는 이들에게 강제로 자기 향을 맡게 하지 않습니다. 다가오는 이들이 향기를 맡을 수 있게 자기를 개방할 뿐입니다. 다가오는 이를 밀어내지 않고, 멀어지는 이를 붙잡지 않습니다. 어떻게 하면 이런 홀가분함을 얻을 수 있을까요? 집착하는 순간 향기는 썩은 냄새로 바뀌기 쉽습니다.

주중에 철학자 김진영 선생의 책을 몇 권 읽었습니다. 진중한 철학 강의도 있었고, 묵직한 에세이도 있었고, 짧은 단상도 있었습니다. 그는 몇 해 전 암 투병 끝에 세상을 떠났습니다. 시시각각 다가오는 죽음을 바라보며 그는 문장을 통해 생의 의미를 묻고 또 물었습니다. 절제된 언어의 행간에 깃든 절실함에 가슴이 먹먹해지곤 했습니다. 암과 사투를 벌이며 적었던 글 가운데 두 대목을 함께 읽고 싶습니다.

바울은 옥중 편지에 썼다. "내 마음을 고백하자면 저는 죽기를 소망합니다. 그런데도 저는 그 소망을 뒤로 미룹니다. 그건 여러분들이 아직도 나를 필요로 하기 때문입니다." 그러고 보니 나도 언젠가 강의에서 말했었다. 나를 위해 쓰려고 하면 나 자신은 너무 보잘것없는 존재라고. 그러나 남을 위해 쓰려고 할 때 나의 존재는 그 무엇보다 귀한 것이 된다고.[19]

김진영 선생이 자유스럽게 인용한 대목은 빌립보서 1장 20절 이하입니다. 그곳에서 바울은 세상을 떠나서 그리스도와 함께 있는 것이 자기 바람이지만, 성도들을 더 깊은 믿음의 자리로 인도하는 것을 자기에게 맡겨진 책임으로 받아들인다고 말합니다. 인간은 누군가의 삶에 응답할 때 인간다워집니다. 죽음을 앞에 두고도 다른 이들을 위한 선물이 되고 싶어 한 철학자의 마음은 바울의 마음과 오롯이 일치합니다. 아무리 의지가 굳어도 질병의 고통은 떨쳐 버리기 어렵습니다. 김진영 선생은 흔들리는 자기 마음을 살핍니다.

지금 나의 삶이 위기에 처한 건 의사가 말하듯 소화기관 하나가 큰 병에 걸렸기 때문이 아니다. 그건 내 몸속에 살고 있는 또 하나의 장기, 즐거움의 장기, 생의 기쁨만을 알고 있는 철없는 나의 장기가 그만 병들었기 때문이다. 이 병에는 근거도 없다. 소화기관은 병들어 사라져도 기쁨의 장기는 생의 마지막까지 사라질 수 없기 때문이다.[20]

그는 기쁨의 장기가 병든 것이 아닌지 스스로 자신에게 묻습니다. 삶이 아무리 힘들어도, 기쁨의 장기가 건강하다면 다시 일어설 수 있습니다. 기쁨의 장기가 회복되려면 우리 삶을 초월하는 하나님에게 접속해야 합니다. 믿음에서 오는 모든 기쁨과 평화가 우리 가운데 깃들기를 빕니다. 서 있는 자리가 어디든 그곳에서 봄을 선구하는 이들이 되십시오. 그대, 겨울을 이기고 돌아온 이들이여, 여전히 겨울 한기에 갇혀 있는 누군가에게 봄소식이 되어 다가서십시오. 주님께서 이제까지 일하시니 우리도 일해야 합니다. 샬롬!

2021년 2월 4일

그런대로 따스하게

> 사랑하십시오. 그리고 그대 원하는 대로 하십
> 시오. 침묵하려거든 사랑으로 침묵하십시오. 외
> 치려거든 사랑으로 외치십시오. 바로잡아 주려
> 거든 사랑으로 바로잡아 주십시오. 용서하려거
> 든 사랑으로 용서하십시오. 그대 안에 사랑의
> 뿌리를 내리십시오. 이 뿌리에서는 선한 것 말
> 고는 그 무엇도 나올 수 없습니다.[21]
> _아우구스티누스

주님의 은총이 교우 여러분의 가정마다 넘치시기를 빕니다.

설 연휴가 시작되고 있습니다. 5인 이상 집합 금지 권고 때문에 조금은 쓸쓸하게 보낼 수밖에 없는 명절입니다. 저도 그냥 집에만 머물 예정입니다. 어느 댁은 떨어져 사는 가족들이 줌[zoom]으로 새해 인사를 나누기로 했다고 하더군요. 그것도 하나의 방법이겠습니다. 아, 그러고 보니 아이들이 세배하는 영상을 찍어서 보내 준 분들도 있네요. 덕담을 건넬 수도 없고, 세뱃돈을 줄 수도 없으니 그저 "허허" 하고 웃고 말았습니다.

'설'이라는 단어의 기원에 관해서는 여러 가지 설이 있지만,

'낯설다'라는 말에서 왔다는 견해에 고개를 끄덕이는 이들이 많은 것 같습니다. 새로운 시간은 사실 '낯선' 시간이지요. 낯섦 앞에 서면 머뭇거리게 마련입니다. 머뭇거리거나 삼가는 것이 새로움을 대하는 자세입니다. 설을 신일愼日이라고도 하지요? 새로울 신新이 아니라 삼갈 신愼자를 쓰는 것도 그 때문일 겁니다. 허겁지겁 살다가 잠시 멈춰서 마음을 가다듬는 시간이라니 얼마나 좋습니까?

연휴의 첫날인데도 적막하기 이를 데 없는 집에 앉아 있자니, 어린 시절의 설날 풍경이 떠오릅니다. 지게에 쌀부대와 함지를 짊어진 아버지의 뒤를 따라 방앗간에 가던 발걸음은 언제나 신명 났습니다. 김이 모락모락 피어나는 하얀 가래떡을 조청에 찍어 먹는 상상을 하기도 했던 것 같습니다. 집에 돌아와 어른들이 윗목에 가래떡을 가지런히 펼쳐 놓으면 굳기 전에 조금이라도 더 먹으려고 안달했습니다. 부엌에서는 어머니와 누나들이 음식을 장만하느라 분주했습니다. 두부를 만들기도 했고, 엿을 고느라 밤새 불을 때기도 했습니다. 찹쌀가루로 반죽을 하고 말린 후 꿀이나 조청을 발라 기름에 튀겨 낸 강정에 눈독을 들이다가 부지깽이로 맞은 적도 있습니다. 늦은 시간 설핏 잠이 들었다가 방구들이 너무 뜨거워 깨 보면, 아버지는 가래떡 써는 작두로 떡을 썰고 계셨습니다. 지금도 명절이면 음식을 정성스럽게 차리는 집도 있습니다만, 아무래도 예전만은 못한 것 같습니다.

작고한 김남주 시인은 〈설날 아침에〉라는 시에서 텅 비어가는 농촌의 스산한 설날 풍경을 조금은 쓸쓸하게 노래했습니다. 싸락눈이 밤새 내린 설날 아침 풍경을 시인은 아주 적막하게 그리고 있습니다. 무심코 내리는 싸락눈은 '뿌리 뽑혀 이제는 바짝 마른 댓잎'에도 내리고, '허물어진 장독대 금이 가고 이빨 빠진 옹기그릇'에도 내리고, '소 잃고 주저앉은 외양간'에도 내립니다. 다 떠나고 아무도 없는 그곳에도 설이라고 까치가 날아와 지저귑니다. 시인은 까치에게라도 말을 걸지 않으면 견딜 수 없었나 봅니다.

> 까치야 까치야 뭣하러 왔냐
> 때때옷도 없고 색동저고리도 없는 이 마을에
> 이제 우리집에는 너를 반겨줄 고사리손도 없고
> 너를 맞아 재롱 피울 강아지도 없단다[22]

그런데 김종길 시인은 똑같은 제목의 〈설날 아침에〉라는 시에서 사뭇 다른 세계로 우리를 초대합니다. 시인은 무심히 오고 가는 세월이지만, 새해는 '그런대로 따스하게 보낼 일'이라고 말합니다.

> 얼음장 밑에서도 고기가 숨쉬고
> 파릇한 미나리 싹이
> 봄날을 꿈꾸듯
>
> 새해는 참고
> 꿈도 좀 가지고 맞을 일이다[23]

시인은 아침에 한 잔 술과 따뜻한 국을 대했거든 그것만으로도 푸지고 고마운 것으로 생각하자고 말합니다. 세상이 험하고 각박하다는 것을 모르지 않지만 그래도 세상은 여전히 살만한 곳임을 잊지 말자고 신신당부합니다. 어려운 시절을 지나다 보니 시인의 이런 당부가 어르신의 다독거림 같아 마음이 말랑해집니다.

살다 보면 속상한 일이 많지요? 로빈슨 크루소가 아닌 바에야 의도하든 의도하지 않든 많은 이들을 만나며 살 수밖에 없습니다. 우리가 느끼는 희노애락애오욕의 감정도 사실은 타인들과의 관계에서 빚어질 때가 많습니다. 사소하다면 사소할 수도 있는 일이 삶을 통째로 뒤흔들곤 합니다. 그만큼 감정의 토대가 부실하다는 말일 수도 있겠습니다. 가끔 희떠운 태도로 감정을 숨길 때가 있습니다. 누가 건드리면 울음이 터질 듯해서 애써 안으로 갈무리하는 감정들 말입니다. 부끄러움일 수도 있고, 상처의 기억일 수도 있습니다. 그런 사정도 모르고, 관심이랍시고 감정의 경계를 함부로 침범하는 이들이 있습니다. 그럴 때면 걷잡을 수 없는 분노에 휘어잡히기도 합니다. 누구를 대하든 조심스러운 태도를 견지해야 하는 것은 그 때문입니다. 악의 없는 관심이라 해도 다른 이들에게는 상처가 될 수도 있음을 알아차려야 합니다. 베드로의 가르침이 적실합니다.

열성을 다하여 여러분의 믿음에 덕을 더하고, 덕에 지식을 더하고, 지식에 절제를 더하고, 절제에 인내를 더하고, 인내에 경건을 더하고, 경건에 신도간의 우애를 더하고, 신도간의 우애에 사랑을 더하도록 하십시오(벧후 1:5-7).

앞에서 인용한 아우구스티누스의 교훈도 마음에 새기면 좋
겠습니다. 입을 다물든, 말을 하든, 남을 바로잡아 주려 하든,
용서하려 하든 그 모든 일을 사랑의 바탕 위에서 해야 합니다.
쉽지 않은 과제이지만, 우리가 일상에서 늘 떠올려야 할 가르
침입니다. 이번 명절이 가족이나 친지들 사이에 이런 사랑을
연습하는 시간이 되면 좋겠습니다.

이 편지를 쓰고 있는 2월 10일은 스콜라스티카 축일입니
다. 낯선 이름이지요? 스콜라스티카Scholastica는 서방 수도원 운
동의 아버지라 일컫는 베네딕토Benedictus de Nursia 성인의 쌍둥
이 누이동생입니다. 어릴 때부터 경건한 삶을 살았던 스콜라스
티카는 오빠가 이탈리아 중앙에 있는 몬테 카시노에 수도원을
설립하자 그곳에서 멀지 않은 곳에 피우마롤라 수도원을 설
립하여 수녀들을 지도했다고 합니다. 그레고리오 대종Gregorius
Magnus은 《베네딕도 전기De Vita et Miracula Venerabilis Benedicti Abbatis》
에서 성인을 통해 나타난 많은 기적을 소개하는데, 스콜라스티
카와 관련된 기적도 하나 나옵니다.

일 년에 한 번씩 동생은 오빠를 만나러 갔습니다. 베네딕도
는 제자들을 대동하고 수도원에서 멀지 않은 곳으로 나아가
동생과 한나절을 보냈습니다. 함께 하나님을 찬미하고 성스
런 대화를 나눴습니다. 식탁에 앉아 거룩한 대화를 나누는
사이에 해가 지고 있었습니다. 스콜라스티카는 베네딕도에

게 청합니다. "오빠께 부탁드립니다. 이 밤에 저에게서 떠나가지 마시고 아침까지 천상 삶의 기쁨에 대해 같이 이야기를 나눕시다." 스콜라스티카는 진리의 향연이 펼쳐지던 그 시간이 영원히 지속되었으면 했던 것 같습니다. 그러나 베네딕도는 수도원 밖에서 밤을 지샐 순 없다고 거절했습니다. 그것은 자신이 제정한 수도 규칙에 어긋나는 일이었기 때문입니다. 그날은 마침 하늘에 구름 한 점 없는 청명한 날이었습니다. 낙심한 스콜라스티카는 식탁에 머리를 수그린 채 전능하신 주님께 기도를 드렸습니다. 잠시 후 갑자기 번개가 치고 비가 억수같이 쏟아졌습니다. 그 세찬 비 때문에 아무도 문밖으로 나갈 수 없는 상황이 되었습니다. 하나님께서 스콜라스티카의 청을 들어주셨던 것입니다. 베네딕도와 제자들은 할 수 없이 그곳에 머물며 온 밤을 지새우며 영적 생활에 대한 이야기를 나누었다고 합니다.[24]

설 명절 기간 누구를 만나든 베네딕도와 스콜라스티카의 만남이 그러했듯 기쁨과 감사의 시간이 될 수 있으면 좋겠습니다. 주님의 은총이 모든 가정마다 넘치시기를 기도드립니다.

2021년 2월 11일

*추신: 먼저 이 편지를 읽어 본 아내가 스콜라스티카 이야기가 집합 금지 권고를 어겨도 된다는 사인으로 받아들여지면 어떡하냐며 웃네요. 그럴 일은 없겠지요?

사순절을 지나는 동안

> 그리고 곧 성령이 예수를 광야로 내보내셨다.
> 예수께서 사십 일 동안 광야에 계셨는데, 거기
> 서 사탄에게 시험을 받으셨다. 예수께서 들짐
> 승들과 함께 지내셨는데, 천사들이 그의 시중
> 을 들었다(막 1:12-13).

주님의 은총과 평강이 함께하시기를 기원합니다.

주님과 함께 걷는 사순절 순례의 여정이 시작되었습니다. 긴 여정이지만 차분하고 꾸준한 발걸음으로 십자가의 신비에 다가갈 수 있으면 좋겠습니다. 사순절과 함께 우수 절기가 찾아왔습니다. 여전히 날이 매우 차갑습니다. 그래도 우리는 추위를 염려하지 않습니다. 얼마 지나지 않아 겨울이 지나갈 것을 알기 때문입니다. 얼음 사이로 눈석임물이 흐르고, 나뭇가지에 연록빛이 어른거리기 시작합니다. 책상 위 성경 옆에 김영래 시인의《사순절》이라는 시집을 가까이 두고 마흔 편의 시를 하나씩 읽어 나갈 생각입니다. 시의 소재가 성경 이야기는 아니지만, 세상의 순환과 거듭남을 노래하는 멋진 시입니다. 두 번째 시에서 시인은 봄의 설렘을 이렇게 그립니다.

굴레를 씌우지 않은 망아지가 껑충껑충 뜀을 뛰다가
기쁨에 겨워 방귀를 뀐다.
성급한 봄.
망아지 같은 봄.[25]

봄을 망아지에 빗대는 이 놀라운 상상력을 따라가 보십시오. 봄을 처음 경험하는 망아지는 풀이 자라 오르는 속도에 놀라고, 꽃이 지는 기척에도 화들짝 놀라 머리를 흔들며 발길질을 합니다. 이때의 놀람은 두려움이 아니라 신명 혹은 활기를 동반하는 감정입니다. 시인은 모든 것을 새롭게 느끼는 망아지를 부러운 시선으로 바라봅니다. "차라리 내가/ 저 벌룽거리는 젖은 콧구멍으로 들고나는/ 바람이었으면." 이 마음, 알 것 같지 않습니까? 모든 게 낡아 버린 것처럼 느껴지는 것이 어쩌면 늙음의 징후인지 모르겠습니다.

봄의 활기는 우리 시선을 밖으로 향하게 만들지만, 사순절은 우리 시선을 안으로 거두어들이라고 말합니다. 이 두 시선은 서로 어긋나는 것처럼 보이지만 꼭 그렇지는 않습니다. 제대로 보기만 한다면 밖에서도 안으로 난 길을 볼 수 있고, 안에서도 밖으로 난 길을 볼 수 있지 않을까요? 은총처럼 주어진 삼감의 시간을 통해 우리 눈이 더욱 맑아지고 깊어지면 좋겠습니다.

사순절은 삶을 뿌리에서부터 성찰하라는 일종의 초대입니다. 우리는 날마다 참 열심히 삽니다. 요구되는 일도 많고, 처리해야 할 일도 많기 때문입니다. '해야 할 일들'이 삶을 이끌어 갑니다. 세상이 우리에게 부여한 역할을 제대로 수행할 때 유능하다는 말을 듣습니다. 우리는 무능하다는 말, 불성실하다는 말을 듣지 않기 위해 노력합니다. 그러다 보니 몸과 마음에 피로가 켜켜이 쌓입니다. 누적된 피로는 우리에게서 타인을 위한 여백을 앗아갑니다. 사소한 일에도 짜증을 내거나 화를 냅니다. 열심히 살면서도 산만한 것이 우리 실상입니다. 산만한 이들은 늘 두리번거리며 주변을 살핍니다. 다른 이들의 시선을 의식하기 때문입니다. 그들은 인정과 칭찬에 목말라 합니다. 타인의 반응에 따라 감정의 부침을 겪기에 늘 불안해합니다.

물론 타인의 눈을 의식하지 않는 사람도 있습니다. 스스로 강자라 여기는 이들입니다. 그들은 안하무인의 태도를 보이기도 합니다. 당당함이 아니라 무례함입니다. 자기가 누리는 특권이 곧 자기 인격이라 착각하기도 합니다. 침묵해야 할 때도 말하고, 배워야 할 때도 가르치려 합니다. 가장 큰 자유를 누리는 듯 보이지만, 사실은 오만함의 포로일 뿐입니다. 자기 앞에 있는 한 사람을 존중할 줄 모르는 사람은 성공한 듯 보여도 실패자입니다. 지금 우리 앞에 있는 이들은 누구입니까?

타인이란—당신이 모든 사람들에게 형제가 됨으로써 완전한 사람이 되기 위해 사랑으로 결합해야 할 사람, 당신이 인생을 성공으로 이끌고 예수 그리스도 안에 성취된 보편적

구원의 행진에 참가하고자 한다면, 사랑으로 결합해야 할 사람. … 타인이란―창조 사업을 완성시키려는 노력에 당신이 협조해야 할 사람, … 타인이란―아버지께로부터 보내어진 사람, 또는 그리스도께로부터 오는 사랑의 요청. 타인이란―하느님께서 당신을 드러내는 도구가 되는 사람.[26]

사순절을 지나는 동안 이웃과 생명을 대하는 태도를 근본부터 다시 돌아보아야 합니다. 세상은 끊임없이 우리를 경쟁에 몰아넣습니다. 그 때문에 우리는 한 번 넘어지면 영원히 뒤떨어질지 모른다는 조바심 속에서 살아갑니다. 실패는 허용되지 않습니다. 그래서 경력을 성공적으로 쌓은 사람은 자기 능력으로 얻은 과실을 한껏 누리는 게 당연하다고 생각하기 쉽습니다. 패배자들의 서러움과 눈물은 보려 하지 않습니다.

1966년에 가수 김용만 씨가 불러 히트했던 〈회전의자〉라는 노래가 떠오릅니다. "빙글빙글 도는 의자 회전의자에/ 임자가 따로 있나 앉으면 주인인데/ 사람 없어 비워둔 의자는 없더라/ 사랑도 젊음도 마음까지도/ 가는 길이 험하다고 밟아버렸다/ 아~ 억울하면 출세하라 출세를 하라." 지금도 환청처럼 "억울하면 출세하라 출세를 하라"는 소리가 들리는 듯합니다. 그때로부터 지금에 이르기까지 세상은 별로 달라지지 않은 듯합니다. 소위 능력주의를 당연한 공리처럼 여기는 살벌한 세상입니다. 하버드대학교의 마이클 샌델Michael Sandel 교수는 그러한 능력주의 신화가 우리에게 앗아 가는 것이 있다고 말합니다. 첫째는 감사의 마음입니다. 둘째는 다른 이들을 공동 운명체로 받아들이는 능력입니다. 샌델은 성공에 집착하는 이들의 마음의 풍경을 이렇게 그립니다.

> 우리가 성공하는 과정에서 다른 누군가에게 빚을 졌다는 생각에는 저항하는 한편, 우리는 스스로 성공했고 따라서 그럴 자격이 충분하다는 생각 그리고 우리의 노력과 재능에 대해 사회체제가 부여하는 보상이 아무리 크든 문제 될 게 없다는 생각에는 환호하는 일은 놀랍지 않다.[27]

이런 마음이기에 그들은 어려움을 겪는 이들의 사정에 둔감합니다. 바닥에 묶인 사람들 혹은 물 밑으로 가라앉지 않으려고 발버둥 치는 사람들의 마음을 헤아려 볼 생각조차 하지 않습니다. 그러나 따지고 보면 그들이 그렇게 성공할 수 있었던 것은 자기가 선택하지 않았으되 외부에서 주어진 가능성, 기회, 행운, 재능 혹은 천분 덕분이라고 샌델은 말합니다. 그걸 알아차리는 사람이라야 성숙한 사람이라 하겠습니다.

사순절은 애초에 세례를 받고 입교하려는 이들을 교육하기 위해 구별된 시간이었습니다. 세례를 받는다는 것은 옛 삶에 대해 죽고 새로운 존재로 거듭나는 의식입니다. 그렇기에 엄격하고 신중하게 준비해야 합니다. 다양한 준비가 필요하지만, 경건 생활에 매우 소중한 세 가지를 몸과 마음에 새기는 것이 특히 중요합니다. 기도, 금식, 자선이 그것입니다. 기도는 우리가 원하는 것을 하나님께 청하여 얻어 내는 과정이 아니라, 우리 마음을 하나님 마음에 접속하는 과정입니다. 하나님의 마음을 기준 음으로 삼고 우리 마음을 조율하는 과정이라는 말입니다. 결국, 기도는 세상의 인력에 속절없이 이끌리던 우리 마음을 제자리에 가져다 놓는 것입니다.

금식은 일단 음식을 끊는 것을 말합니다. 사순절 동안 육식을 하지 말라고 가르치는 것이 교회 전통이기도 했습니다. 그러나 참된 의미의 금식은 영혼의 허기증을 끊임없이 무언가로 채우려는 갈망에 저항하는 행위라 할 수 있습니다. 침묵은 말의 금식입니다. 친절함은 지배하려는 마음의 금식입니다. 외적인 금식을 하면서도 남들과 다투고 자기 이익을 확보하기 위해 욕심을 부리는 이들이 있습니다. 그것은 경건을 빙자한 위선입니다. 하나님은 이사야를 통해 당신이 기뻐하는 금식이 무엇인지를 가르치셨습니다.

> 내가 기뻐하는 금식은, 부당한 결박을 풀어 주는 것, 멍에의 줄을 끌러 주는 것, 압제받는 사람을 놓아 주는 것, 모든 멍에를 꺾어 버리는 것, 바로 이런 것들이 아니냐?(사 58:6)

그뿐이 아닙니다. 굶주린 사람에게 먹을 것을 주고, 떠돌이를 집에 맞아들이고, 헐벗은 사람을 보면 옷을 입혀 주는 것이 진정한 금식입니다. 이번 사순절 동안 우리도 이런 금식의 기쁨을 누렸으면 좋겠습니다.

자선은 이웃들과 좋은 것을 나누며 삶을 함께 경축하려는 마음에 뿌리를 내리고 있습니다. 시혜자가 되라는 말이 아닙니다. 시혜자연하는 순간 도움을 받는 사람은 알게 모르게 굴욕감을 느낄 수 있습니다. 좋은 것을 나누어 주면서도 상대방 마음에 상처를 줄 수도 있다는 말입니다. 잘 주려면 정말 조심스럽게 접근해야 합니다. 이번 사순절 동안 이런 삶을 연습하면 좋겠습니다.

사순절 순례의 여정 중에 주님과 동행하면서 경험한 기쁨과 깨달음을 함께 나누면 좋겠습니다. 주님께서 곤고한 시간을 통과하는 모든 이의 앞길을 은총의 빛으로 환히 밝혀 주시기를 기원합니다.

2021년 2월 18일

하나님의 숨과 만날 때

사람들이 나를 보고 "주님의 집으로 올라가자"
할 때에 나는 기뻤다. 예루살렘아, 우리의 발이
네 성문 안에 들어서 있다(시 122:1-2).

한 주간 잘 지내셨는지요? 하루하루 기적 같은 날들입니다. 얼마나 놀라운 일인지요? 벌써 2월의 마지막 주간을 지나고 있습니다. 무심히 눈을 들어 바라본 달력 위에서 날들은 가지런하지만, 그 행간 속에 깃든 삶의 무게는 일정하지 않습니다. 때를 분별하며 사는 것이 지혜라는 지혜자들의 말을 실감하는 나날입니다. 나아가야 할 때와 물러서야 할 때, 심을 때와 거둘 때, 찾아 나설 때와 포기할 때만 잘 분별해도 삶은 한결 쉬워질 것 같습니다.

목회실에서 이번 주 찬양을 맡아야 한다는 이야기를 듣고 간단하되 전통적인 곡을 골라 녹음을 했습니다. 교우들에게 교회 여러 장소를 보여드리고 싶다는 제안에 따라 다양한 장소에서 녹화도 진행했습니다. 그 일이 꽤 의미 있게 다가왔기 때문입니다. 비대면 예배는 우리가 공유하는 기억의 장소들을 소거하고 있습니다. 장소들은 단순한 공간이 아니라, 이야기가 깃든 곳입니다. 텅 빈 예배당에 올라갈 때마다 외롭지 않은 까닭은 그곳에 스민 교우들의 삶의 이야기와 기도 그리고 찬양 소리가 느껴지기 때문입니다.

제 사무실에 처음 방문했던 이들의 모습이 떠오릅니다. 대부분 두리번거리며 책장을 살핍니다. 책이 켜켜이 쌓인 무더기를 보며 어떤 분들은 "이 책 다 읽으셨어요?" 하고 질문합니다. 그러면 《세상의 바보들에게 웃으면서 화내는 방법*Il secondo diario minimo*》이라는 책을 쓴 움베르토 에코Umberto Eco의 말을 빌려 대답합니다. "내일부터 읽을 책이에요." 그러면 더는 묻지 않고 웃고 맙니다. 또 어떤 이들은 "영상을 통해 많이 봤던 곳이라 낯설지 않아요"라고 말하기도 합니다. 낯선 곳도 아는 누군가가 머물던 장소임을 알면 돌연 친숙하게 느껴지는 법입니다. 비대면 예배가 길어지면서 우리가 함께 만들어 가는 기억이 약화되는 것 같아 안타깝습니다. 이번 주에 화면에 비치는 공간들을 보며 그리움을 달랠 수 있으면 좋겠습니다.

사순절 달력을 잘 활용하고 있는지 궁금합니다. 사실 저도 달력에 나온 지시 사항을 다 지키지는 못합니다. 전구 한 개를 빼지도 못했고, 계단을 자주 이용하지도 못했습니다. 별로 이동할 일이 없었기 때문입니다. '자기답게 살기'와 '자유의 힘

회복하기'라는 실천 사항을 두고는 많은 생각을 해야 했습니다. 자기답게 산다는 게 어떤 것일까요? '~답다'라는 접미사는 체언에 붙어서 체언의 성격이나 특징을 드러냅니다. 문제는 '자기'입니다. '자기'가 누군지를 명확히 한정할 수 있어야 '자기다운' 삶이 가능할 테니 말입니다. 참 어렵지요? '자기'라는 말 속에는 타자와 구별되는 존재로서의 자의식이 녹아들어 있습니다. 자기답게 살라는 말은 그렇게 살지 못하는 현실을 반영합니다.

사실 그렇습니다. 우리는 주체적인 존재로 살고 싶어 하지만, 늘 다른 이들을 의식하며 삽니다. 다른 이들의 칭찬과 인정을 바랍니다. 내가 원하는 응답을 받지 못하면 실망하기도 합니다. 행여 다른 이들과 격차가 벌어지지는 않을까 노심초사하며 삽니다. 앞서가는 이들과의 격차를 줄이고, 뒤따라오는 이들과의 격차를 벌리고 싶어 합니다. 그러니 늘 달릴 수밖에 없습니다. 자기답게 살라는 말이 제게는 그런 삶의 악순환에서 벗어나라는 말로 들립니다.

그러나 참 벗어나기 쉽지 않습니다. 성적, 사회적 지위, 재산, 외모 등이 우리의 인간적 가치를 재는 척도처럼 변했기 때문입니다. 경쟁을 내면화하고 살다 보니 나보다 나은 이들에 대한 질투와 선망의 감정에 시달리고, 나보다 못한 이들은 낮추어 보는 버릇이 들기도 합니다. '타인은 나에게 있어 지옥'이라고 말했던 장 폴 사르트르Jean Paul Sartre의 마음이 이런 건가 싶습니다. 비교하지 않고 자기답게 살 수는 없을까요? 18세기 유대교 하시딤 지도자인 주시아Zusya는 세상을 떠나기 전에 제자들을 불러 이렇게 말했다고 합니다. "오는 세상에서는 어째서 너는 모세가 되지 못했느냐? 라고 묻지 않고, 어째서 주시아가 되지 못했느냐? 라고 물을 것이다." 남과 비교하며 행복과 불행을 저울질하는 마음만 버려도 삶이 한결 가벼워지리라 생각합니다. 순간순간 하나님이 주신 믿음의 분량에 따라 성실하게, 기쁘게 사는 것이 지혜입니다.

'자유의 힘 회복하기'라는 주제 역시 마찬가지입니다. 타자들의 시선을 의식하며 사는 한 자유를 누릴 수 없습니다. 치열하게 경쟁하며 사는 동안 우리 마음에는 온갖 쓰레기가 켜켜이 쌓였습니다. 미움, 질투, 원한, 복수심, 밑도 끝도 없는 분노, 심술궂음, 절망···. 일일이 열거할 수 없을 정도입니다. 살아 있기에 어쩔 수 없이 발생하는 부산물들입니다. 제때 분리하고 처리하기만 한다면 큰 문제가 아닙니다. 해와 바람과 미생물의 도움을 받아 분해하여 흙으로 바꿀 수 있다면 얼마나 좋겠습니까? 그러나 우리는 어리석어서 이런 부산물을 버리려 하지 않습니다. 도리어 사라지지 않게 꼭 붙들려 하고, 남들이 볼 수 있는 장소에 전시하기도 합니다. 생의 부산물에 자기를 묶어 두기에 우리 삶은 자유롭지 못합니다. 하나님 앞에서 그것을 처리할 용기를 내야 합니다.

사순절은 하나님의 음성을 듣기 위해 잠시 멈춰 서는 시간입니다. 일상을 중단하라는 말이 아니라, 우리를 이끌던 인습적 과거에서 자꾸 벗어나는 연습을 하라는 말입니다. 예수님은 사람들 사이에 머물다가도 때가 되면 한적한 곳으로 물러나 하나님 앞에 엎드리곤 하셨습니다. 나아감과 물러섬이 유기적으로 맞물릴 때 삶은 건강해집니다. 지금은 물러서서 하나님의 세미한 음성을 듣고, 하나님의 숨결을 맞아들여야 할 때입니다. 봄볕이 잠시 머문 화단에서 푸른 움이 터 오르듯 하나님의 숨과 만날 때 척박해진 우리 영혼이 소생할 것입니다. 예전에는 하나님의 음성을 듣는 이들이 많았습니다. 그러나 지금은 그런 이들이 거의 없습니다. 왜 그럴까요?

> 당연한 일이겠지요. 그야말로 바벨의 소음이 오관을 뚫고 쳐들어오는 판에 듣기는 무슨 음성을 듣겠습니까. 온갖 소리와 빛깔과 모습과 느낌과 생각이 뒤범벅이 되어 사람들을 뒤덮고, 열두 살짜리면 이미 자동차 이름, 자전거 선수 이름, 축구 선수 이름, 영화배우 이름, 모르는 게 없는 판인데 들리기는 무엇이 들리겠습니까. 이 북새통 속에서 어찌 내심의 노래가 들려오겠습니까. 마음의 노래란 휜 가지 끝에 내린 이슬 한 방울이 떨리면서 시작되는 것, 새 소리와 트는 새싹으로 시작되는 것, 그것이 차츰 커지고 깊어져 마침내는 우리 안에서 이름할 수 없는 분의 목소리로 화하는 그런 것이 아니겠습니까.[28]

자크 르클레르크Jacques Leclercq 신부의 말에 깊이 공감합니다. 우리는 날마다 처리해야 할 일에 골몰하고, 다른 이들과의 친교에서 소외되지 않기 위해 이런저런 정보를 수집하는 데 몰두하느라, 세상에 가득 찬 하나님의 신비를 외면하고 삽니다. 사순절은 우리를 그 신비 앞에 초대합니다. 멈춰 서야 보이는 것들이 있습니다. 새 소리, 새싹 움트는 소리, 눈석임물 흐르는 소리에 귀를 기울이십시오. 그 소리에 집중하다 보면 하나님의 음성을 알아차릴 수도 있지 않을까요? 미국의 화성 탐사선인 퍼시비어런스호가 보내온 화성의 바람 소리를 들어 보셨는지요? 그 소리는 우리를 저 광활하고 아득한 우주의 신비 앞으로 이끌어 갑니다. 삶은 여전히 힘겹습니다. 투덜거린다고 누가 대신 살아 주지 않는 것이 인생입니다. 견뎌야 합니다. 그리고 이겨 내야 합니다. 더 큰 세계와 접속된 사람은 현실의 인력에 속절없이 끌려가지 않을 겁니다.

예년 같으면 각급 학교의 졸업식이 거의 마무리될 즈음입니다. 한자리에 다 모여 졸업식을 거행할 수 없었다지요? "빛나는 졸업장을 타신 언니께/ 꽃다발을 한 아름 선사합니다" 하는 식의 감격스러운 졸업식을 기대하는 것은 아니지만, 인생의 한 과정을 마치는 의례를 생략하거나 간소화할 수밖에 없는 현실이 안타까울 뿐입니다. 각급 학교를 졸업한 이들, 그리고 새로운 학년을 맞이하는 모든 젊은이가 하나님이 주시는 위로와 기쁨을 맛보았으면 좋겠습니다. 교회 학교도 학생들과 직접 대면하여 말씀을 나누지는 못하지만, 다양한 방식으로 소통하려고 노력하고 있습니다. 부모님들께서는 서슴없이 학생들과 교회 학교가 연결될 수 있게 해 주시면 좋겠습니다. 생명과 평화에 대한 예민한 감수성을 키울 좋은 기회입니다.

오랫동안 기다려 온 백신 접종이 드디어 시작된다지요? 안전성에 대한 우려를 표하는 이들이 있지만, 지나치게 염려하지 않아도 될 것 같습니다. 차분하게 차례를 기다렸다가 기회가 되면 백신 접종에 응하시면 좋겠습니다. 백신이 만능은 아니어서 사회적 거리 두기와 마스크 착용, 손 씻기 등의 기본 방역 지침은 철저하게 지켜야 하겠습니다. 백신 접종 기사를 보면서 엉뚱한 생각을 했습니다. '우리 사회에 만연한 미움과 혐오, 냉소, 분열증을 예방해 주는 백신은 없을까?' 올바른 신앙이야말로 그런 백신이 아닐까요?

꽃샘추위가 남아 있다고는 해도 봄이 성큼성큼 다가오고 있습니다. 웅크렸던 몸과 마음을 활짝 펴고 새로운 날을 맞아들이면 좋겠습니다. 봄을 단순히 기다리기만 할 것이 아니라, 스스로 누군가의 봄소식이 되어 보면 어떨까요? 참 좋으신 주님의 은총이 여러분의 가정과 일터에 가득하시기를 빕니다. 안녕히 계십시오.

2021년 2월 25일

영원의 바다를 향해

내가 아브라함을 선택한 것은, 그가 자식들과 자손을 잘 가르쳐서, 나에게 순종하게 하고, 옳고 바른 일을 하도록 가르치라는 뜻에서 한 것이다. 그의 자손이 아브라함에게 배운 대로 하면, 나는 아브라함에게 약속한 대로 다 이루어 주겠다(창 18:19).

주님 안에서 평안을 누리시길 빕니다.

큰비가 내리더니 대기가 며칠 청명합니다. 영동 지역에는 폭설이 내려 사람들의 발이 묶였더군요. 피해는 없으셨는지요? 폭설로 불편을 겪은 분들에게는 죄송한 말이지만, 눈 덮인 산과 들, 그리고 마을은 왠지 포근한 느낌이 듭니다. 마치 동화 속 나라처럼 보이기 때문입니다. 16세기 네덜란드 화가 피터르 브뤼헐Pieter Brueghel의 〈눈 속의 사냥꾼Jagers in de Sneeuw〉이라는 그림이 떠오릅니다. 화가는 사냥꾼들이 사냥개와 함께 마을로 돌아오는 풍경을 화폭에 담았습니다. 수확물이라고는 여우

한 마리뿐입니다. 지쳤는지 사냥꾼들 허리가 구부정합니다. 개들도 지쳐 보입니다. 눈을 핥아 먹는 녀석도 있습니다. 곧게 솟은 나무 위에 까마귀가 앉아 있습니다. 옆에 있는 선술집에서는 사람들이 짚불을 피우고 있습니다. 유일하게 따뜻해 보이는 광경입니다. 저 멀리, 깎아지른 듯한 봉우리가 인상적인 높은 산이 보입니다. 하지만 사냥꾼들이 향하는 곳은 가족들과 따끈한 차가 기다리는 각자의 집일 겁니다. 마을 앞에 형성된 얼음판 위에서 사람들이 신나게 놀고 있습니다. 팽이를 치는 아이도 있고, 썰매를 타는 이들도 보입니다. 기차놀이 하듯 열을 지어 미끄럼을 타는 이들도 있습니다. 하키 채 비슷한 것도 보입니다. 놀이는 현실의 곤고함을 잊게 해 줍니다. 지나치게 경직되기 쉬운 정신을 환기하는 창문인지도 모르겠습니다. 눈을 보러 나갈 짬을 내지 못하니 이런 식으로라도 겨울 풍경을 즐기는 것입니다.

학생이 아니라 해도 각급 학교가 새로운 학년을 시작하는 3월 2일은 왠지 모를 설렘을 안겨 줍니다. 보호자의 손을 잡고 학교로 향하는 초등학교 1학년 아이들도 그렇고, 처음 입는 교복이 어색한지 조금은 자기 모습을 의식하는 듯 보이는 중학교 입학생, 의젓해 보이려 하지만 누가 봐도 신입생인 대학생들 모습까지, 그 풋풋한 모습을 보는 것만으로도 봄기운을 느낄 수 있습니다. 익숙하지 않은 상황, 낯선 이들과의 만남은 언제나 설렘과 두려움을 동시에 불러일으킵니다.

지난주 토요일에는 교회 학교를 담당하는 교사들과 줌 회의를 했습니다. 교육의 근본 목표는 '유능한 인재'를 만드는 것이 아니라, 다른 이들과 평화롭게 공존할 줄 아는 사람이 되게 돕는 것이라고 말했습니다. 그러기 위해서는 존재의 신비에 눈을 뜰 수 있게 도와야 하고, 자기가 얼마나 귀한 존재인지 자각하게 해야 합니다. 어린 학생들에게 죄의식을 주입하거나, 일거수일투족을 지켜보면서 우리에게 상과 벌을 내리시는 하나님 이미지를 심지 말아야 합니다. 섣부른 죄의식은 우리에게서 경탄의 능력을 앗아갈 뿐만 아니라, 주위 사람들 속에 있는 아름다움을 보지 못하게 만듭니다. 인간의 죄성과 참상에 관한 이야기는 미리 하지 않아도 삶의 과정을 통해 경험하게 마련입니다. "내일 걱정은 내일이 맡아서 할 것이다. 한 날의 괴로움은 그 날에 겪는 것으로 족하다"(마 6:34).

그날 시간이 없어서 미처 하지 못한 말이 있습니다. 교사들이 일상에서 꼭 명심해야 할 내용입니다. 저는 그것을 아동·청소년 교육 전문가인 얀 우베 로게Jan-Uwe Rogge에게 배웠습니다. 그는 그것을 네 가지로 요약하여 들려줍니다.[29]

첫째, 교육에 관여하는 이들은 아이들이 자기 감정에 충실할 수 있게 도와야 합니다. 아무리 어려도 아이들은 나름의 행복과 기쁨, 슬픔과 분노의 감정을 느낍니다. "어린 게 뭘 안다고…"라며 윽박지르거나, 그 감정을 하찮게 여기지 말아야 합니다. 아이들은 자기 감정이 존중받고 있다고 느낄 때 다른 이들을 신뢰합니다.

둘째, 아이들이 성장하는 속도를 참을성 있게 지켜보는 인내가 필요합니다. 아이들을 몰아대지 말고 천천히 동행해야 합니다. 야곱 이야기를 떠올려 보십시오. 20년 만에 귀향한 야곱은

형 에서와 화해했습니다. 두 형제가 부둥켜안고 우는 모습은 성경에서 가장 감동적인 장면 가운데 하나입니다. 원한이 풀린 에서가 "갈 길을 서두르자"(창 33:12)고 말하자 야곱은 아이들이 아직 어리고 돌보아야 할 양 떼와 소 떼가 많다며, 하루라도 지나치게 빨리 몰고 가면 다 죽을 것이라고 말합니다(창 33:13). 사람마다 속도가 다 다릅니다. 사랑은 그 속도를 알아차리고 거기에 발을 맞추는 것이 아닐까요?

셋째, 아이들이 스스로 불완전해질 용기를 내게 해 주어야 합니다. 아이에게 답을 주려고 하지 말아야 합니다. 스스로 시행착오를 겪으며 배워야 합니다. 실패를 용납하지 않는 이들과 지내다 보면, 실패하지 않는 사람이 되는 것이 아니라, 실패에 대한 두려움 때문에 아무것도 시도하지 못하는 사람이 됩니다. 실패해도 받아들여진다는 사실을 알 때 자신감을 가지고 도전할 수 있습니다. 그리고 성공보다 실패가 우리를 더 성장시킨다는 사실을 깨닫습니다.

넷째, 경계를 정해 주어야 합니다. 세상만사가 자신의 의도나 계획 혹은 바람대로 이루어지는 게 아니라는 사실을 가르쳐야 합니다. 욕망이 더디게 채워지는 것을 견디지 못하는 이들이 참 많습니다. 욕망이 발생하는 순간 즉각 해소되지 않으면 불행하다고 느끼거나, 부모나 어른들의 사랑이 부족하다고 느끼는 아이들이 있습니다.

제게도 올해 초등학교에 입학하는 손녀가 둘 있습니다. 잘 적응하겠지, 하고 생각하다가도 그 여린 감정을 다치는 일이 생기지는 않을까 여간 걱정되는 게 아닙니다. 소극적이어서 자기 감정이나 생각을 적극적으로 드러내지 않는 아이의 경우에는 더 그렇습니다. '손녀 바보' 소리를 들어도 할 수 없습니다. 그냥 있는 것만으로도 어른들 마음을 정화하는 것을 보면 아이들은 어른들에게 사랑을 가르치는 스승으로 이 세상에 온 것이 아닐까 하는 생각이 듭니다. 그래서 어떤 이들은 "우리 아이가 더 크지 않으면 좋겠어요"라고 말하기도 하더군요. 나중에 교회 학교 어린이들이 교회에 올 수 있게 되면, 어느 교우가 제게 보내 준 그림 동화 《나는 강물처럼 말해요 *I Talk Like a River*》를 읽어 주고 싶습니다. 조금 느리거나 빠를 수는 있지만, 모든 삶은 저마다 가치가 있다는 사실을 일깨워 줄 수 있기를 바랍니다.

말을 더듬는 소년이 있습니다. 감수성이 예민한 소년은 매일 아침 낱말들의 소리를 들으며 깨어나지만, 그 소리를 발음하는 데는 어려움을 겪습니다. 학교에 가서도 맨 뒤에 앉습니다. 온종일 말을 할 일이 없기만 바랍니다. 어쩌다 선생님에게 지목을 받아 말을 하려면 입술이 뒤틀리고 일그러집니다. 그럴 때마다 친구들은 키득거리며 웃습니다. 아이 마음에 그늘이 드리웠겠지요? 어느 날 아이를 데리러 학교에 온 아빠가 소년을 강에 데려갑니다. 아빠와 함께 알록달록한 바위와 물벌레를 살펴보면서 강을 따라 걷는 그 시간을 아이는 참 좋아합니다. 편안합니다. 그때 아빠가 말합니다. "강물이 어떻게 흘러가는지 보이지? 너도 저 강물처럼 말한단다." 아이는 물끄러미 강을 바라봅니다. 물거품이 일고, 소용돌이치고, 굽이치다가, 부딪치는 강이 눈에 들어옵니다. 강은 지체할 때도 있지만 끊임없이 흐르고 있었습니다. '나는 강물처럼 말해.' 나중에 소년은 울고 싶을 때마다 아빠의 말을 떠올렸습니다. 그러면 울음도 삼킬 수 있고 말할 수도 있었습니다. 강물도 더듬거릴 때가 있다는 생각이 얼마나 위로가 되었던지요. 나중에 소년은 친구들 앞에 서서 강물에 관한 이야기를 들려줍니다.[30)]

우리는 어쩌면 너 나 할 것 없이 '강물처럼 말하는 사람들'인지도 모르겠습니다. 앞서거니 뒤서거니 하며 영원의 바다를 향해 나아가면 그뿐입니다. 앞섰다고 우쭐거릴 것도 없고, 뒤처졌다고 주눅들 것도 없습니다. 지향이 바르면 언젠가 그 바다에 당도할 것입니다. 가끔 물살에 몸을 맡긴 채 둥둥 떠내려가는 것도 나쁘지 않을 것 같지 않나요? 뭔가를 붙잡으려던 마음도 내려놓고, 다른 이들과 차이를 만들려는 조바심도 내려놓고, 우리가 전체에 속해 있다는 사실을 순순히 받아들일 때 편안함을 누릴 수 있습니다.

지난 주일, 미얀마의 민주화를 요구하는 시위대에게 군대와 경찰이 발포를 해서 많은 사상자가 생겼습니다. 우리 또한 역사의 격동기를 거쳐 왔기에 미얀마 사람들이 겪는 고통을 차마 외면할 수 없습니다. 미얀마에서 더 이상 폭력 사태가 벌어지지 않게 해 달라고, 평화롭게 살고 싶은 대중들의 소박한 꿈이 짓밟히지 않게 해 달라고 기도해 주십시오. 그리고 그들과 연대할 방법을 찾아보십시오.

벌써 사순절 세 번째 주일을 향해 가고 있습니다. 조금은 의식적으로 사순 절기에 맞갖은 생활을 해야 합니다. 사순절 달력에 나온 실천 사항을 잘 지켜 보십시오. 잘 될 때도 있지만 그렇지 못할 때도 있을 겁니다. 중요한 것은 '깨어 있음'입니다. 성공담이든 실패담이든 우리 영혼을 밝히는 좋은 재료가 되리라 생각합니다. 길든 짧든 그런 경험을 나눠 주면 좋겠습니다. 주님의 도우심으로 우리 삶이 더 따뜻하고 밝고 견실해지기를 빕니다. 모든 이에게 주님이 주시는 평강이 넘치기를 빕니다. 안녕히 계십시오.

2021년 3월 4일

축축한 흙 속에서

주님, 내가 미끄러진다고 생각할 때에는, 주님의 사랑이 나를 붙듭니다. 내 마음이 번거로울 때에는, 주님의 위로가 나를 달래 줍니다(시 94:18-19).

주님의 은총과 평강을 기원합니다.

봄기운이 완연합니다. 매화꽃은 벌써 만개했고, 산수유도 한창입니다. 공원에는 노란색 히어리가 조금씩 피어나고 있습니다. 히어리의 꽃말은 '봄의 노래'라지요? 미처 떨구지 못한 겨울눈 껍질이 마치 모자처럼 보이기도 합니다. 영춘화도 막 피어나기 시작했습니다. 수선화, 히아신스, 크로커스를 보는 즐거움이 큽니다. 바야흐로 꽃 시절의 시작입니다. 2020년 노벨 문학상을 받은 루이스 글릭^{Louise Glück}은 〈눈풀꽃^{Snowdrop}〉이라는 시에서 혹독한 겨울을 견디고 봄을 맞은 눈풀꽃의 은밀한 기쁨을 이렇게 노래합니다.

> 나 자신이 살아남으리라고
> 기대하지 않았었다,
> 대지가 나를 내리눌렀기에.
> 내가 다시 깨어날 것이라고는
> 예상하지 못했었다.
> 축축한 흙 속에서 내 몸이
> 다시 반응하는 걸 느끼리라고는.
> 그토록 긴 시간이 흐른 후
> 가장 이른 봄의
> 차가운 빛 속에서
> 다시 자신을 여는 법을
> 기억해 내면서.[31]

　축축한 흙 속에서 자기 몸이 다시 반응하는 걸 느끼는 것, 그래서 다시 자신을 여는 법을 기억해 내는 것, 얼마나 놀라운 일인지요? 눈풀꽃을 설강화雪降花라고도 하더군요. 눈 내린 땅에서 꽃을 피우기 때문일 겁니다. 이 놀라운 시를 읽고 있으면 왠지 우리 내면 깊은 곳에서 뭔가가 꿈틀거리는 느낌이 들지 않나요? 어려운 시절을 견디는 이들의 마음에도 봄볕이 스며들어 새로운 삶의 용기를 일깨웠으면 좋겠습니다.
　며칠 전에 아주 반가운 손님을 맞았습니다. 제가 잠시 머물렀던 학교의 졸업생들이었습니다. 졸업한 지 벌써 31년이 되었다고 하더군요. 커피를 마시려고 마스크를 벗자 여고 시절 얼굴이 고스란히 드러났습니다. 시간이 스쳐 간 흔적이야 숨길 수 없지만 익숙한 얼굴들이었습니다. 그들이 저를 찾아온 까닭은 한 친구의 소식을 전하기 위해서였습니다. 교목실에 찾아와 조언을 구하기도 하고, 사뭇 진지하게 생의 의미를 탐색하던 친구여서 특별히 기억에 남은 학생이었습니다. 대학 졸업 후 독신으로 지내면서 커리어 우먼으로 열심히 일하다가 몇 년 전 암이라는 진단을 받고 투병 생활을 시작했다고 합니다. 그리고 인생에서 가장 어려웠던 시기에 영상을 통해 제가 전하는 메시지를 꾸준히 들었다고 합니다.

회복되기를 간절히 바랐지만, 상태가 점점 나빠져 결국 호스피스 병동으로 옮겼다고 했습니다. 면회조차 할 수 없어서 친구들은 더 안타까워했습니다. 그래서 친구의 생명 불꽃이 다스러지기 전에 제 메시지를 담은 영상을 만들어서 전해 주려고 저를 찾아왔던 것입니다. 문득 제가 받은 편지 한 대목이 떠올랐습니다. 저마다 치열하게 공부에 매진할 수밖에 없었던 3학년 2학기 끝자락이었을 겁니다. 어느 날 교목실에 들어서니 책상 위에 편지 한 통이 놓여 있었습니다. 그 학생이었습니다. 지난 3년 동안의 학교생활을 돌이켜 보면서 나름대로 최선을 다했기에 공부에 대한 후회는 없다면서도 이상한 헛헛함이 자기를 괴롭힌다며 편지를 이렇게 이어 갔습니다. "3년만 참으라고, 3년만 앞만 보고 달리라고 모두가 말하기에 그래야 하는 줄 알았습니다. 그러다가 문득 외로운 생각에 질주를 멈추고 주위를 둘러보니 제 곁에는 아무도 없습니다." 저는 이 문장을 잊을 수 없었습니다. 의도한 것은 아니지만, 그의 문장은 학교 교육에 대한 일종의 고발장이었습니다.

그렇게 진지하게 자기를 성찰하며 살던 한 사람의 생명 불꽃이 가물거리고 있는 것입니다. "친구가 없다더니 이렇게 좋은 친구들이 있으니 인생을 실패한 것은 아닌 것 같다"고 희떠운 소리를 한마디 한 후에, 더듬더듬 몇 마디 말을 건넸습니다만 이런 때일수록 말의 부질없음을 더욱 절감하게 됩니다. 며칠 후 의식이 깨어난 그 친구가 제 메시지를 듣고 많이 행복해했다는 소식을 전해 들었습니다. 언제가 될지는 모르지만, 그도 이른 봄의 차가운 빛 속에서 자기를 여는 법을 기억해 내면 좋겠습니다.

이 봄에 미얀마에서 벌어지는 일에 전 세계인의 이목이 쏠리고 있습니다. 방패를 들고 벽처럼 서 있는 경찰들 앞에 무릎을 꿇은 수녀의 사진을 오랫동안 바라보았습니다. 왠지 익숙한 광경입니다. 사람들은 손가락 세 개를 세우고 엄지와 새끼손가락을 연결하는 몸짓으로 미얀마 사람들의 민주화 투쟁에 연대한다는 뜻을 표현하고 있습니다. 모금 활동을 하는 분들도 있습니다. 평화를 바라는 마음은 한결같습니다. 그러나 흉포한 권력은 그런 평화의 꿈을 총과 칼로 막으려 합니다. 위험을 무릅쓰고 광장에 나가 민주화 의지를 드러내는 미얀마 사람들의 숭고한 용기에 감동합니다.

길들기를 거부하는 것, 체제에 순응하지 않는 것은 여간 어려운 일이 아닙니다. 대다수는 동의할 수 없는 현실과 만나도 속으로만 투덜거릴 뿐 저항할 엄두를 내지 못합니다. 위험에 뛰어드는 것은 어떤 장벽을 돌파하는 일입니다. 그 장벽이 그의 몸과 마음을 조각낼 수도 있습니다. 그걸 알면서도 돌파를 감행하는 이들 덕분에 인류는 조금씩 진보하고 있습니다.

출애굽 사건의 서곡을 여는 이들은 히브리 산파 십브라와 브아입니다. 그들은 바로의 지엄한 명령 앞에 서 있었습니다. 히브리 여인이 아이를 낳는 것을 도와주다가, 낳은 아기가 아들이면 죽이고 딸이면 살려 두라는 명령이었습니다. 그러나 산파들은 명령에 복종하지 않았습니다. 바로의 명령보다 더 높은 뜻에 순종했기 때문입니다. 십브라와 브아는 시민 불복종 운동의 원조입니다.

인간에게 불을 가져다주었다가 제우스의 노여움을 산 그리스 신화의 인물 프로메테우스도 저항의 상징입니다. 비극 작가인 아이스킬로스Aeschylos의 희곡 〈결박된 프로메테우스 Prometheus desmotes〉에서 그는 인간을 너무도 사랑했기에 제우스의 적이 되었다고 탄식합니다. 그러나 그는 그 선택을 후회하지 않습니다. 오히려 자신에게 주어진 운명을 되도록 가볍게 견디려 합니다.

> 나는 인간들에게 명예의 선물을 주었던 까닭에
> 이런 고통의 멍에를 지고 있는 것이다.
> 나는 회향풀 줄기에 싸서
> 불의 원천을 몰래 훔쳐냈는데, 그것이 인간들에게
> 온갖 기술의 교사敎師가 되고 큰 도움이 되었지.
> 그러한 죄를 지은 까닭에

나는 지금 벌을 받고 있는 것이다.

노천露天에서 사슬에 꼭꼭 묶인 채.[32]

장엄하지요? 교황과 가톨릭의 면벌부 판매를 맹렬하게 비판하는 글을 쓴 마르틴 루터는 보름스 제국 회의에 소환되었습니다. 신학적 입장을 밝히라는 요구였습니다. 제국 회의는 루터에게 그동안 펼친 신학적 주장을 모두 취소하고 펴낸 책들을 폐기하라고 명령합니다. 그러나 루터는 단호하게 거절하며 이렇게 말합니다. "저는 제가 인용한 성경에 매여 있으며 제 양심은 하나님 말씀에 사로잡혀 있습니다. 저는 취소할 수도 없고, 취소하지도 않겠습니다. 양심을 거스름은 안전하지도 않고 옳지도 않기 때문입니다." 이런 진술 끝에 루터는 이렇게 말을 맺습니다. "내가 여기 섰습니다. 내가 할 수 있는 것은 이것뿐이오니, 하나님, 나를 도와주소서. 아멘."[33]

인간 정신의 숭고함을 보여 준 인물은 수없이 많습니다. 우리는 그들에게 빚을 지고 있습니다. 그중에서도 우리가 잊지 말아야 할 분은 예수 그리스도입니다. 주님은 로마의 평화라는 허구가 지중해 세계를 억압할 때, 하나님나라의 비전을 통해 새로운 질서를 이끌어 내셨습니다. 빌립보서 2장에 나오는 '그리스도 찬가'는 주님이 하늘 영광을 버리고 종의 몸을 입고 이 땅에 내려오신 성육신의 신비를 보여 줍니다. 가장 높은 분이 자발적으로 가장 낮은 자리에 선다는 것이 혁명이 아니고 무엇이겠습니까? 그리스도가 보여 주신 혁명은 피 냄새가 나지 않습니다. 누군가를 배제하거나 제거하는 것이 아니라 사랑으로 품고 가는 혁명이야말로 가장 급진적인 혁명이 아닐까요? 불의 앞에서 침묵하는 것은 점잖음이 아니라 비겁함입니다. 주님은 대놓고 누군가를 비판하지는 않으셨지만, 불의에 맥없이 끌려가지도 않으셨습니다. 묵은 땅을 갈아엎고 새로운 비전의 씨를 뿌리셨습니다. 이게 바로 용기입니다. 새로운 세상을 열기 위해 고투하는 미얀마의 모든 이들에게 주님께서 숨을 불어넣어 주시기를 빕니다.

이제 사순절 순례 여정도 중반으로 접어들었습니다. 팥죽에 앉는 더께처럼 우리 마음을 뒤덮은 둔감함을 조금씩 덜어 내면 좋겠습니다. 노자는《도덕경》36장에서 '유유승강강柔弱勝剛強'이라고 했습니다. 부드럽고 약한 것이 딱딱하고 강한 것을 이기게 마련이라는 뜻입니다. 우리 눈앞에 펼쳐지는 봄의 신비가 그 증거입니다. '십자가의 도' 또한 그러합니다. 이 믿음으로 오늘의 난감함을 돌파할 수 있기를 빕니다. 어둠의 골짜기를 지날 때도 주님이 우리와 동행하십니다. 오늘도 내일도 주님과 동행하는 기쁨 한껏 누리시기를 빕니다. 안녕히 계십시오.

2021년 3월 12일

아름답고 넓은 땅

> "내가 그들을 여러 백성들 가운데 흩으려니와 그들이 먼 곳에서 나를 기억하고"(슥 10:9). 기독교란 하나님의 백성들이 그분의 뜻에 따라 뿔뿔이 흩어져서, 마치 씨앗처럼 "땅의 모든 나라 중에" 뿌려져 있는 것입니다(신 28:25). 이것은 그들에게 저주인 동시에 약속입니다. 하나님의 백성은 머나먼 나라에서 하나님을 믿지 않는 사람들 속에서 살아가야 하지만, 그것은 온 세상 가운데 하나님나라의 씨앗으로 존재하는 길이기도 합니다.[34] _디트리히 본회퍼

주님의 평강이 우리 가운데 임하시기를 빕니다.

미세 먼지가 우리 마음을 어둡게 하지만, 봄기운이 완연한 나날입니다. 이런 때일수록 건강에 유의해야 합니다. 새로 생긴 대형 백화점에 사람들이 북적거리고, 공원이나 카페에도 사람들이 물결을 이루고 있습니다. 감염병에 대한 경계심이 어지간히 느슨해진 것 같습니다. 행여 주변 사람들에게 폐를 끼칠까 무서워 가급적이면 사람들을 만나지 않으려 하지만, 그래도 어쩔 수 없이 누군가를 만나면 마음에 부담이 되는 게 사실입

니다.

　요즘 시인 황동규 선생의 《오늘 하루만이라도》라는 시집을 곁에 두고 한두 편씩 읽고 있습니다. 연세가 여든이 넘어서 쓴 시인지라 관념적이지도 않고, 표현에 대한 강박 관념 같은 것도 느껴지지 않고, 깨달음을 나누어 주겠다는 은밀한 의도도 보이지 않아 아주 담백합니다. 쇠약해지는 몸을 의식할 수밖에 없는 나이인 까닭일 겁니다. 수영을 배울 때 힘을 빼고 물에 몸을 맡겨야 몸이 떠오르듯이 시간의 강물에 몸을 맡긴 이의 자유로움이 느껴집니다. 시인은 자기 몸의 변화를 가만히 응시하면서 그것을 시적으로 변형시키고 있습니다. 그 가운데 한 구절입니다.

　　꽃잎 괜히 건드릴까 조심하는 바람처럼
　　가파른 언덕을 촛불 안 꺼뜨리듯 조심조심 내려와
　　맨땅에서 넘어졌다[35]

　언덕길을 팔랑팔랑 가볍게 뛰어 내려가는 아이들을 보면 저절로 '아, 저 생명 덩어리'라는 말이 목에 차오릅니다. 나이가 든다는 것은 어쩌면 매사가 조심스러워진다는 것이 아닐까요? 세상에 '꽃잎 괜히 건드릴까 조심하는 바람'이 어디에 있겠습니까만, 산수傘壽를 넘긴 분의 조심스러운 태도를 기탁하는 데는 그만한 이미지가 또 없을 것 같습니다. 스쳐 가는 바람에 그만 촛불이 꺼질까 조심조심 걷는 사람처럼 그렇게 살았는데, 이제 평탄한 곳에 이르렀다 싶은 순간 넘어졌다는 것입니다.

방심하다가 허를 찔리는 느낌이었을 겁니다.

이런 경험 없으신가요? 월요일마다 산에 오르던 때 이런 경험이 드물지 않았습니다. 특히 겨울철 산행이 그랬습니다. 정말 조심스럽게 내려오다가 이제 다 왔다 싶어 방심하다 흙 속에 숨어 있던 얼음에 미끄러져 엉덩방아를 찧었던 적이 몇 번 있습니다. 산다는 것은 어쩌면 이런 건지도 모르겠습니다. 그런데 인용하지는 않았지만, 그다음 구절이 참 절묘합니다. "어이없지 않다." 어이없는 일이 벌어졌는데도 어이없지 않다고 말합니다. 달관도 아니고 체념도 아닙니다. 삶의 곡절과 부침을 많이 겪어본 이의 담담한 자기 수용입니다. 나이가 든다고 하여 다 이런 마음에 이르게 되는 것은 아닐 것입니다.

그러나 우리 현실은 이런 고요한 자기 응시를 허용하지 않는 것 같습니다. 부푼 욕망의 격전장에서 사람들은 부끄러운 줄도 모르고 반칙을 합니다. 재산 증식이 인생의 목표처럼 되어 버렸습니다. 공적 자리에 있으면서 얻은 정보를 이용하여 부당한 이익을 추구한 이들의 행태가 낱낱이 밝혀지고 있습니다. 그런 이전투구의 현장에서 일어나는 협잡과 폭력, 혐오와 불신이 우리 사회를 불신 사회로 몰아가고 있습니다. 미국의 유명한 성서신학자 월터 브루그만Walter Brueggemann은 '시편 수업'을 진행하기 전에 드린 기도에서 세상 현실을 이렇게 고발합니다.

성서가 그리는 현실은 아주 오래된 것 같으면서도
방금 일어난 일처럼 생생합니다.

부가 늘어 갈수록 교만해지는 사람들,

기술이 발전할수록 늘어나는 파괴들,

혐오를 낳는 압제, 폭력을 낳는 혐오…

어딜 가나 가득한 폭력,

그리고 그 폭력으로 인해 조각나고 불타고

짓이겨지고 사라지는 삶,

무질서와 혼돈, 끝을 모르는 불안….[36]

시대를 막론하고 사람이 사는 곳에서 벌어지는 일은 대개 비슷한가 봅니다. 역사가 진보한다는 게 사실인가요? 왠지 암울한 생각이 듭니다. 하지만 시편의 시인들은 그런 현실을 냉철하게 직시하면서도, "폭력의 한가운데서도 뿌리 뽑히지 않는 꿈을,/ 분노가 사무쳐도 흔들리지 않는 정의를,/ 상실과 실패 속에서/ 마르지 않는 슬픔의 노래를,/ 혐오로 불타오르는 세상에/ 희망을 심는 법"[37]을 노래합니다. 시인들은 그러니까 다른 세상을 꿈꾸는 사람들입니다. 꿈꾸는 이들은 현실을 모르는 몽상가 취급을 받을 때가 많지만, 꿈이 없다면 인간은 현실의 무게에 짓눌려 질식할 수밖에 없을 겁니다.

우리 사회가 또다시 떠들썩합니다. 땅과 집은 예전부터 투기의 대상이었지만, 요즘처럼 사람들이 큰 관심을 가지는 때가 없었던 것 같습니다. 오락가락하는 정부의 정책과 재산을 일시에 증식하고 싶은 사람들의 욕망이 맞물려 빚어낸 현실입니다. 가난한 사람들은 그 각축에 끼어들지도 못한 채, 속절없이 절망의 심연 속으로 빨려 들어가고 있습니다. 기회를 잡지 못한 사람들은 공정하지 않은 세상 현실에 분노합니다. 욕망의 물결에 떠밀리고, 분노의 파도에 휩쓸리다 보면 우리가 어디를 향해 가고 있는지 잊게 마련입니다. 바울 사도는 그리스도께서 우리의 '목표점'이라고 말했습니다(빌 3:14). 그 목표점을 잃어버리는 순간 우리 삶은 지리산가리산 엉망이 되고 맙니다. 가끔 흔들릴 수도 있고, 길에서 벗어날 수도 있습니다. 그러나 돌이켜 바른길을 걷기 위해 정신을 차려야 합니다.

인간 속에는 두 가지 욕망이 상존합니다. 하나는 비좁은 일상에서 벗어나 광활한 세계에 도달하고 싶은 욕망입니다. 코로나 시대가 끝나면 제일 하고 싶은 일이 뭐냐고 물으면 사람들은 대개 여행을 하고 싶다고 말합니다. 여행은 우리를 소진시키는 반복적 일상에서 벗어나는 일입니다. 거리가 멀수록 시간의 속박은 줄어듭니다. 백패킹backpacking이나 캠핑족이 늘어나는 것도 이런 욕망의 반영일 겁니다. 다른 하나는 안전한 둥지를 마련하는 일입니다. 그곳에 들어가는 순간 다른 이들의 시선을 의식하지 않아도 되고, 다소 흐트러진 모습으로 있어도 괜찮은 곳 말입니다. 그곳에 머무는 동안 몸과 마음의 휴식을 얻고, 세상에서 입은 상처가 회복될 수 있을 때, 숨이 가지런해집니다.

그러나 아이러니한 것은 낯선 곳에 가면 낯익은 곳이 그립고, 낯익은 곳에 오래 머물면 낯선 곳이 그리워지는 것입니다. 비좁은 곳에 있으면 광활한 공간을 꿈꾸고, 모든 방향으로 개방된 광활한 공간에 서면 안온한 장소로 돌아가고 싶어 합니다. 다른 사람들이 내 삶에 간섭하거나, 누군가에게 관찰당한다는 느낌이 들면 누구나 그 자리에서 벗어나고 싶어집니다. 그런 시선을 즐기는 사람도 있겠네요. 반면 천지간에 나 홀로라는 생각에 사로잡히는 순간 우리는 친밀한 접촉을 갈망합니다. 이 두 가지 욕망 사이에서 줄타기하듯 사는 게 인생인지도 모르겠습니다.

하나님은 애굽에서 종살이하던 히브리인들에게 "아름답고 넓은 땅, 젖과 꿀이 흐르는 땅"(출 3:8)을 약속하셨습니다. 우리가 아는 가나안 땅은 그렇게 아름답고 넓은 땅은 아닙니다. 오히려 척박한 곳이 많고, 많은 사람이 모여 살기에는 협소한 곳입니다. 그런데도 그 땅을 '아름답고 넓은 땅'이라 칭하신 것은 공간적 크기를 말하는 것이 아닐 겁니다. 그곳은 모든 사람이 자기 삶의 주인이 되어 사는 새 땅입니다. 주인이나 관료가 부과한 할당량을 채우기 위해 노예 노동을 하지 않아도 되는 곳 말입니다. 폭력과 위협으로부터 자유로운 곳이기에 그곳은 아름다운 땅입니다. 성경에서 '아름답고 넓은 땅'은 주님의 사랑이 끊이지 않는 땅입니다. 성도들은 이런 땅에서 살도록 초대받은 사람들입니다.

주님은 "온유한 사람은 복이 있다. 그들이 땅을 차지할 것이다"(마 5:5)라고 말씀하셨습니다. 우리가 소망해야 할 땅은 바로 그런 땅이 아닐까요? 우정과 사랑으로 빚어지는 자유의 영토 말입니다. 가급적이면 다가오는 사람들을 밀어내지 마십시오. 마음이 스산하여 찾아온 사람들이 우리를 만나 더 상처받고 돌아서지 않도록 애쓰십시오. 아주 바쁜 시간이라 해도 전심으로 환대해 보십시오. 말은 적게 하고 그들이 하는 말을 귀 기울여 들으십시오. 서둘러 해답을 주려 하지 말고 그의 시간을 기다려 주십시오. 이런 태도야말로 누군가에게 설 땅을 제공하는 일일 겁니다. 본회퍼 목사가 말하는 '하나님나라의 씨앗'으로 사는 삶이란 이런 게 아닐까요?

춘분이 다가옵니다. 묵은 땅을 갈아엎고 파종을 준비하는 농부처럼 난감하고 어지러운 세상에 사랑과 평화의 씨를 뿌리기 위해 할 수 있는 모든 일을 하며 살 수 있으면 좋겠습니다. 주님의 평강이 우리 가운데 임하시기를 빕니다.

2021년 3월 18일

여백이 있는 언어

> 그러자 우리 주님이 내게 한 질문을 던지셨다. 내가 너를 위하여 고난당한 그것이 너를 만족케 하였느냐? 내가 말했다. 예, 선하신 주님, 제 모든 고마움을, 선하신 주님, 당신께 드립니다. 복되소서. 우리 선하신 주님 예수께서 말씀하셨다. 네가 만족이면 나도 만족이다. 너를 위해 당한 고난이 내게는 기쁨이요, 지복이요, 한없는 즐거움이다.[38]_노리치의 줄리안

주님의 평안이 세상의 나그네로 사는 모든 이들에게 임하시기를 빕니다.

어느덧 사순절 순례 여정이 거의 막바지에 이르고 있습니다. 이전보다 조금은 더 맑아지고 깊어지셨는지요? 엄벙덤벙 시간에 떠밀리며 살다 보면 우리가 누구인지, 어디를 향해 가는 것인지 잊을 때가 많습니다. 삶에 대한 질문은 잠시 멈춰 서라는 요청입니다. 우화 속의 토끼가 생각납니다. 토끼는 하늘이 무너질지 모른다는 두려움을 떨쳐 내지 못하고 있었습니다. 어느 날 나무 아래 누워 낮잠을 자다가 사과 한 알이 떨어지는 소리

에 소스라쳐 놀라 일어나 다짜고짜 달리기 시작합니다. 하늘이 무너졌다고 믿었기 때문입니다. 숲속에 있던 동물들도 토끼의 서슬에 놀라 함께 달리기 시작했습니다. 그러나 자기가 왜 달리고 있는지 아는 동물은 없었습니다. 다른 동물들이 달리기에 무작정 따라 달렸으니 그럴 수밖에요. 우리도 이렇게 살고 있는 것은 아닌지 모르겠습니다. 무지 속에 있을 때 두려움은 이렇듯 물결처럼 번져 가게 마련입니다.

코로나 확진자 수가 400여 명 근처에 머물고 있습니다. 이전에는 수십 명만 돼도 화들짝 놀랐는데, 이제는 조금 무덤덤해진 것 같습니다. 긴장이 풀린 탓인지 공원이나 거리 혹은 식당이나 카페에 사람들이 정말 많이 몰리고 있습니다. 백신 접종이 더디게나마 이어지고 있으니 불행 중 다행이라 하겠습니다. 비록 20퍼센트밖에 허용되지 않지만, 대면 예배가 시작된 지 몇 주가 지나고 있습니다. 마스크에 가려진 얼굴이라도 볼 수 있어 다행입니다. 속히 모든 이들이 함께 모여 예배드릴 수 있는 날이 오기를 기도할 뿐입니다.

다가오는 주일은 종려 주일이고 고난 주간이 시작되는 날입니다. 예수께서 나귀를 타고 예루살렘에 입성하실 때 수많은 사람이 종려나무 가지를 꺾어 들고 환호성을 올렸던 그 순간을 기억하는 날입니다. 들뜬 표정의 사람들 속에서 주님 홀로 쓸쓸하셨을 것입니다. 당신 앞에 드리운 어두운 그늘을 아무도 알아차리지 못했으니 말입니다. 저는 이맘때면 예수님이 감내하셔야 했던 고독과 쓸쓸함에 깊이 감응하는 편입니다. 가장 가까운 사람들조차 주님의 괴로움을 알지 못합니다. 오히려 허망한 기대에 들떠 건듯건듯 걷고 있었습니다. 명절을 지키러 예루살렘에 올라온 사람들의 활기로 도성은 흥청거렸지만, 주님의 마음은 쓸쓸하기 이를 데 없었습니다.

지금도 상황은 달라지지 않았습니다. 예수님을 외롭게 하는 일이 도처에서 벌어집니다. 주중에 목사 안수식을 앞둔 젊은 후보자가 저를 찾아왔습니다. 생면부지의 사람이었지만 꼭 제게 안수를 받고 싶다고 했습니다. 간곡한 부탁을 차마 뿌리치지 못하고 일단 만나자고 했습니다. 그는 목회자가 되기 위한 자격 심사를 받는 과정 가운데서 깊은 절망감을 맛보았다고 털어놓았습니다. 절망감이라기보다는 굴욕감 혹은 염증이라 말해야 할 것 같습니다. 심사 위원들은 그에게 곤혹스러운 질문을 던졌습니다. 이를테면, 차별 금지법이라든지 방역 지침을 위반하였다가 두 주간 교회 폐쇄 명령을 받았던 00교회에 대해 어떻게 생각하느냐는 질문이었습니다. 그분들이 듣고 싶었던 말은 차별 금지법에 반대한다는 명백한 답변이었고, 정부가 교회를 박해하고 있다는 자신들의 입장에 동조하는 것이었습니다. 신학적 논증이 끼어들 자리는 애초에 없었습니다. 심사 위원들은 대답을 망설이는 후보자를 꾸짖으며 명확한 답을 내놓지 않으면 진급에서 누락될 수도 있다고 으름장을 놓았습니다. 설명은 필요 없으니 가타부타만 명확히 하라는 것이었습니다.

그 후보자는 마음으로 흔쾌히 동의할 수 없는 견해에 맞서기보다는 "알겠습니다"라는 애매한 대답으로 그 순간을 모면할 수밖에 없었습니다. 가슴 가득 비애가 차올랐을 겁니다. 길든다는 것처럼 슬픈 일이 또 있을까요? 저는 젊은이들을 길들이려는 순간 역사는 퇴행을 거듭할 수밖에 없다고 생각합니다. 날카로운 모서리들이 깎인 채 기존 질서에 두루뭉수리로 적응하며 살도록 강요하는 것이 폭력이 아니면 무엇이겠습니까? 존 웨슬리는 "관용의 정신"이라는 설교에서 논쟁을 통해 누군가를 굴복시키려는 태도를 버려야 한다며 이렇게 말합니다.

> 그들의 주장이나 예배나 회중에 대한 견해가 어떠하든, 우리 주 예수 그리스도를 믿는 사람이라면, 하나님과 사람을 사랑하는 사람이라면, 하나님의 마음을 상하게 하는 것을 두려워하며 하나님을 기쁘게 하는 것을 즐거워하는 자라면, 죄를 피하려 애쓰고 선한 일을 하는 데 열심인 사람이라면, 누구나 사랑하는 사람입니다.[39]

누구도 진리를 독점할 수 없습니다. 세상의 어떤 가르침도 절대적으로 옳다고 말할 수 없습니다. 우리는 진리라는 실체를 찾기 위해 더듬거리며 앞으로 나아갈 뿐입니다. 철학사 책에서 읽은 것이라 기억이 정확한지는 모르겠지만 고트홀트 에프라임 레싱Gotthold Ephraim Lessing의 말이 떠오릅니다. "만일 신이 오른손에 모든 진리를 쥐고 왼손에는 살아 있는 진리를 향한 노력을 쥐고 계시면서 어느 쪽을 택할 것이냐고 묻는다면 여러분은 어느 쪽을 택하시겠습니까?" 레싱은 자기라면 공손하게 왼손을 택하면서 이렇게 말하겠다고 합니다. "아버지, 주십시오. 순수한 진리는 오직 당신에게만 속해 있습니다." 젊은 시절

진리에 대한 목마름에 시달리던 제게 이 말은 신선한 충격이었습니다. 유한한 인간이 진리 그 자체를 파악한다는 것은 불가능한 일입니다. 그렇기에 우리는 겸손하게 우리 속의 어둠을 밝히며 앞으로 나갈 뿐입니다.

자기 확신에 찬 언어가 횡행할 때 세상은 거칠어집니다. 내가 진리를 소유하고 있다고 생각하는 순간 나와 생각이 다르고 입장이 다른 사람은 비진리로 인식하기 때문입니다. 세상의 모든 근본주의가 위험한 것은 그 때문입니다. 근본주의는 옳고 그름이라는 이분법적 사고로 세상을 재단합니다. '옳음'과 '그름'을 그렇게 두부모 자르듯 가를 수 있나요? 세상은 우리가 생각하는 것보다 훨씬 복잡하고 다양하고 이질적입니다. 그 미묘한 차이를 알아차리는 섬세함이 곧 사랑이 아닐까요? 양극적 사고는 위험합니다. 우리가 위치를 나타낼 때 쓰는 지시 대명사 '여기'와 '저기' 혹은 '이것'과 '저것'은 내포하는 의미가 참 모호합니다. 도무지 둘 사이의 거리를 가늠할 수 없으니 말입니다. 반경 10미터 안에 있으면 '여기'고 더 멀면 '거기'인가요? 서울에 있으면 '여기'고 부산에 있으면 '거기'인가요? 지리학자 이 푸 투안Yi-Fu Tuan은 이런 양극적 언어가 사람들의 감정에 미치는 영향이 크다고 말합니다. 그러면서 다른 언어 하나를 예시합니다.

시베리아 북동부의 추크치족의 경우는 화자와 관련해 대상의 위치를 표현하기 위해 무려 아홉 개의 단어를 사용하기도 합니다.[40]

이 말에는 위치를 나타내는 표현을 세분화할 때 우리 감정 또한 양극단에서 벗어난다는 뜻도 담겨 있는 것 같습니다. 여백이 있는 언어, 나와 생각이 다르다 하여 즉각적으로 배제하거나 동화시키려 하지 않는 언어가 절실히 필요한 시절입니다. 요즘 토마스 베리Thomas Berry 신부와 수리물리학자 브라이언 스윔Brian Swimme이 함께 쓴 《우주 이야기The Universe Story》라는 책을 흥미롭게 읽고 있습니다. 그 책에 나오는 한 대목입니다.

> 자신만의 세계에 갇혀 버리는 것, 다른 존재들과의 밀접한 관계로부터 단절되는 것, 상호 공존의 기쁨에 들어갈 수 없는 이런 상황들을 지옥의 본질the essence of damnation로 여겼다.[41]

조그마한 차이를 용납할 수 없어 배제해 버리는 일이야말로 편협한 정신의 특색입니다. 지금은 충분히 이해할 수 없더라도 그의 이야기에 귀를 기울이고 더 깊은 이해에 이르기 위해 마음을 열 때 우리는 비로소 참을 찾는 사람이라 할 수 있습니다.

다음 주 월요일부터 금요일까지 고난 주간 연속 강좌가 열립니다. 교회에 모일 수 없기에 유튜브 영상으로 송출할 예정입니다. 매년 맞이하는 절기지만 이번에는 목회자들이 한 권의 책을 텍스트 삼아 이야기를 풀어 나가려고 합니다. 영국 성공회의 수장인 캔터베리 대주교를 역임한 로완 윌리엄스Rowan Williams의 책 《심판대에 선 그리스도Christ on Trial》를 읽어 나갈 예정입니다. 각각의 복음서에 기록된 예수님의 재판 이야기가 어떻게 다른지, 그 이야기를 통해 복음서 기자들이 증언하려

했던 예수님은 누구인지 살펴볼 예정입니다. 무엇보다 중요한 것은 예수님이 서 계셨던 재판정 앞에 우리 자신을 세우는 일입니다. 어쩌면 그 자리는 예수님에 대한 심판 자리가 아니라 몰상식과 관행화된 신앙에 기대어 살아온 우리 삶에 대한 심판대인지도 모르겠습니다. 조금 어려울 수도 있지만 한 번쯤은 점검해 보아야 할 내용이라 생각합니다.

이제라도 늦지 않았습니다. 사순절 남은 기간만이라도 순례자로서 정체성을 유지한 채 살면 좋겠습니다. "예수님, 주님이 주님의 나라에 들어가실 때에, 나를 기억해 주십시오"(눅 23:42)라고 청했던 죄수의 마음으로 말입니다. 우리는 신실하지 못해도 하나님은 신실하십니다. 변함없으신 주님의 은혜가 여러분과 함께 있기를 빕니다.

2021년 3월 25일

여전히 어둡지만

> 내적 자유와 진정성에 대한 물음을 포기하지 마십시오. 하나님의 위대하심과 이 땅에서 구현되는 하나님의 통치를 부인하지 마십시오. 무엇보다 하나님에 대한 믿음을 굳게 잡으십시오. _하인리히 아놀드

그리스도의 자비와 평화가 우리 가운데 임하시기를 빕니다. 어느덧 사순절 순례의 막바지에 이르렀습니다. 늦추위에 시달리기도 했지만, 우여곡절을 겪으며 여기까지 왔습니다. 어느새 벚꽃이 만개하여 잿빛 거리를 환하게 밝히고 있습니다. 계절의 흐름은 이렇게 유장하건만 사람 홀로 유정하여 희망과 절망 사이를 분주하게 오갑니다. 가만히 꽃 앞에 멈추어 서면 우리 속에서 들끓던 소리가 비로소 잠잠해지고 결 삭은 마음에 따뜻한 기운이 스며듭니다.

지난 40일 동안 늘 책상머리에 두었던 사순절 달력을 물끄

러미 바라봅니다. 실천한 것도 있고 그렇지 못한 것도 있습니다. 위아래 두 줄로 되어 있는 실천 과제 가운데 밑에 기술된 것들은 아주 구체적인 실천 방향을 제시하고 있습니다. 장바구니 사용하기, 냉장고에 빈자리 만들기, 컴퓨터 시간 줄이기, 텀블러 가지고 다니기 등이 그것입니다. 그러나 위에 기술된 내용을 실천하기는 결코 쉽지 않았습니다. 나의 목마름 살피기, 희생의 사람, 무관심 버리기, 비교하는 마음 버리기, 조급함 버리기, 무책임한 태도 버리기, 어리석음 깨닫기, 편견 벗어나기 등의 내용은 깊은 자기 성찰을 요구했습니다. 차분하게 자기를 돌아볼 수 있어 좋았지만, 우리를 사로잡은 부정적인 감정이 생각보다 뿌리가 깊다는 사실을 절감하던 시간이었습니다. 방학 내내 놀다가 개학을 앞두고 벼락치기 숙제를 하는 아이의 심정이 되어 고난 주간을 보내고 있습니다. 그래도 이렇게 자신을 비추어 볼 거울이 있어 다행이다 싶습니다.

느긋하고 한갓진 평화를 누리고 싶은 마음이야 굴뚝같지만, 현실은 늘 우리를 극한의 긴장과 두려움 속에 몰아넣습니다. 서 있는 자리에 따라 세상 풍경은 사뭇 달라 보입니다. 미얀마에서는 군경이 민간인을 잔혹하게 학살하고 있습니다. 미국에서는 아시아인 혐오 범죄와 폭력이 증가하고 있습니다. 이상한 히스테리가 세상을 뒤덮고 있습니다. 세상이 이 지경이 된 것은 삶에 대한 불안감이 커지고 있기 때문일 겁니다. 삶의 조건이 점점 더 나빠질 때 문화적 다양성은 위협으로 다가오게 마련입니다. 불안과 두려움이 타자들에 대한 배제와 폭력으로 표현되곤 합니다. 그러니 인종 범죄를 인정하자는 말이 아닙니다. 오히려 이런 상황에서 평화를 선택할 용기를 발휘하자는 말입니다. 푸접없는 세상살이에 지친 이들에게 고향이 되어 주는 것보다 보람찬 일이 또 있을까요.

지난 주중에 강릉에 잠시 다녀왔습니다. 그리스도의 길을 걸으려는 길벗들 모임에서 초대를 받은 까닭이었습니다. 시간을 조금 내서 안목항 근처 솔숲 길을 천천히 걸었습니다. 푸른 바다를 배경으로 카이트 서핑^{kite surfing}을 하는 이들을 한참 지켜보았습니다. 보드 위에 올라 연이 이끄는 대로 파도 위를 스치듯 질주하는 이들의 모습이 역동적이었습니다. 활기찬 육체를 보는 것은 언제나 흥분되는 일입니다. 거기서 멀지 않은 곳에 허난설헌 기념관이 있습니다. 매우 뛰어난 시인임에도 불구하고 그렇게 널리 알려지지 않은 인물입니다. 그를 소개할 때 사람들은 대개 《홍길동전》의 저자인 허균의 누이라고 소개하곤 합니다. 난설헌은 호^號고 본명은 허초희(1563-1589)입니다. 이 땅에 겨우 스물일곱 해 머물다 갔지만, 그가 남긴 시는 지금도 남아 우리 가슴을 울립니다. 1577년에 김성립과 결혼했는데 남편은 과거 시험 공부보다는 기생집 출입을 더 즐기는 한량이었습니다. 차마 뭐라 말을 할 수도 없는 시대였던지라 애태움이 컸을 겁니다. 허난설헌은 딸과 아들을 낳아 길렀는데, 아이들이 차례로 세상을 떠나자 그 충격 때문인지 그 또한 같은 해에 세상을 떠나고 말았습니다. 비운의 천재인 셈입니다.

기념관 바깥뜰에는 그의 좌상이 설치되어 있습니다. 다리(가체)를 다하여 얹은머리를 높게 한 모양인데, 왠지 허난설헌의 쓸쓸했던 삶과 연결이 되지 않아 씁쓸했습니다. 동상 앞에는 시 한 편이 적혀 있습니다. 〈아들 죽음에 곡하다^{哭子}〉라는 시입니다.

> 지난해에는 사랑하는 딸을 여의고
> 올해에는 하나 남은 아들까지 잃었네.
> 슬프디슬픈 광릉의 땅이여
> 두 무덤 나란히 마주 보고 서 있구나.
> 사시나무 가지에는 쓸쓸히 바람 불고
> 솔숲에선 도깨비불 반짝이는데,
> 지전을 날리며 너의 혼을 부르고
> 너의 무덤 위에다 술잔을 붓노라.
> 너희들 남매의 가여운 혼은
> 생전처럼 밤마다 정답게 놀고 있으리라.
> 비록 뱃속에는 아이가 있다 하지만
> 어찌, 제대로 자라날 수 있으랴.
> 하염없이 슬픈 노래를 부르면서
> 피눈물 울음을 속으로 삼키리라.[42]

마주 보고 있는 아들과 딸의 무덤을 보는 엄마의 심정을 어찌 헤아릴 수 있겠습니까? 자식이나 후손을 앞세우는 것을 일러 참척^{慘慽}이라 합니다. 참혹하고 무자비한 경험이라는 뜻일 겁니다. 옛말에 부모가 돌아가시면 청산에 묻지만 자식이 죽으면 가슴에 묻는다 했습니다. 사시나무에 부는 바람이 쓸쓸할 수밖에 없습니다. 사시나무 떨듯 한다는 말이 있는 것을 보면 허난설헌은 스산할 뿐 아니라 속절없이 흔들리는 자기 마음을 나무에 빗대 설명하는 것 같습니다. 돈 모양으로 오린 종이를 날리며 남매의 혼을 부르는 엄마의 모습이 처연합니다. 그러나 돌이킬 수 없는 현실입니다. 그래서 엄마는 남매의 무덤 위에 술잔을 붓습니다. 여기서 술잔이라 번역된 한자는 '현주玄酒'인데 술 대신 쓰는 맑은 찬물(무술)을 일컫는 말입니다. 어린 자식들의 무덤에 술을 올릴 수는 없으니 무술을 부어 준 것입니다. 허난설헌은 앞서 떠난 남매가 저승에서도 의좋게 노는 광경을 그려 절망을 밀어내려 합니다. 그렇지만 마음 깊은 곳에 깃든 속울음조차 몰아낼 수는 없어 슬픈 노래를 부릅니다.

이 시를 군이 소개하는 까닭은 주님의 십자가 아래 섰던 여인들의 아픔이 떠올랐기 때문입니다. 어머니 마리아의 슬픔과 고통은 말할 것도 없겠거니와 마음을 다해 사랑하던 분이 그렇게도 큰 고통을 겪으며 생과 사의 경계선을 건너는 모습을 지켜보던 여인들의 아픔을 우리는 차마 다 헤아릴 수 없습니다. 예수님도 평범한 행복을 바라던 분이었을 겁니다. 비록 가난하다고는 하나 사랑하는 이들과 함께 도란도란 이야기를 나누며 기쁨과 슬픔을 함께 겪고, 석양 무렵 서녘 하늘을 붉게 물들이는 노을을 하염없이 바라보고, 얼굴을 스치는 시원한 바람을 느끼고, 새들이 즐겁게 재재대는 소리를 듣고 싶으셨을 겁니다. 하지만 주님은 평범한 행복을 내려놓으셨습니다. 세상에는 너무나 큰 아픔과 슬픔이 있었기 때문입니다. 예수님은 그런 현실을 숙명으로 받아들이지 않았습니다.

동물들의 생태를 보여 주는 영상을 볼 때마다 생명의 신비와 장엄함을 절감합니다. 동물들도 살아남기 위해 매 순간 긴장한 채 살아갑니다. 악어에게 다리를 물린 누 한 마리가 물 밖으로 나가기 위해 안간힘을 다하고 있었습니다. 온몸의 힘을 다리에 모아 밖으로 솟구쳐 오르려 하지만, 악어는 완강한 이빨로 물고 놓아줄 생각이 없습니다. 힘과 힘의 팽팽한 균형. 기진할 때마다 누는 잠시 쉬지만, 다음 순간 또다시 벗어날 길을 찾아 몸부림칩니다. 그런데 그 옆으로 새 한 마리가 마치 아무런 일도 없는 듯 슬그머니 다가와 그 광경을 보다가 별일 아니라는 듯 경중경중 그 곁을 스쳐 지나갑니다. 그렇지요. 그것이 동물 세계의 문법이지요. 하지만 우리는 인간이기에 그런 광경에 감정을 이입하곤 합니다. 어쩌면 그게 인간다움인지도 모르겠습니다.

우리는 예수님을 가리켜 '참 하나님이자 참 인간'이라 고백합니다. 주님은 당신 눈앞에 펼쳐지는 인간 세계의 참극을 무심하게 지나치실 수 없었습니다. 사투를 벌이는 악어와 누 곁을 유유히 지나쳤던 그 새처럼 사셨다면 십자가를 지실 필요가 없었을 것입니다. 세상의 모든 슬픔과 서러움, 고통과 모순, 더러움과 추함을 당신의 온몸으로 받아들여 정화하려 하셨기에 주님은 십자가의 길을 걸으실 수밖에 없었습니다. 십자가로 귀결된 삶과 무관하게 살면서 부활을 노래하는 것은 그 자체로 모순입니다. 공의와 정의를 저버린 채 종교 의식에만 골몰하는 이들을 향해 하나님은 호통을 치십니다. "시끄러운 너의 노랫소리를 나의 앞에서 집어치워라! 너의 거문고 소리도 나는 듣지 않겠다"(암 5:23). 십자가의 길을 온전하게 가지는 못한다 해도 지향만큼은 분명해야 합니다. 힘들다 하여 지향조차 잃어버린다면, 우리는 세상에서 가장 가련한 존재입니다.

십자가 아래 있던 여인들을 사로잡은 것이 비단 예수님이 행하셨던 기적이나 가르침만은 아니었을 겁니다. 예수라는 존재 자체를 그들은 차마 떠나보낼 수 없었습니다. 사람들을 있는 그대로 존중하고 아끼고 사랑하던 분, 쓸쓸한 사람들의 고향이 되어 주셨던 분과 헤어진다는 것이 마치 벼랑 끝으로 추락하는 것처럼 여겨졌기 때문일 겁니다. 그 간절한 사랑은 결코 허망하지 않습니다. 우리는 그 비밀을 조금은 압니다. 세상은 여전히 어둡지만, 하나님에 대한 믿음을 더욱 굳게 붙들어야 할 때입니다.

부활절에도 온 교우들이 함께 모여 예배드릴 수 없어 유감입니다. 그러나 어느 곳에서 예배를 드리든지 우리는 한 몸임을 잊지 마십시오. 이번 부활절에 세례를 받고 입교하는 분들도 삼위일체 하나님의 은혜의 신비 속에 들어서는 기쁨을 누릴 수 있기를 빕니다. 어제도 오늘도 내일도 평강의 주님이 우리와 동행하십니다.

2021년 4월 1일

시간의 무늬

> 끝으로 말합니다. 형제자매 여러분, 기뻐하십시
> 오. 온전하게 되기를 힘쓰십시오. 서로 격려하
> 십시오. 같은 마음을 품으십시오. 화평하게 지
> 내십시오. 그리하면 사랑과 평화의 하나님께서
> 여러분과 함께 하실 것입니다(고후 13:11).

주님의 은혜와 평화가 우리 가운데 함께하시기를 빕니다.

부활절을 지나면서 마치 오래 입은 상복을 벗는 느낌이 들
었습니다. 구별되게 살지 못했지만, 그래도 삼감의 마음으로
살아야 한다는 생각이 사순절 동안 저를 사로잡았기 때문일
겁니다. 시편 시인은 하나님께서 우리가 입고 있는 슬픔의 상
복을 벗기시고 기쁨의 나들이옷을 갈아입히신다고 고백하지
만(시 30:11), 아직 기쁨의 나들이옷은 준비되지 않은 듯합니다.
며칠 청명하더니 또다시 미세 먼지가 시야를 가립니다. 그래도
명자나무 붉은 꽃은 찬란하고 복사꽃은 화사합니다. 자주괴불

주머니와 광대나물, 냉이꽃과 제비꽃도 저마다의 자태를 자랑합니다.

제게는 이 봄이 조금은 특별합니다. 지난 4월 5일은 제가 청파교회와 인연을 맺은 지 만 40년이 되는 날이었습니다. 신학교를 졸업하고 앞으로 뭘 어떻게 해야 할지 몰라 잠시 방황하던 3월의 어느 날, 몇 년째 함께 조그마한 교회에서 동역하던 목사님이 함께 갈 데가 있다며 저를 데리고 온 곳이 바로 청파교회였습니다. 키는 크지 않아도 풍채가 당당한 목사님이 호탕한 웃음소리와 함께 우리를 맞아 주셨습니다. 지금은 돌아가신 박정오 목사님이었습니다. 사실 저는 그때 무슨 일이 벌어지고 있는지 몰랐습니다. 그냥 선배 목사님에게 인사를 여쭙는 자리에 저를 데려간 것으로 생각했습니다. 두 분 목사님이 한동안 농담조의 이야기를 나누더니, 한참 후에 생각났다는 듯이 박목사님이 제게 말씀하셨습니다.

"김 전도사, 잘 왔어."

최초로 들은 전도사라는 호칭입니다. 그 호칭이 매우 낯설게 들렸습니다. 그전까지 저는 '김 선생'으로 불렸기 때문입니다. 신학교에 다니면서도 목회를 하겠다는 생각은 거의 없었습니다. 그런데 처음 보는 목사님에게 '전도사'로 불리고 나니 뭔가 덫에 걸린 느낌이었습니다. 그런 제 마음을 아는지 모르는지 박 목사님은 말씀을 이어가셨습니다.

"내 목회는 말이야, 방목이야. 나는 울타리를 좁게 쳐서 양들이 옴짝달싹 못 하게 할 생각이 없다는 말이야. 사람들이 울타리가 있는 줄도 모르고 자유롭게 지낼 수 있게 하고 싶어. 그러니 김 전도사도 사람들을 동원할 생각하지 말아."

그제야 저는 제가 이 교회에 전도사로 초빙되었다는 사실을 알아차렸습니다. 제 의지와는 거의 무관하게 일어난 일이었습니다. 나중에 저는 그 목사님이 나를 청파교회에 팔아넘겼다고 농담을 하곤 했습니다. 인생이란 스스로 길을 선택할 때도 있지만, 길에 의해 선택될 때도 있다는 생각이 든 것은 이 일 때문일 겁니다. 어리둥절하고 있는 저에게 목사님은 말씀을 이어가셨습니다.

"김 전도사, 내 눈치 보지 말고 소신껏 일해. 그러다가 나와 생각과 지향이 다르다는 생각이 들거든 깨끗하게 떠나."

이 말이 제게는 아주 큰 울림으로 다가왔습니다. 속으로 '그렇지, 내가 뭐 누구 눈치나 보고 살 사람은 아니지' 하고 생각했습니다. 유보 없이 유쾌하고 호탕한 박 목사님의 모습이 매력적으로 다가왔습니다. 그날이 어쩌면 제게는 운명과도 같은 날이었다고 말해야 할 것 같습니다. 만해 한용운의 〈님의 침묵〉 한 대목이 떠오릅니다. "날카로운 첫 키스의 추억은 나의 운명의 지침을 돌려놓고, 뒷걸음쳐서 사라졌습니다." 그날이 제 운명의 지침이 바뀐 날입니다. 잠시 떠나 있을 때도 있었지만, 저는 그날 이후 전도사로, 소속 목사로, 부목사로, 담임목사로 40년을 청파교회에 몸담고 있으니 말입니다.

다 기억할 수는 없지만, 정말 많은 분을 만났고 많은 분을 떠나보냈습니다. 많이 사랑받았습니다. 박 목사님은 맑고 깨끗하고 당당한 삶과 큰 울림이 있는 메시지로 제게 목회자의 길을 가르쳐 주셨습니다. 교우들은 부족하고 허물이 많은 저를 늘 넉넉한 사랑으로 감싸 주셨습니다. 그 사랑이 저를 목회의 길에서 벗어나지 않게 한 구심력이었던 것 같습니다. 인생이란 시간이 우리 속에 새겨 놓은 흔적 혹은 무늬라 할 수 있습니다. 그 시간 여행을 하는 동안 만났던 많은 이들이 조형의 칼날이 되어 저의 인격과 태도와 믿음을 형성했다고 말해야 하겠습니다. 돌아보면 감사할 것뿐입니다. 믿음은 하나님의 부력浮力을 신뢰하는 것이라는 마커스 보그Marcus Borg의 말을 좋아합니다. 믿음은 나의 가능성에 의지하여 살아가는 것이 아니고, 하나님의 가능성에 의지하여 살아가는 것입니다. 물에 몸을 맡기면 물이 두둥실 우리 몸을 떠받쳐 주는 것처럼 하나님도 우리를 그렇게 돌보십니다. 그런데 생각해 보면 함께 기쁨과 슬픔을 나누었던 이들이야말로 하나님이 쓰시는 부력의 도구였음을 알 수 있습니다.

모든 참된 삶은 만남이라는 말이 있습니다만, 만남은 어떤 형태로든 사건을 일으킵니다. 그 사건은 다른 말로 하면 변화입니다. 마음에 그리던 사랑하는 사람을 만나는 순간 사람들은 자기 삶의 모든 가치를 재배치합니다. 자기를 중심에 놓고 살던 사람이 사랑하는 사람을 중심에 놓고 말하고 생각하고 행동하게 된다는 말입니다. 사람과 사람의 만남은 중요합니다. 우리들 속에는 그동안 의미 있게 만나 왔던 사람들의 숨결이 배어 있습니다. 우리 또한 다른 이들의 몸과 마음에 흔적을 남깁니다. 물론 부정적인 만남도 있습니다. 차라리 만나지 말았더라면 좋았을 만남 말입니다. 그와 만나서 내 삶이 복잡해지고, 더러워지고, 탐욕스럽게 변하는 예도 있습니다. 어쩌면 이

웃 사랑이란 내가 만나는 모든 사람 속에 맑고 향기롭고 부드
러운 흔적을 남기는 일인지도 모르겠습니다.

어느 날 공자께서 노나라 환공桓公의 사당을 구경했다고 합
니다. 그곳에는 의기欹器, 즉 한쪽으로 비스듬히 기운 그릇이 놓
여 있었습니다. 공자는 묘지기에게 이게 무슨 그릇이냐고 물었
습니다. "자기 곁에 놓아두었던 그릇宥坐之器입니다. 비면 기울고,
중간쯤 차면 바르게 서고, 가득 차면 엎어집니다. 이것으로 경
계를 삼으셨습니다." 공자는 제자들을 시켜 그 그릇에 물을 붓
게 했습니다. 그러자 묘지기의 말과 같았습니다. 공자는 가득
차고도 엎어지지 않을 물건이 어디 있겠느냐고 탄식하듯 말했
습니다. 그 말을 듣고 제자 자로子路가 물었습니다. "지만持滿, 즉
가득 참을 유지하는 데 방법이 있습니까?" "따라 내어 덜면 된
다." "더는 방법은요?" "높아지면 내려오고 가득 차면 비우며
부유하면 검약하고 귀해지면 낮추는 것이지. 지혜로워도 어리
석은 듯이 굴고, 용감하나 겁먹은 듯이 한다. 말을 잘해도 어눌
한 듯하고, 많이 알더라도 조금밖에 모르는 듯이 해야지. 이를
두고 덜어 내어 끝까지 가지 않는다고 말한다. 이 방법을 행할
수 있는 것은 지덕至德을 갖춘 사람뿐이다."[43]

여기서 나온 말이 지만계영持滿戒盈입니다. 차면 덜어 내고 가
득 참을 경계하라는 뜻입니다. 정말 쉽지 않은 일입니다. 가득
채워지는 순간 자기의 실상을 잊기 쉽습니다. "도가니는 은을,
화덕은 금을 단련하듯이, 칭찬은 사람됨을 달아 볼 수 있다"(잠
27:21)고 했습니다. 칭찬을 당연하게 받아들이는 순간 영혼의
전락은 불을 보듯 뻔합니다.

덜어 내고 비우라는 말이 기독교인에게는 낯설게 들릴 수도 있습니다. '충만한 은혜', '충만한 복', '하나님의 온갖 충만하심', '성령의 충만함'이라는 표현을 심심찮게 듣기 때문입니다. 충만의 뜻은 '가득하게 참'입니다. 사람들은 '가득 참'을 좋아합니다. 그러나 충만이라는 뜻의 헬라어 '플레로마*pleroma*'는 우리가 바라는 바가 다 채워진다는 뜻이 아닙니다. 물론, 문자적 의미는 '가득하다'는 뜻이지만, 신약에서는 주로 하나님과 그리스도의 현존, 능력, 풍요로움을 나타내기 위해 사용됩니다. 그 은혜를 충만히 누리는 이들은 스스로 만족하는 사람이 아니라, 그리스도의 뜻을 이루기 위해 자기를 누군가의 선물로 내놓는 사람입니다.

바울 사도는 자기 몸에 있는 가시에 대해 말한 적이 있습니다. 너무 괴로워서 그것이 떠나게 해 달라고 세 번이나 간청했지만, 하나님은 그 청을 들어주시지 않았습니다. 응답의 거절도 때로는 응답입니다. 거절된 응답은 성찰을 요구합니다. 바울이 성찰 끝에 얻은 결론은 이것입니다.

> 내가 받은 엄청난 계시들 때문에 사람들이 나를 과대평가할는지도 모릅니다. 그러므로 내가 교만하게 되지 못하도록, 하나님께서 내 몸에 가시를 주셨습니다(고후 12:7).

이 말을 가슴에 새기고 살아야 하겠습니다. 코로나19의 4차 대유행이 진행될 것 같은 조짐이 나타나고 있습니다. 경계심이 풀어졌기 때문일 겁니다. 또다시 비대면 예배로 돌아가야 하는 게 아닌가, 깊이 고심하고 있습니다. 교회를 매개로 한 집단 감염이 또다시 여기저기서 발생하면서 교회를 향한 사람들의 시선이 사뭇 날카롭습니다. 함께 모여 예배드리고, 친밀한 교제의 기쁨을 누리고 싶은 마음이 왜 없겠습니까? 그러나 지금은 잠시 멈춰야 할 때입니다. 우리가 복의 매개가 아니라 감염병의 매개가 되어서는 안 되겠기에 하는 말입니다.

아직도 우리가 함께 써 가야 할 신앙의 이야기가 많이 남았다고 생각합니다. 교회의 지체들은 다닌 연수의 많고 적음에 상관없이 신앙 이야기의 공동 저자입니다. 사실 저자는 주님이시고 우리는 그의 손에 들린 필기구라고 말하는 게 합당할 것 같습니다. 여러분과 동행할 수 있음이 제게는 큰 기쁨입니다. 서로 영혼의 숫돌이 되어 모난 부분은 갈려 나가고 무디어진 부분은 예리하게 바뀌어 그분의 쓰임에 합당한 존재가 되었으면 좋겠습니다. 부디 몸 성히, 마음 성히 잘 지내시기를 빕니다. 평화의 주님께서 우리 가운데 계십니다. 안녕히 계십시오.

2021년 4월 8월

여유와 여백

고난 앞에서 모른 체 돌아설 권리는 없다. 불의
앞에서 사람들은 짐짓 다른 곳을 바라본다. 그
러나 누가 고난을 당하고 있다면 우선적 관심
의 대상이 되어야 하는 것은 당신이 아니라 바
로 그 사람이다. 고난이 그에게 우선권을 준다.
눈을 돌려서는 안 된다…. 지금 슬퍼하는 사람
을 돌보는 것이 하나님께 감사를 드리는 일보
다 더 시급한 의무이다.[44] _엘리 위젤

주님의 은총과 평화가 우리 가운데 임하시기를 빕니다.

아침저녁으로 걷는 효창공원에 며칠 사이 흰철쭉이 피기 시
작했습니다. 꽃들이 질서 있게 자리바꿈하는 것을 보면 사람보
다 낫다는 생각을 금할 길 없습니다. 산수유꽃이 다 떨어지고
복사꽃이 시들해져서 서운했는데, 새로운 꽃이 지천으로 피어
나고 있습니다. 새소리도 제법 활기찹니다. 〈농가월령가〉는 이
꽃 저 꽃 기웃거리며 분분히 나는 범나비의 자유로움을 바라
보면서 "미물微物도 득시得時하여 자락自樂함이 사랑홉다"라고 노
래합니다. 크든 작든 생명은 다 아름답습니다. 그 아름다움을

볼 눈이 열린 사람이 있고 그렇지 않은 사람이 있을 뿐입니다. 분주한 사람의 눈에는 띄지도 않을 작은 생명도 각자의 본분을 다하며 우주의 장엄한 춤을 추고 있습니다. 토마스 베리 신부는 지구라는 행성에 존재하는 모든 것들이 서로 기대고 있다고 말합니다.

> 각 존재는 지구 공동체의 모든 다른 존재들에 의해 지지된다. 역으로 각 존재는 공동체 내의 모든 다른 존재들의 복리에 기여한다. 이와 같은 창조적 관계로 이루어진 복합체를 형성하는 데에 바로 정의正義가 있다.[45]

지지받는 동시에 기여하는 것, 그 창조적 공생 관계야말로 생명의 신비입니다. 그 신비를 눈으로, 마음으로 확인해야 하는 이 아름다운 계절에 마치 고치 속을 파고들 듯 칩거해야 한다는 사실이 조금은 쓸쓸합니다. 이제는 가정을 제외한 어떤 공간에서도 마스크를 써야 한다지요? 그만큼 지금 상황이 엄중하다는 이야기일 겁니다. 봄은 우리를 밖으로 자꾸 불러내려 하지만, 가급적 다중이 모인 장소에 가지 않는 것이 남에게 해를 끼치지 않는 것이라는 생각이 듭니다. 우리가 선제적으로 비대면 예배로 전환한 뜻을 잘 헤아려 주시면 좋겠습니다.

세상이 참 소란스럽습니다. 도처에서 성난 음성이 들려옵니다. 칼과 창날이 부딪는 소리 못지않게 우리 심정을 날카롭게 만드는 것은 사람들이 주고받는 거친 언사들입니다. 서 있는 자리가 다르면 세상 풍경도 사뭇 다르게 보인다는 사실을 모르지 않습니다. 그러나 자기 자리에서 보는 풍경만이 진실이라고 믿는 순간 어리석음에 빠질 수밖에 없습니다. 젊은 시절부터 저는 지나치게 선명한 입장을 크게 신뢰하지 않았습니다. 흑과 백으로 가르기에는 세상일이 그렇게 단순하지 않다는 사실을 잘 알기 때문입니다. 참과 거짓, 선과 악, 빛과 어둠은 칼로 두부모 가르듯 산뜻하게 가를 수 없습니다. 참, 선, 빛을 지향하되 내 속에 있는 거짓, 악, 어둠을 직시할 수 있어야 합니다. 가르다 보면 유머가 사라집니다.

삼척의 한 초등학교에서 학생들을 지도하는 선생님 한 분이 학생들과 함께 쓴 책과 더불어, 올해 맡은 6학년 학생들이 쓴 문집을 한 권 보내 주셨습니다. 늘 심각한 책을 보다가 아이들의 글을 보는 순간 저도 모르게 낄낄거렸습니다. 순진하고 거침없는 아이들의 표현이 정말 재미있었습니다. 전혜원 어린이의 동시 한 편을 소개하고 싶습니다. 제목은 〈동생 놈〉입니다. 제목을 잡는 솜씨부터 남다르지요?

1연입니다.

동생이 갑자기 와서 날 때린다.
같이 게임하다가 지면
지 잘못도 내 잘못이라고 한다.
그냥 갑자기 화를 낸다.
"이게 다 누나 때문이야!"

기가 막힐 노릇입니다. 게임은 승패가 있게 마련이고, 서로 규칙을 어기지 않았다면 승복하면 좋으련만, 동생은 패배를 받아들일 생각이 없습니다. 물론, 동생 입장에서는 화가 날만도 합니다. 누나가 굳이 자기를 이기려고 최선을 다할 필요는 없지 않냐는 생각이 들었을 겁니다. '동생에게 좀 져 주면 어때.' 동생의 마음속 생각일 겁니다. 그러나 그것을 말로 표현하기에는 자존심이 허락하지 않습니다. 분하고 서운한 마음을 풀 길이 없으니 누나 탓이라며 누나를 때리는 겁니다. 그 귀여운 구타는 누나가 받아들일 수 있을 정도였을 겁니다. 어이없는 상황입니다. 누나는 이것을 어떻게 받아들였을까요? 시의 2연입니다.

> 동생이란 존재는 참 수학책 같다.
> 문제는 많은데 답이 없다.
> 자주 봐도 정말 이해할 수 없다.
> 난 수학 따윈 포기했으니
> 동생도 포기해야겠다.

이 어린 시인이 언어를 다루는 솜씨가 예사롭지 않습니다. '동생'과 '수학책'을 연결하고 있습니다. 시적 언어가 우리를 잡아당기는 까닭은 무관해 보이는 것들을 연결하여 정서에 틈을 만들기 때문일 겁니다. 누나가 동생을 보고 '수학책' 같다고 말한 것은 문제는 많은데 답이 없기 때문입니다. 답이 왜 없겠습니까? 다만 수학에 취미가 없다 보니 수학은 그야말로 해답 없는 영역이 된 것이지요. 이 어린 시인은 자기가 수학을 잘

하지 못한다는 사실을 굳이 숨기려 하지 않습니다. '그게 난데, 뭘 어쩌겠냐'는 듯 천연덕스럽습니다. "난 수학 따위 포기했으니/ 동생도 포기해야겠다"라는 구절에서 저는 크게 웃음을 터뜨렸습니다. 시를 읽는 이들은 '동생도 포기해야겠다'는 말이 심각한 관계 단절의 선언이 아니라는 사실을 잘 압니다. 가끔은 귀찮기도 하지만 어떡하겠습니까? 동생인걸요.

우리 어른들의 어법에도 이런 여유와 여백이 있으면 얼마나 좋을까요? 영화 〈미나리〉로 영국 아카데미상을 받은 배우 윤여정 씨의 수상 소감이 화제입니다. 그는 "고상한 체하는 영국인들이 나를 알아봐 줬기에 매우 행복하다"고 말했습니다. '고상한 체하는 사람들snobbish people'이라는 말은 자칫하면 크게 오해를 살 수도 있는 말입니다. '거만하다, 속물적이다'라는 뜻이니 말입니다. 그런데 사람들은 그 단어 선택을 유쾌하게 받아들였습니다. 이게 영국적 고상함인가요? 사람들이 그 말에 박수를 보낸 것은 그 속에 비난하거나 조롱하는 태도가 담겨 있지 않았기 때문일 겁니다. 똑같은 언어도 누가 사용하느냐에 따라 전혀 달리 받아들여지는 법입니다.

지금 우리 사회에 정말 필요한 일이 있다면 언어를 가려 쓰는 일이라 생각합니다. 우리가 사용하는 언어에는 각자의 세계관과 태도가 고스란히 배어 있습니다. 언어가 달라져야 세상이 달라집니다. 언어는 상대가 있는 법입니다. 상대의 언어가 거칠어지면 나의 언어도 따라 거칠어집니다. 그 반대 역시 마찬가지입니다. 거친 언어를 주고받다 보면 마음 또한 멀어집니다. 교만과 자애심自愛心에서 나온 말은 다른 이들의 마음에 상처를 남깁니다. 단정적인 언사는 대화의 의지를 차단합니다.

피로스의 승리pyrrhic victory라는 말을 들어 보셨는지요? 피로스는 기원전 3세기 아드리아해 건너편에 있던 에피루스의 왕이었습니다. 그는 자신이 그리스의 영웅인 아킬레우스와 알렉산더의 후예라고 생각했습니다. 대제국을 건설할 욕망을 품고 있던 그는 로마와의 전투에 코끼리 부대를 끌고 나가 승리를 거두었다 합니다. 그러나 그 전투에서 가까운 친구와 용맹스러운 장군들 그리고 엘리트 병사들을 많이 잃었습니다. '피로스의 승리'는 너무 많은 것을 잃어버리고 얻은 승리를 일컫는 말입니다. 우리 사는 게 꼭 이 모양이 아닌가 싶습니다. 상대를 존중하지 않고 멸시하고 조롱하면서 거두는 승리는 사실 이중의 패배입니다. 우리가 함께 서 있는 신뢰의 토대를 허무는 일이기 때문에 그렇습니다.

> 나쁜 말은 입 밖에 내지 말고, 덕을 세우는 데에 필요한 말이 있으면, 적절한 때에 해서, 듣는 사람에게 은혜가 되게 하십시오. 하나님의 성령을 슬프게 하지 마십시오. 여러분은 성령 안에서 구속의 날을 위하여 인치심을 받았습니다. 모든 악독과 격정과 분노와 소란과 욕설은 모든 악의와 함께 내버리십시오. 서로 친절히 대하며, 불쌍히 여기며, 하나님께서 그리스도 안에서 여러분을 용서하신 것과 같이, 서로 용서하십시오(엡 4:29-32).

지금이야말로 이 말씀을 꼭 붙들어야 할 때입니다. '덕을 세우는 데 필요한 말'이라 해도 적절한 때를 분간하며 해야 합니다. 듣는 사람의 입장을 늘 살펴야 합니다. 악의를 버리고 서로 친절히 대할 때, 하나님도 기뻐하실 것입니다.

벌써 세월호 참사가 일어난 지 7년이 되었습니다. "잊지 않겠습니다. 우리부터 바꾸겠습니다"라고 다짐했던 우리 마음도 어지간히 무뎌졌습니다. 하지만 그날의 아픔을 여전히 생생하게 경험하며 사는 분들도 계십니다. 세월호 이야기만 나오면 질색하는 분들도 있는 줄 압니다. 하지만 우리는 상처 입은 어린양이 우주의 중심에 계시다고 믿는 사람들입니다. 지극한 아픔을 외면하면서 예수 그리스도를 깊이 이해할 수 없습니다. 적극적으로 그 아픔에 동참하지는 못한다 해도, 여전히 신원되지 않은 한을 품고 사는 이들을 조롱하거나 외면하지는 말아야 합니다.

아름답고 찬란한 봄날, 우리 마음 깊은 곳에도 그리스도의 꽃이 피어나기를 빕니다. 주님의 변함없으신 사랑이 모든 이들을 감싸 주시기를, 그리고 어려운 시간을 보내는 이들을 위로해 주시기를 빕니다.

2021년 4월 15일

마음의 속도

성급한 사람과 사귀지 말고, 성을 잘 내는 사람
과 함께 다니지 말아라. 네가 그 행위를 본받아
서 그 올무에 걸려 들까 염려된다(잠 22:24-25).

주님의 은총과 평화가 함께하시기를 빕니다.

지난 한 주간도 주님과 동행하는 기쁨을 누리셨는지요? 만
나지 못하는 시간이 길어지고 있습니다. 교우들 모두 자기 인
생의 때를 사느라 분주합니다. 사랑하는 사람과 결혼을 앞두고
설레 하는 이들도 있고, 뜻하지 않은 시간에 찾아온 질병과 사
고로 어려움을 겪는 이들도 있습니다. 왠지 모를 불안함에 시
달리는 이들도 있습니다. 주님께서 친히 그 모든 이들의 품이
되어 주시기를 청합니다. "여러분 가운데 고난을 받는 사람이
있습니까? 그런 사람은 기도하십시오. 즐거운 사람이 있습니

까? 그런 사람은 찬송하십시오"(약 5:13).

어느덧 곡우 절기를 지나고 있습니다. 시간의 속도는 일정하지만, 사람들이 경험하는 속도는 제가끔 다릅니다. 권태에 빠진 영혼에게는 너무 느리고, 열정에 휘말린 이들에게는 지나칠 정도로 빠릅니다. 하지만 어느 경우든 거리를 두고 바라보면 시간이 꿈결같이 흘러가고 있음을 알 수 있습니다. '덧없는 인생'이라는 말이 실감 난다 말하면 이미 늙어 버린 것일까요?

덧없는 삶이 그나마 아름다운 것은 고마운 인연들이 있기 때문입니다. 우리가 그리스도의 몸을 이루고 있다는 사실이 신비롭기만 합니다. 하고많은 사람 중에 우리를 한 공동체로 세우신 까닭이 무엇일까요? 참 고맙습니다. 오랜 세월을 함께 걸어온 분들이나 새로운 지체가 된 분들이나 다를 바가 없습니다. 교회 공동체는 새로운 인류입니다. 이런저런 기준을 내세워 사람들을 가르고 나누는 것이 현실이라면, 교회는 그런 차이를 넘어 일치를 지향하는 이들의 모임입니다. 만나 피차 위로하고, 위로받고, 격려하고, 함께 기도하고, 찬양하고, 아파하고, 이야기를 나누어야 하는데, 그럴 수 없는 현실이 원망스럽기만 합니다.

그래도 어쩌겠습니까? 조급한 마음을 내려놓고 느긋하게 좋은 시간을 기다릴 수밖에 없습니다. 흔들리는 마음을 다독이느라 서가에서 피에르 쌍소Pierre Sansot의 《느리게 산다는 것의 의미Du bon usage de la lenteur》를 꺼내 밑줄을 그어 놓았던 구절을 읽어 보았습니다. "느린 사람들은 평판이 좋지 못하다"라는 문장으로 시작되는 이 책에서 저자는 느림을 의도적으로 선택하겠다고 말합니다. "느림. 내게는 그것이 부드럽고 우아하고 배려 깊은 삶의 방식으로 보인다." 조금 길지만 그가 쓴 문장을 인용하겠습니다. 천천히 읽으며 머릿속에 이미지를 떠올려 보십시오.

나는 굽이굽이 돌아가며 천천히 흐르는 로강^江의 한가로움에 말할 수 없는 애정을 느낀다. 그리고 거의 여름이 끝나갈 무렵, 마지막 풍요로움을 자랑하는 끝물의 과일 위에서 있는 대로 시간을 끌다가 마침내 슬그머니 사라져 버리는 9월의 햇살을 몹시 사랑한다. 또한 시간의 흐름에 따라, 얼굴에 고귀하고 선한 삶의 흔적을 조금씩 그려 가는 사람들을 보며 감동에 젖는다. 시골의 작은 마을 카페. 하루의 노동을 끝낸 사내들이 가득 채운 포도주 잔을 높이 치켜든 채 그 붉고 투명한 액체를 가만히 응시한다. 지그시 바라보다가 드디어 조심스럽게 입으로 가져가 마시는 모습은 경건해 보이기까지 한다. 수백 년이 넘은 아름드리나무들. 그들은 수 세기를 이어 내려오면서 천천히 자신들의 운명을 완성해 간다. 아주 천천히. 그것은 영원에 가까운 느림이다.⁴⁶⁾

우리를 마구 밀어붙이는 세상에 살면서 느림을 받아들인다는 것은 시간에 떠밀려 표류하지 않겠다는 단호한 결단인지도 모르겠습니다. 느림을 능동적으로 선택하는 이들은 자기 숨이 가지런해짐을 실감합니다. 급한 성정이 결 삭을 때 우리 주변에 평화의 기운이 감돌게 됩니다. 사람들을 사정없이 휘몰아치는 세상에 살면서 우리 마음에는 시퍼런 멍 자국이 많이 생겼습니다. 그 때문인지 조그마한 자극에도 예민하게 반응하며 삽니다. 급한 마음을 자꾸 하나님 앞으로 가져가야 하는 까닭은 그 때문입니다.

지난 4월 17일부터 이른바 '안전 속도 5030'이라는 도심 속도 제한이 적용된다지요? 일반 도로는 시속 50킬로미터 이하로 달려야 하고, 주택가 등 이면 도로는 시속 30킬로미터 이하로 달려야 한다고 들었습니다. 이것을 시범적으로 먼저 시행했던 도시에서 인명 피해가 현저히 줄어들었다고 합니다. 많은 이들이 우려하는 교통 혼잡에 따른 불편도 크지 않은 것으로 나타났다니 다행입니다. 운전대만 잡으면 입이 거칠어지고 질주 본능에 사로잡히는 이들이 있습니다. 속도의 신화에 사로잡힌 이들이 불퉁거리고 있기는 하지만, 이런 조치는 마땅한 일이라는 생각이 듭니다.

도심 속도 제한 소식을 들으며 몇 해 전 독일에서 경험한 일이 떠올랐습니다. 베를린에서 집회를 마치고 잠시 괴테Johann Wolfgang von Goethe의 도시인 바이마르를 다녀왔습니다. 괴테 하우스 박물관을 찾는 데 많은 어려움을 겪었습니다. 우리처럼 커다란 간판이 걸려 있지 않았기 때문입니다. 방이 많은 괴테 하우스 이곳저곳을 둘러보며 바이마르 공국의 재상을 지낸 괴테의 유복한 삶에 약간의 질투를 느꼈습니다. 괴테와 비슷한 시기에 살았던 프리드리히 쉴러Friedrich Schiller의 집도 있었습니다. 고단하기 이를 데 없던 삶의 흔적이 고스란히 남아 있었습니다. 무슨 억하심정인지 모르겠지만, 괴테보다는 쉴러에게 마음이 끌렸습니다. 노마드적(유목적) 삶의 신산스러움에 대한 공감 때문이었을 겁니다.

바우하우스 조형 대학까지 방문하고 베를린으로 돌아갈 때는 이미 어둑어둑해지고 있었습니다. 속도 제한이 없는 아우토반을 질주하는 차들의 행렬이 어지러울 정도였습니다. 그런데 베를린에 가까운 어느 산길에 다가서자 모든 차가 시속 30킬로미터로 속도를 줄였습니다. 도로가 한산한데도 속도를 위반하는 차량이 없었습니다. 안내하던 분이 어리둥절해하는 제게 밤은 동물들도 휴식을 취해야 하는 시간이기에 자동차 소음을 최소화하려는 조치라고 했습니다. 그나마 밤 9시가 넘으면 차량 통행이 금지되는 도로라 했습니다. 동물들의 생존권을 보장하려는 사람들의 노력이 살갑게 다가왔습니다. 마침 차창 밖으로 붉은 여우 한 마리가 어슬렁거리는 모습이 눈에 들어왔습니다. 마치 선물을 받은 것 같았습니다.

프라이부르크에 갔을 때도 비슷한 경험을 했습니다. 낮에 몇 차례 지나간 도로인데, 저녁 9시가 되자 차들이 천천히 달리기 시작했습니다. 양옆으로 주택을 낀 도로였습니다. 사람들이 편안한 휴식을 취해야 하는 시간이기에 자동차 소리를 제한하려는 조처였습니다. 사람들은 규정을 잘 지켰습니다. 시민 의식이 높기 때문이기도 하지만, 규정을 어기면 상당한 벌금을 내야 하기 때문입니다. 성숙한 시민 사회는 사람들이 함께 지켜야 할 것을 지켜 갈 때 형성됩니다.

이야기가 자꾸 엇나가고 있습니다만, 한 가지가 더 떠오르네요. 프라이부르크에 머무는 동안 도심 외곽에 사는 피아니스트의 집에 초대를 받았습니다. 저녁 만찬을 나누며 이야기꽃을 피웠습니다. 그러던 중 그 자리에 동석한 한 건축가가 시계를 보더니 오늘은 너무 늦어 계획했던 일을 할 수 없게 되었다고 말했습니다. 밀린 빨래를 하려 했는데, 집에 가면 9시가 될 것이고, 그러면 세탁기를 사용할 수 없다고 했습니다. 공동 주택에 사는 이의 비애라 했습니다. 이웃들의 쉼을 방해하지 않으려는 섬세한 배려였습니다. 자유는 그러한 한계를 받아들일 때 아름답습니다. 층간 소음 문제가 이웃 간의 폭력으로 비화하는 일이 비일비재한 우리 사회의 현실과 무척 대조되는 것 같습니다.

마음의 속도를 조금만 줄여 보십시오. 고요한 마음에만 들리는 소리가 있습니다. 질주하느라 미처 보지 못하던 것들이 눈에 들어올 겁니다. 미당 서정주 선생의 시 〈난초〉는 그런 세계를 절묘하게 보여 줍니다. "하늘이/ 하도나/ 고요하시니/ 난초는/ 궁금해/ 꽃 피는 거다." 조급한 마음에 사로잡히는 순간 우리 속에는 불평불만이 가득 차오릅니다. 출애굽 공동체가 큰 시련을 겪은 때는 조급한 마음에 사로잡혔을 때입니다. "그들은 에돔 땅을 돌아서 가려고, 호르 산에서부터 홍해 길을 따라 나아갔다. 길을 걷는 동안에 백성들은 마음이 몹시 조급하였다"(민 21:4). 비록 현실이 우리 뜻대로 되지 않고, 매사가 더디기만 한 것 같아도, 안달하지 마십시오. 모든 때를 아름답게 하시는 주님을 깊이 신뢰하며 오늘이라는 시간을 충실하게 채우십시오.

이제 한 주 후인 5월 첫 주일은 우리 교회 설립 113주년이 되는 날입니다. 가급적이면 그날은 교회 문을 열고 대면 예배를 드리고 싶습니다. 상황이 나빠지지 않기만 바랄 뿐입니다. 지금도 계시고 전에도 계셨고 앞으로 오실 전능하신 하나님의 사랑과 돌보심이 우리와 함께하시기를 빕니다. 평화.

2021년 4월 22일

햇살 한 줌이라도

하나님의 계획은, 때가 차면, 하늘과 땅에 있는
모든 것을 그리스도 안에서 그분을 머리로 하
여 통일시키는 것입니다(엡 1:10).

주님의 평화와 은총을 빕니다.

잘 지내시는지 궁금합니다. 시절은 여전히 어수선하기만 합
니다. 주말부터 주초께 코로나 확진자 수가 줄어드는가 싶어
기대를 품어 보지만, 주중에는 어김없이 늘어나는 추세가 이어
지고 있습니다. 희망 고문처럼 느껴집니다. 조금 무심해져 보
려고 하지만, 교회 문을 닫고 있는 입장에서 그럴 수가 없군요.
이 곤고한 시간이 속히 끝났으면 좋겠습니다. 교우들 가운데
는 병원에 입원하신 분들도 있고, 어려운 시간을 보내는 분들
도 있습니다. 주님께서 힘겨운 시간을 견딜 힘을 주시기를 바

랄 뿐입니다.

지난 월요일 모처럼 아내와 용산가족공원을 천천히 걸었습니다. 오전 내내 서재에 갇혀 지내다가 나오니 아내 표정이 어두웠습니다. 햇빛 좋고 바람 서늘한 모처럼의 휴일, 일에 붙들려 지내는 남편 때문에 속이 상한 것처럼 보였습니다. 그래서 간 곳이 용산가족공원입니다. 산사나무 꽃그늘에 앉아 책을 읽는 이들의 모습이 평화스러워 보였습니다. 바닥에 깔린 참꽃마리의 앙증맞은 꽃잎이 사랑스러웠습니다. 미나리아재비, 골담초, 큰꽃으아리, 등나무꽃을 찬찬히 살피며 오후를 다 보냈습니다. 거리 곳곳에 서 있는 이팝나무도 흰 꽃을 머리에 인 채 외로움에 지친 사람들을 달래고 있었습니다. 분주한 마음에는 깃들 수 없는 따뜻하고 아늑한 평화를 모처럼 누렸습니다. 아름다운 계절에는 일부러라도 시간을 내서 자연과 접할 수 있으면 좋겠습니다.

금주에 사람들의 시선은 온통 윤여정 씨의 오스카상 수상에 쏠려 있었습니다. 〈미나리〉라는 영화를 아직 보지 못해서 영화에 대해서는 할 말이 없지만, 다양한 매체와 한 윤여정 씨의 인터뷰는 많은 이들에게 유쾌함을 선사하고 있습니다. 유창한 영어는 아니지만 자기 생각을 정확하게 전달하는 능력, 가학적이지 않으면서도 깊은 곳을 찌르는 촌철살인의 유머, 젠체하지 않는 태도가 외국인들에게도 인상적인가 봅니다. 그 당당함은 온갖 풍상을 겪으며 살아온 깊은 연륜에서 나오는 것일 겁니다. 고통의 세월을 겪는다고 하여 모든 사람이 깊고 그윽한 멋을 품게 되는 것이 아님을 생각할 때 윤여정 씨의 경우는 제게도 귀감이 됩니다. 시상식에서 그가 한 말이 참 아름다웠습니다.

"나는 경쟁을 싫어합니다. 다섯 명 후보 모두 각자 다른 영화에서 상을 받은 수상자입니다. 오늘 제가 여기 있는 건 단지 조금 더 운이 좋았기 때문입니다."

축약한 형태이긴 하지만 대략 이런 뜻의 발언이었습니다. 운이 좋았다는 말이 그저 겸양의 말처럼 들리지 않았습니다. 시상식 직후 온라인 간담회에서 했다는 말도 참 크게 울려왔습니다. "사람을 인종으로 분류하거나 나누는 것은 좋지 않습니다. 무지개처럼 모든 색을 합쳐서 더 예쁘게 만들어야 합니다. 남성과 여성으로 구분하고, 백인 흑인 황인종으로 나누고, 게이와 아닌 사람을 구분하고 싶지 않습니다. 우리는 따뜻하고 같은 마음을 지닌 평등한 사람입니다. 서로를 이해하고 끌어안아야 합니다." 소박하지만 분명한 메시지입니다. 이런 메시지가 일회적으로 소비되지 않고 많은 이들에게 삶의 태도가 되었으면 좋겠습니다.

다가오는 5월 첫 주는 어린이 주일인 동시에 우리 교회 설립 113주년 기념 주일입니다. 그동안 설립의 의미를 되새기느라 어린이 주일을 소홀히 해 온 감이 있습니다. 며칠 전 딸이 손녀들의 근황을 전해 주었습니다. 학교에 다녀온 언니가 여섯 살 동생과 상황극을 하며 놀았습니다. 언니는 동생에게 로봇 역할을 맡기고는, 동생의 등에 배터리를 넣는 시늉을 했습니다. 그런데 동생은 언니 뜻대로 움직여 주지 않았습니다. 왜 그러냐고 묻자 배터리를 거꾸로 넣었기 때문이라고 했습니다. 맹랑하지요? 그러다가 자기 역할에 몰입한 동생은 눈물을 흘리며 말했습니다. "나는 왜 로봇으로 태어났을까? 나는 왜 엄마가 없을까?" 아이들도 이처럼 존재론적 질문을 할 줄 압니다. 동생은 급기야 언니에게 자기 역할을 고양이로 바꿔 달라고 부탁했다고 합니다. 어린이에 대해 생각할 때마다 칼릴 지브란^{Kahlil Gibran}의 말이 떠오릅니다.

> 그대들의 아이라고 해서 그대들의 아이는 아닌 것.
> 아이들이란 스스로 갈망하는 삶의 딸이며 아들인 것.
> 그대들을 거쳐 왔을 뿐 그대들에게서 온 것은 아니다.
> 그러므로 비록 지금 그대들과 함께 있을지라도
> 아이들이란 그대들의 소유는 아닌 것을.[47]

"그대들을 거쳐 왔을 뿐 그대들에게서 온 것은 아니다"라는 말을 올곧게 받아들일 부모가 얼마나 있을지 모르겠습니다. 어린아이들이 맘껏 뛰놀 수 없는 현실이 안타깝습니다. 들풀 하나 앞에 멈추어 서고, 땅바닥에 쪼그려 앉아 부지런히 발을 놀리는 개미를 살피고, 밤하늘의 별을 보며 꿈을 꾸는 아이들이 보고 싶습니다. 신비와 경이에 대한 감각을 잃는 순간 우리는 스스로 빈곤을 택한 것이나 마찬가지라는 생각을 떨칠 수가 없습니다. 제가 우리 교회 학교 교육을 담당하는 분들에게 생태적 감수성을 키워 주는 일을 소홀히 하지 말라고 말하는 이유는 그 때문입니다.

이것은 비단 어린이만의 문제는 아닙니다. 젊은이들을 사로잡은 공허함, 무력함, 분노 등도 만만치 않습니다. 이런 현실이 무엇 때문인지 분석하려면 상당한 공력을 들여야 하겠지만, 우리 시대가 속사람의 건강보다는 겉 사람을 꾸미는 일에 더욱 몰두하고 있다는 사실은 부인할 수 없을 것 같습니다.

우리는 겉 사람을 잘 훈련시킨다. 그러나 우리는 속사람을 잊어서는 안 된다. 우리는 정보를 알린다. 또한 우리는 고마운 감정을 길러야 한다. 우리는 기술을 가르친다. 또한 우리는 통찰력을 길러야 한다. 우리는 잡다한 행위에 가담하고 있다. 동시에 우리는 고요함의 의미를 잊어서는 안 된다. 우리는 더불어 삶을 장려한다. 동시에 우리는 홀로 있음의 가치를 제대로 알아야 한다. 능변은 중요하다. 그러나 침묵도 그만큼 중요하다. 기술은 살아가는 데 절대 필요하다. 그러나 자기 억제도 그러하다.[48]

공교육이 소홀히 하는 가치들이 실은 인생에 더 중요한 것인지도 모르겠습니다. 기독교 교육이 놓치지 말아야 할 것이 바로 그것이 아닐까요? 고마운 감정 기르기, 통찰력, 고요함, 홀로 있음, 침묵, 자기 억제 등을 배울 때 우리 삶이 균형을 잃지 않을 겁니다. 교회에서, 가정에서 이걸 꼭 명심하면 좋겠습니다.

교회 설립 기념 주일에도 교회에 모여 예배를 드리지 못하는 상황이 매우 안타깝습니다. 교회의 지난 역사를 돌아봅니다. 수많은 낮과 밤이 갈마들며 세월을 이루는 것처럼, 정말 많은 이들의 기도와 땀과 헌신으로 쌓아 올린 역사이기에 감사하는 마음을 금할 길이 없습니다. 우리는 지금 그 긴 역사의 한 부분을 형성하고 있습니다. 사도 바울은 교회를 그리스도의 몸이라 했습니다. 만물을 그리스도 안에서 통일하시는 것이 하나님의 섭리일진대 교회의 교회 됨은 그러한 일치를 지향하는 데 있다 하겠습니다. 이번 주 내내 제가 읽으며 기도로 삼은 것은 함석헌 선생의 시 〈님께 바쳐지이다〉입니다.

이 몸을 님께 바쳐지이다.
세포 하나 남기지 말고
털끝 하나 아끼지 말고
내 것이라곤 하나 없이
나라고는 아무것도 없이
다 님께 바쳐지이다.

님께서 이 잘난 것을
소용되어서가 아니오라
내게는 둘 수가 없어서
두어둘 터무니가 없어서
님께 바쳐 처분해 주시기를 비오니
이 나를 온통 맡으소서.

시인은 님께 바친 몸이니 쓰시거나 버리거나 님 곁에 두시거나 아무 상관 없다고 말합니다. 이렇게 처절하게 자신을 하나님께 바치는 까닭은 자기 몸의 세포 구석구석에 죄와 더러움이 가득 차 있음을 알기 때문입니다. 욕망에 이끌려 살던 사십 년이 이제는 피곤하고 싫증까지 난다는 것입니다. 아무리 누르고 또 눌러도 미욱한 것이 자꾸 나오고, 내쫓으려 해 보아도 지싯지싯 들어오는 염치없는 것을 혼자 힘으로는 떨쳐 낼수가 없습니다. 그 힘겨운 싸움 다 이기고 깨끗한 기쁨으로 얼굴 들고 주님께 가고 싶지만 그럴 능력이 없음을 잘 압니다. 그래서 부끄럼을 무릅쓰고 더러운 보자기 채로 자기를 님께 바치려는 것입니다. 받아 주시기만 바라면서. 시의 마지막 연을 읽으며 숨이 가빠졌습니다.

> 그리워!
> 님의 영광 그리워!
> 그 영광의 얼굴 그리워!
> 그 영광의 목소리 그리워!
> 그 영광 내 얼굴 비치소서,
> 내 가슴 흔드소서.
> 그 영광 내 입고, 내 찬송하고 싶어.
> 아아, 그 영광 그 영광!
> 나를 둘러싸소서 감추소서 삼키소서,
> 나를 녹여버리소서,
> 영광 영광 아아, 그 영광![49]

이것은 우리들 개인이 바쳐야 할 기도이기도 하지만, 지금의 교회가 바쳐야 할 기도이기도 합니다. 주님의 은총이 우리를 흔드시고 녹이시어 그분의 영광 속에 머물 수 있기를 빕니다. 올해, 우리는 교회 설립을 기념해서 세이브더칠드런을 통해 인근 지역의 학대받는 어린이와 청소년의 생필품 지원과 위기 청소년 상담 지원 사업에 동참하고 있습니다. 그것이 어린이 주일을 교회 생일로 삼고 있는 우리 교회가 할 일이라 생각했기 때문입니다. 그 외에도 다양한 어려움을 겪는 이웃들을 돕기 위해 우리가 할 수 있는 일을 하나하나 실천해 나가고 있습니다. 우리가 머무는 삶의 자리 어디에서나 어두운 그늘에 갇힌 채 사는 이들에게 햇살 한 줌이라도 전해 주려는 마음으로 살았으면 좋겠습니다. 주님은 어제도 오늘도 우리를 통해 이 세상을 아름답게 만들고 싶어 하십니다.

"주님, 우리가 여기 있습니다. 우리를 평화의 도구로 삼아 주십시오."

주님의 사랑이 여러분의 가정과 일터에 머무시기를 빕니다. 평화.

2021년 4월 29일

시리고 아픈 사랑

사철에 봄바람 불어 잇고 하나님 아버지 모셨
으니 믿음의 반석도 든든하다 우리집 즐거운
동산이라 고마워라 임마누엘 예수만 섬기는 우
리집 고마워라 임마누엘 복되고 즐거운 하루하
루. _찬송가 559장 1절

아름다운 5월, 주님의 은총과 평화가 함께하시기를 빕니다.

어린이날과 어버이날로 이어지는 5월의 첫 주간입니다. 뭔
가 기대를 품은 아이들의 눈빛이 귀엽습니다. 꽃 가게마다 카
네이션을 내놓고 손님을 기다리네요. 교회에서 보내 준 선물
상자를 개봉하며 신난 아이들 모습을 동영상으로 보았습니다.
누군가가 나를 기억한다는 사실이 주는 위안과 기쁨은 어른과
아이가 다르지 않을 겁니다. 환청처럼 낭랑한 소리가 들려오는
듯합니다. "5월은 푸르구나 우리들은 자란다." 비 갠 아침 공
원을 천천히 걷다 보면 이 가사가 실감 납니다. 나무 그늘 밑을

걸을 때면 마치 초록빛이 몸과 마음에 배어드는 느낌이 들기도 하니 말입니다.

간밤에는 모처럼 꿈을 꾸었습니다. 제주도의 오름이 먼저 떠오릅니다. 그 길을 천천히 오르는데, 두런두런하는 소리가 들려 뒤를 돌아보니 교우 몇 분이 뒤따라오고 있었습니다. 반갑게 인사를 나누고 천천히 언덕길을 오르자, 언덕 저편에서 많은 교우가 즐겁게 놀고 있었습니다. 소풍을 나온 것처럼 유쾌하게 담소하는 이들도 있고, 배구공을 가지고 노는 이도 있었습니다. 그 모습을 보고 벙싯 입이 벌어지는 찰나 팬데믹 시대에 집합 금지 명령을 어기고 있다는 생각이 들었습니다. "거리를 유지하세요"라고 외치려다가, 잠시라도 그 아름다운 광경을 눈에 담고 싶은 마음에 입을 다물고 말았습니다. 꿈에서라도 여러분을 만날 수 있어 참 좋았습니다. 무의식 속에서도 이게 꿈이라는 걸 깨달았지만, 그 꿈에서 벗어나고 싶지 않았습니다.

어버이날을 맞이하면서 만감이 교차합니다. 부모와 자식의 관계처럼 미묘한 것이 또 있을까요? 도종환 시인의 〈새의 사랑〉이라는 시는 한 생명이 어떻게 성장하는지를 생생하게 보여 줍니다. 시인은 나뭇가지 위에 지은 둥지에 앉아 처연히 비를 맞는 새를 본 적이 있다고 말합니다. 새끼들이 비에 젖을세라 두 날개로 꼭 품어 안고 쏟아지는 비를 다 맞는 새의 모습이 시인의 가슴에 큰 울림이 되었습니다. 새들도 저렇게 새끼를 키우는구나, 생각하니 숙연해졌습니다.

하지만 어미 새의 사랑은 거기에 머물지 않았습니다. 깃털

이 돋아나고 마침내 나는 법을 가르쳐야 할 때가 오자 어미 새
는 조금 떨어진 옆 나무에 벌레를 물고 앉아 새끼들이 제힘으
로 날아올 때를 기다렸습니다. 새끼들이 노란 부리를 있는 대
로 벌리고 울어 대도 스스로 날아올 때까지 어미는 숲 어딘가
를 바라보며 앉아 있었습니다. 아직 덜 자란 날개를 퍼덕이며
떨어지다가 가까스로 날아오르자 어미는 새끼 입에 벌레를 넣
어 주었습니다. 그러나 어미 새의 사랑은 거기에 그치지 않았
습니다. 시의 마지막 연을 직접 들어 보시지요.

> 새끼들이 스스로 먹이를 구할 만큼 자라고
> 숲 그늘도 깊어가자 어미 새는 지금까지 보여준
> 숲과 하늘보다 더 먼 곳으로 새끼들을
> 멀리멀리 떠나보내는 거였습니다
> 어미 주위를 맴돌며 머뭇거리는 새들에게
> 냉정하다 싶을 정도로
> 정을 접는 표정을 보이는 거였습니다
> 사람이나 새나 새끼들을 곁에 두고 사랑하고픈 건
> 본능일 텐데 등을 밀어 보내고
> 돌아서는 거였습니다 눈물도 보이지 않고
> 아프다는 말 한마디 하지 않고[50]

사랑하기에 어미 새는 새끼들을 멀리 떠나보냅니다. 냉정
하다 싶을 정도로 단호하게. 새끼를 독립적 존재로 키우고 싶
은 것입니다. "자식을 위해서"라고 말하며 모든 것을 다 해결

해 주려는 이들이 있습니다. 시행착오를 겪을 시간을 줄여 주고 싶어서일 겁니다. 그러나 그것은 자식 사랑이 아니라 자식 망치는 길인지도 모르겠습니다. 부모의 눈을 통해 세상을 보는 버릇이 든 사람들은 주체적 사고를 할 수 없습니다. 부모에게 진짜 효도는 부모보다 더 큰 정신이 되는 것입니다. 자기 삶을 책임질 줄 알 뿐만 아니라, 역사가 자기에게 부여한 책임에 응답할 줄 아는 것 말입니다.

어버이 주일을 맞으면서 예수님의 어머니 마리아가 떠올랐습니다. 교회 역사는 그를 가장 아름답고 순결하고 현숙한 여인으로 기억하지만, 그가 감내해야 했던 삶의 무게는 결코 가볍지 않았습니다. 많은 화가와 조각가는 '피에타'라는 도상圖像을 통해 마리아의 슬픔을 드러내려 노력했습니다. 기독교 신자가 아니더라도 피에타 상 앞에서 숙연해지지 않을 수 없는 것은 인간 모두가 겪는 슬픔이 고스란히 녹아 있기 때문입니다. 가브리엘 천사를 통해 "기뻐하여라, 은혜를 입은 자야, 주님께서 그대와 함께 하신다"(눅 1:28)라는 소식을 들은 이후 마리아의 삶은 더 이상 평범한 행복을 구하는 삶일 수 없었습니다. 성령 잉태, 파혼 위기, 초라한 출산, 애굽 피신, 나사렛 귀환과 가난한 삶, 맏아들 예수의 가출, 예수가 귀신 들렸다는 소문, 십자가에 이르는 일련의 과정은 말 그대로 간난신고艱難辛苦였습니다.

저는 오늘 성경에 드문드문 등장하는 마리아의 모습에 주목하고 싶습니다. 아기 예수가 태어난 후 처음 찾아온 목자들은 자기들이 겪은 이상하고 놀라운 일을 사람들에게 전부 고하였습니다. 다윗의 동네에 구주가 나셨다는 천사들의 전갈과 천군 천사가 함께 부르던 영광의 노래. 사람들이 이 이야기를 다 이상하게 여겼지만, "마리아는 이 모든 말을 고이 간직하고, 마음 속에 곰곰이 되새겼다"(눅 2:19)라고 누가는 전합니다. '고이 간직함', '곰곰이 되새김'이야말로 어머니의 마음일 겁니다. 자식에 관한 것이라면 어느 것 하나 허투루 흘려버릴 수 없는 마음 말입니다.

아기의 정결 예식을 행하러 예루살렘 성전을 찾았을 때 마리아는 이스라엘이 받을 위로를 기다리던 경건한 노인 시므온을 만납니다. 성령에 감화된 시므온은 아기를 팔로 받아 안고 하나님을 찬양하며 "내 눈이 주님의 구원을 보았습니다"(눅 2:30)라고 말했습니다. 그런 다음 마리아에게 아기의 운명에 대해 말합니다.

보십시오, 이 아기는 이스라엘 가운데 많은 사람을 넘어지게도 하고 일어서게도 하려고 세우심을 받았으며, 비방 받는 표징이 되게 하려고 세우심을 받았습니다. - 그리고 칼이 당신의 마음을 찌를 것입니다. - 그리하여 많은 사람의 마음 속 생각들이 드러나게 될 것입니다(눅 2:34-35).

아기가 사람들을 넘어지게도 하고 일어서게도 하리라는 것, 비방받는 표징이 될 것이라는 말은 어찌 보면 매우 충격적인 말이었을 겁니다. 그 아기의 일로 평생 마음고생 하며 살아야 한다는 말이었으니 말입니다. 어쩌면 이것은 마리아만이 아니라 모든 어머니가 겪는 일이 아닌가 싶습니다. 자식의 아픔을 고스란히 자신의 아픔으로 겪을 수밖에 없는 것이 어머니이니 말입니다.

예수가 열두 살이 되는 해에 유월절을 지키러 예루살렘에 올라갔을 때 벌어진 일도 마찬가지입니다. 축제의 번잡함에 휩쓸리며 지내다가 쫓기듯 도성을 벗어나 하룻길을 가다가 비로소 아들이 일행 가운데 없다는 사실을 알고 마리아와 요셉은 예루살렘으로 되돌아갑니다. 이리저리 아들의 행방을 수소문하다가 사흘 만에 성전에서 선생들 가운데 앉아 대화에 열중하는 예수를 발견합니다. 놀란 가슴을 쓸어내리며 이게 무슨 일이냐고, 우리가 얼마나 애를 태웠는지 모른다고 말하자 예수가 대답합니다. "어찌하여 나를 찾으셨습니까? 내가 내 아버지의 집에 있어야 할 줄을 알지 못하셨습니까?"(눅 2:49) 기가 막힐 노릇이었을 겁니다. 그러나 그가 무슨 뜻으로 하는 말인지 확연하게 깨닫지는 못했지만, 어머니 마리아는 그 모든 일을 마음에 간직하였습니다.

성년에 이르러 아버지를 도와 목수로 일하며 가정을 건사하던 예수가 집을 떠나 곳곳을 유랑하기 시작했을 때 마리아의 마음은 또 한 번 무너져 내렸을 것입니다. 갈릴리 바닷가 마을을 떠돌며 하나님나라의 복음을 전하고, 병든 자들을 고치고, 귀신을 쫓아내는 예수를 보고 사람들은 그가 귀신에 들려서 기적을 일으킨다고 비난했습니다. 그 소문을 들은 후 아들을 집으로 데려오려고 찾아갑니다. 어머니와 형제들이 바깥에 와 있다는 전갈을 받았을 때 예수가 한 말을 기억하시지요?

누가 내 어머니이며, 내 형제들이냐? … 누구든지 하나님의 뜻을 행하는 사람이 곧 내 형제요 자매요 어머니다(막 3:33, 35).

어쩌면 어머니 가슴에 못이 되는 말이었을 겁니다. 자신의 태에 깃든 생명이었지만, 더는 자기에게 속하지 않았다는 사실을 처절하게 인식했을까요? 새끼 새를 숲에서 밀어내는 어미 새의 마음과 같았을 겁니다. 시므온의 예언 그대로였습니다. 마리아의 마음은 칼에 찔리듯 아팠습니다. 그래도 그 길을 막을 수는 없었습니다. 마침내 그 길의 끝인 십자가에서 예수는 직접 어머니에게 말을 건넵니다. "어머니, 이 사람이 어머니의 아들입니다"(요 19:26). 사랑하던 제자에게 어머니를 돌봐 달라고 부탁하며 한 말입니다. 인간적으로 보면 예수는 불효자입니다. 부모 가슴에 아픔만 안겼으니 말입니다. 하지만 그는 효자입니다. 가장 아름다운 삶, 가장 큰 정신의 모습을 이뤘으니 말입니다. 따지고 보면 이 땅의 모든 어머니가 어느 정도는 또 다른 마리아들입니다. 자식에 관한 말 혹은 자식이 한 말을 가슴에 고이 간직하고, 곰곰이 되새기는 그 마음이야말로 제2의 잉태가 아닌가 싶습니다. 그 가없는 사랑과 인내가 큰 정신의 모태가 됩니다. 참 고맙습니다.

가족들과의 관계 때문에 어려움을 겪는 사람이 참 많습니다. 사정이 저마다 다르기에 뭐라 함부로 말하거나 판단할 수 없습니다. 그래도 우리들 가정에는 바라고 믿고 참아 내는 사랑의 마음이 깃들기를 바랍니다. 인내하는 사랑, 관용과 용서의 용기를 발휘하면 좋겠습니다. 교우님들 가정마다 좋으신 하나님의 은총이 함께하시길 빕니다. 샬롬.

2021년 5월 6일

삶의 희망

믿음이 없이는 하나님을 기쁘게 해드릴 수 없
습니다. 하나님께 나아가는 사람은, 하나님이
계시다는 것과, 하나님은 자기를 찾는 사람들
에게 상을 주시는 분이시라는 것을 믿어야 합
니다(히 11:6).

주님의 은총과 평강을 기원합니다.

우리는 지금 입하와 소만 사이를 지나고 있습니다. 떡갈나무
잎이 넓게 퍼지고 뻐꾹새와 꾀꼬리 울음소리가 자주 들려올 때
입니다. 시인 정현종 선생은 〈올해도 꾀꼬리는 날아왔다〉라는
시에서 "5월 7일 오전 9시 43분/ 올해 첫 꾀꼬리 소리"가 들려
왔다고 적었습니다. 청명한 대기를 울리는 꾀꼬리 울음소리는
아득한 그리움의 세계로 우리를 초대합니다. 그래서 시인은 그
소리의 품에 안기고 또 안긴다고 말합니다. "번개처럼 귀밝히
며/ 또한 천지를 환히 관통하는/ 이 세상 제일 밝은 光音, 새소

리!"[51] 숲길에서 만나는 새소리는 울울한 우리 마음을 말끔히 닦아 내는 하늘의 소리처럼 들립니다. 이런 소리의 세계 속에 오래 머물고 싶습니다.

하지만 세상은 그렇게 한가로운 시간을 허용할 생각이 없는 것 같습니다. 아니, 따지고 보면 그런 시간을 누리지 못하는 것은 누구 탓이라고 말할 수도 없습니다. 분주함에 포획된 채 허둥거리며 사느라 정작 귀한 시간을 낭비하곤 하는 우리들의 삶의 방식이 문제이니 말입니다.

우리가 5월을 가정의 달이라 하면서도 흔쾌히 즐겁게 받아들이기 어려운 것은 5월의 대지를 물들인 피 울음소리를 잊을 수 없기 때문입니다. 우리 주변에는 아무리 세월이 흘러도 치유되지 않는 상처를 가슴에 품고 사는 분들이 있습니다. 지금도 사정은 다르지 않습니다. 느닷없이 가족에게서 떨어져 나가 불귀의 객이 된 젊은이들이 많습니다.

만 스물세 살이 갓 지난 이선호 씨의 때 이른 죽음이 참 가슴 아픕니다. 평택항 부두에서 컨테이너 해체 작업을 하다가 300킬로그램이나 나가는 철판에 깔려 세상을 떠났습니다. 다니던 대학을 휴학하고 군대에 다녀와 복학하기 전에 아버지의 주선으로 잠시 구한 일터에서 불의의 사고를 당한 것입니다. 아버지는 그 죽음이 마치 자기 책임인 것만 같아 망연자실합니다. 그는 휴대전화에 아들 전화번호를 '삶의 희망'이라고 입력해 두었습니다. 그렇게도 자랑스럽고 대견했던 아들의 죽음을 어찌 현실로 받아들일 수 있겠습니까? 한 젊은이의 꿈이, 한 가족의 희망이 그렇게 무너졌습니다. 일터에서 집으로 복귀

하지 못하는 이들이 참 많습니다. 어린이날에도 어버이날에도 일터에서 사고를 당해 목숨을 잃은 이들이 있습니다.

　대기업들은 노동자의 안전을 생명의 문제가 아니라 비용의 문제로 생각하는 것일까요? 아무리 정신을 집중한다 해도 한순간 방심하기도 하는 것이 사람입니다. 내가 아무리 조심한다 해도 다른 이의 실수로 위험에 처할 수도 있습니다. 안전 문제는 그런 가능성까지 염두에 두어도 부족할 판입니다. 경우는 다르지만, 율법도 그와 유사한 경우에 어떻게 대처해야 하는지를 가르칩니다. 소가 어떤 사람을 들이받아서 죽게 하였으면, 그 소는 반드시 돌로 쳐서 죽여야 했습니다. 처형된 소는 먹어서는 안 됩니다. 부지불식간에 벌어진 일이라면 소 주인은 처벌을 받지 않았습니다. "그러나 그 소에게 받는 버릇이 있는데, 그 임자가 남에게 경고를 받고도 단속하지 않아서 어떤 남자나 여자를 죽게 하였으면, 그 소만 돌로 쳐서 죽일 것이 아니라, 그 임자도 함께 죽여야 한다"(출 21:29). 위험을 알고도 방치한 사람에게 무겁게 책임을 묻고 있습니다. 무서운 경고입니다. 하지만 피해자 가족이 원하면 소 임자를 처형하는 대신 배상금을 물릴 수도 있었습니다. "어떤 사람이 구덩이를 열어 놓거나, 구덩이를 파고 그것을 덮지 않아서, 소나 나귀가 거기에 빠졌을 경우에는, 그 구덩이의 임자는 짐승의 임자에게 그것을 돈으로 배상하여야 한다"(출 21:33). 이런 규정을 세세히 적시한 까닭은 강자들에 의해 약자들의 권리가 침해당하지 않게 하기 위함입니다. 우리는 법이 공평하게 집행되기보다는 강자들에 의해 자의적으로 집행되곤 한다는 사실을 잘 압니다. 모든 노동자가 일터에서 안심하고 일할 수 있는 환경을 만들어 가는 것이 참 중요합니다.

율법은 약자 보호가 하나님의 관심사임을 보여 줍니다. 나그네, 과부, 고아, 채무자들은 친족의 보호를 받지도 못하고, 부모나 남편의 지지와 보호를 받을 수도 없기에, 하나님께서 친히 약자의 보호자가 되기로 작정하셨습니다. 하나님은 땅에서 들려오는 부르짖음을 차마 외면하지 못하시는 분입니다. "너희가 그들을 괴롭혀서, 그들이 나에게 부르짖으면, 나는 반드시 그들의 부르짖음을 들어주겠다"(출 22:23). 사회 약자들의 처지를 돌아보고 그들이 존중받으며 살 수 있는 세상을 만드는 것은 하나님을 믿는 이들의 책무입니다.

며칠 전부터 잠시 짬이 날 때 읽는 책이 있습니다. 2차 세계대전 말기 파시스트 정권과 나치에 저항하는 운동을 벌이다가 처형당한 이탈리아 사람들의 마지막 편지를 모은 책입니다. 짤막한 편지도 있고 긴 호흡으로 쓴 편지도 있지만, 처형을 며칠 혹은 몇 시간 앞두고 쓴 편지가 많습니다. 그들은 대의를 따라 살다 맞는 죽음 앞에서 자신의 선택에 부끄러움이 없다고 말합니다. 다만 남겨진 가족들이 겪을 상실의 고통을 염려했습니다. 그 가운데서도 제게 깊은 울림을 준 것은 마흔한 살의 가구공 피에트로 베네데티의 편지입니다. 젊어서부터 낡은 질서에 도전해 왔던 그는 사랑하는 아이들과 아내에게 긴 호흡의 편지를 썼습니다. 특별 사면을 받을 수 있다면 알량한 자존심 따위는 버리고 그렇게 하고 싶다고 말합니다. 살아남고 싶어서가 아니라 가족들에게 슬픔을 물려 주고 싶지 않기 때문입니다.

하지만 그는 담담하게 죽음을 받아들일 준비가 되어 있었습니다. 그래서 남겨질 아이들에게 유언처럼 당부합니다.

내 사랑이들, 서로가 서로를 진심으로 아껴 주렴. 그리고 네 엄마를 사랑해 드리려무나. 내 빈자리를 너희들의 사랑으로 채워 다오. 공부와 일을 사랑하렴. 정직한 인생은 살아 있는 자가 받을 수 있는 최고의 훈장이란다. 인류애를 신조로 삼고 너희와 같은 사람들의 고통과 결핍에 항상 신경 쓰렴. 자유를 사랑하고, 우리가 누리고 있는 오늘의 이 안녕은 누군가의 끊임없는 희생으로, 혹은 누군가가 목숨을 바친 대가로 이뤄진 것임을 기억하기 바란다. 저들의 노예로 살 바에는 차라리 죽는 게 나아. 모국을 사랑하되, 진정한 조국은 전 세계이며, 어디에나 너희들과 같은 사람들이 있고 그들은 너희들의 형제라는 것을 기억하렴.[52]

아직은 세상 물정을 다 알기 어려운 나이의 아이들이 그 말을 다 이해할지는 알 수 없지만, 그의 메시지는 선명합니다. 우리가 누리는 모든 것이 누군가가 대가를 치렀기 때문임을 잊지 말라는 말, 파시스트들의 노예로 살아서는 안 된다는 말이 마치 피 울음처럼 들립니다. 단호하게 죽음을 받아들이려 하지만, 가족에 대한 의무를 저버리는 것은 아닐까, 그는 잠시 고민에 빠집니다. 그러다가 다시 한 번 마음을 추스르는 것처럼 자기가 하려 했던 일의 의미를 밝힙니다.

인류에게 가해진 이 끔찍한 모욕을 견디고 지금의 슬픈 현실보다는 우리가 누려 보지 못한 더 아름답고 더 좋은 미래를 그들로 하여금 누리게 해 주는 것이 가장으로서의 나의 의무라고 생각해. 그 미래는 곧 실현될 거야. 어찌 되었건 나는 사람, 사물 할 것 없이 전부 파괴하는 이 엄청난 소용돌이 속으로 사라질 거야. 나는 내 아이들이 나에 대한 평가를 내릴 때 꽁무니를 빼는 겁쟁이가 아닌, 의무의 호소에 응답하다 유명을 달리한 아버지로 남고 싶어.[53]

그는 인류에게 가해진 끔찍한 모욕을 수동적으로 감내하려 하지 않고, 도전하고 균열을 일으켜 결국 더 나은 세상의 꿈이 영글게 하려 했기에 떳떳합니다. 아이들이 아버지를 겁쟁이가 아니라 용감했던 사람으로 기억하기를 그는 바랍니다. 그가 견지한 단호한 입장은 소시민적 안락함을 추구하는 우리 삶에 큰 도전이 됩니다. 지금도 인류에게 가해지는 끔찍한 모욕이 세상 도처에서 자행되고 있습니다. 그런 현실을 타개하기 위해 위험 속으로 기꺼이 들어가는 이들 덕분에 우리는 인간의 존엄을 유지하며 삽니다.

"기초가 바닥부터 흔들리는 이 마당에 의인인들 무엇을 할 수 있겠는가?"(시 11:3) 히브리의 시인은 이렇게 탄식하다가도 문득 하늘 보좌에 앉으신 분이 사람을 살피시고 눈동자로 꿰뚫어 보신다는 사실을 깨닫습니다. 의인을 가려내고 악인을 미워하는 하나님이 계시다는 사실이 곧 희망입니다.

팬데믹 상황에서도 삶은 계속됩니다. 여러 가지 제약이 많은 상황이지만, 좋은 세상을 만들어 가야 할 우리의 책무를 소홀히 할 수는 없습니다. 우리 주변에 명랑하고 청신한 바람을 불어넣는 일부터 시작하면 어떨까요? 그리고 우리 사랑의 범위를 조금씩 확장해 나가면 좋겠습니다. 많은 교우가 백신 접종에 동참하고 있습니다. 병원에 입원한 분들도 있습니다. 하나님의 각별하신 사랑과 도우심이 우리를 감싸 주시기를 청합니다. 한 주간도 주님 안에서 평안하시길 빕니다.

2021년 5월 13일

막막함을 몰아내고

> 이와 같이, 성령께서도 우리의 약함을 도와주
> 십니다. 우리는 어떻게 기도해야 할지도 알지
> 못하지만, 성령께서 친히 이루 다 말할 수 없는
> 탄식으로, 우리를 대신하여 간구하여 주십니다
> (롬 8:26).

주님의 은총과 평화가 우리 가운데 임하시기를 빕니다.

우리는 지금 부활 절기의 마지막 시간을 보내고 있습니다. 돌아오는 주일은 성령 강림 주일입니다. 주님은 제자들에게 "내가 아버지께 구하겠다. 그리하면 아버지께서 다른 보혜사를 너희에게 보내서서, 영원히 너희와 함께 계시게 하실 것이다"(요 14:16)라고 말씀하셨습니다. 우리는 세상 끝날까지 함께 계시는 주님의 영에 힘입어 그리스도께서 앞서 걸어가신 그 길을 걸어갈 힘을 낼 수 있습니다. 모든 것이 혼란스럽기만 한 시대이기에 우리는 더욱 영들을 분별하는 지혜를 달라고 기도

하지 않을 수 없습니다. 거센 물결처럼 우리를 휘몰아치는 불안과 두려움은 우리에게서 분별력을 앗아가곤 합니다. 자칫 잘못하면 내가 누구인지, 소명이 무엇인지, 푯대가 무엇인지 다 잊어버리고 그저 살아남기 위해 발버둥 치며 인생을 허비할 수도 있습니다. 성령강림절을 앞두고 20세기의 위대한 신학자 카를 라너Karl Rahner의 기도문을 소리 내서 여러 번 읽었습니다.

주님, 위로의 영을 우리에게 보내 주소서. 위로를 찾아볼 수 없는 메마른 시간, 영적인 무기력의 시간에도 당신께 신실할 수 있으며 마땅히 그래야 합니다. 우리에게 위로와 능력과 기쁨과 신뢰의 영, 믿음과 소망과 사랑 안에서 성숙해 가는 영, 당신의 아버지를 기쁘고 힘차게 찬양하는 영, 고요함과 평화의 영을 주소서. 신앙의 암울, 암흑, 혼란, 저속하고 세속적인 관심, 절망적인 불신, 나태, 슬픔, 버림받은 느낌, 분열, 그리고 신에게서 아주 멀리 떨어져 있는 것 같은 막막함은 몰아내 주소서.[54]

이 기도문을 한 호흡으로 읽어 버리지 않았으면 좋겠습니다. 단어 하나하나를 곱씹으며 지금 우리 내면을 사로잡는 것이 무엇인지 살펴보십시오. 시편 기자들은 인생의 고빗길에서 만난 하나님의 은혜를 나타내고자 다양한 은유를 사용했습니다. 주님은 나의…. '…' 자리에 들어가는 표현에 주목해 본 적 있으신지요? 반석, 요새, 건지시는 분, 피할 바위, 방패, 구원의 뿔, 산성, 목자, 도움, 피난처, 은신처, 능력, 노래, 견고한 망대, 분깃, 빛 등이 떠오릅니다. 저는 언제나 이런 표현에만 주목하지 않고, 이런 고백에 이르기까지 시인들이 감내해야 했던 삶의 경험을 떠올려 보곤 합니다. 신산스러운 삶이 저절로 떠오릅니다. 터전이 흔들리는 경험을 하지 않았다면, '반석'처럼 든든하게 지탱해 주시는 하나님의 은혜를 깨닫지 못했을 수도 있습니다. 어디에도 마음 둘 곳이 없어 번민해 보지 않았다면, 하나님을 '피할 바위'라고 고백하지 않았을 것입니다. 도무지 길이 보이지 않고 도처에 도사린 위험 때문에 울어 보지 않았다면, '목자'로서의 하나님을 경험하지 못했을 겁니다. 한 치 앞도 내다볼 수 없는 어둠에 처해 본 적이 없다면, 우리 발 앞을 비추시는 하나님의 은혜의 빛을 고맙게 여기지 않았을지도 모릅니다.

위 기도문에 등장하는 암울, 암흑, 혼란, 저속하고 세속적인 관심, 절망적인 불신, 나태, 슬픔, 버림받은 느낌, 분열, 막막함 등은 우리와 무관한 현실이 아닙니다. 지금 인생이 참 좋다, 더할 나위 없이 행복하다고 느끼는 사람들이 있을 수도 있습니다. 그러나 빛의 시간이 지나가면 어둠의 시간이 어김없이 찾아옵니다. 이게 우리의 경험입니다. 빛과 어둠, 기쁨과 슬픔, 희망과 절망, 의미와 무의미가 시도 때도 없이 갈마들면서 인생의 무늬를 만듭니다. 행복하고 좋은 기억보다 우리 인생에 더 큰 영향을 미치는 것은 대개 부정적인 것으로 여기는 경험입니다. 그렇기에 그런 인생의 계기를 찬찬히 살피며 걸림돌이 아니라 디딤돌로 삼는 지혜가 필요합니다. 오셔서 우리를 지키시고 빛을 비춰 달라 성령께 청하지 않을 수 없습니다.

지난 월요일 오전, 몇 가지 강의 준비로 분주했습니다. 대개 옹근 시간을 들여야 하는 일은 월요일에 하는 편입니다. 어찌 보면 월요일은 목회자들의 안식일과도 같은데, 언제부터인지 제게는 밀린 일을 하는 날이 되었습니다. 이게 뭔가, 싶으면서도 제가 할 역할이 있다는 사실을 고맙게 받아들이는 편입니다. 머리도 조금 무겁고 가슴이 답답하기도 했는데, 늘 후생가외後生可畏의 마음으로 대하는 후배 목사님이 함께 산책이라도 하지 않겠냐고 메시지를 보내왔습니다. 일이 끝나지는 않았지만, 냉큼 그렇게 하자고 답하고는 약속 장소인 월드컵경기장역에 갔습니다. 아침까지만 해도 밝은 햇살이 언뜻 비치기도 했건만, 비가 부슬부슬 내렸습니다. 방해될 정도는 아니었기에 천천히 이야기를 나누며 하늘공원 둘레길을 걸었습니다. 흠뻑 비를 맞은 나무들은 서늘한 기운을 내뿜었고 인적은 드물었습니다. 메타세쿼이아가 줄지어 늘어선 흙길을 우중에 걷는 기분이 참 상쾌했습니다. 조금만 몸을 움직이고 일상의 자리에서 벗어나면 이렇게 좋은 풍경과 만날 수 있는데, 지금까지 너무 게을렀다는 생각이 들었습니다.

　　역사 속에서 맡은 역할은 각기 달랐지만, 서로의 진심과 진정을 알기에 대화는 편안했습니다. 그는 어떤 일을 요구받을 때 자기가 감당할 일이 아니다 싶으면 세 번까지는 거절하지만, 그래도 요청이 계속되면 하나님의 뜻이라 여긴다고 말했습니다. 가끔은 과중한 일로 지치기도 하지만, 그분이 하라시는 일이라면 피할 수 없는 게 부름받은 이들의 생이 아니겠냐는 것이었습니다. 저는 그 말에 공감하는 한편, 제가 느끼는 한계를 고백하지 않을 수 없었습니다. "너희는 랍비라는 호칭을 듣지 말아라. … 또 너희는 지도자라는 호칭을 듣지 말아라."(마 23:8, 10) 하신 말씀이 제 가슴에 우렁우렁 들려옵니다. 너무나 많은 말을 하고 산다는 생각이 점점 더 커집니다. 가끔 철학자 루트비히 비트겐슈타인Ludwig Wittgenstein이 《논리철학 논고 Logisch-philosophische Abhandlung》에서 한 말이 떠오릅니다. "말할 수 없는 것에 대해 우리는 침묵해야 한다." 정제되지 않은 거친 말이 횡행하는 시대이기에 더욱 이런 느낌이 드는 것인지도 모르겠습니다. 말에도 멀미를 할 수 있다는 사실을 아시는지요? 일찍이 소설가 이청준 선생은 《잃어버린 말을 찾아서》에 실린 단편 〈떠도는 말들〉에서 말들이 제집을 잃고 떠도는 시대의 어둠을 직시했습니다. 참된 말에 대한 그리움이 날로 깊어 갑니다.

> 말들이 그렇게 길을 잃고 헤매다니는 것을 보면 볼수록 그의 기다림은 더욱더 깊어져 가고만 있었다. 고향을 잃어버리지 않은 말, 가엾게 떠돌지 않는 말, 그가 태어난 고향에 대한 감사와 의리를 잃어버리지 않은 말, 그가 태어날 때 지은 약속을 벗어 버리지 않는 말, 유령 아닌 말, 그는 아직도 그런 말을 기다리고 있었던 것이다.[55]

이청준 선생은 같은 책에 실린 또 다른 단편 〈자서전들 쓰십시다〉에서는 정처 없이 떠도는 말들, 실체 없는 말들, 실체와의 약속을 잊어버린 말들의 운명에 대해 말했습니다. "허공을 떠돌면서 저희끼리 자유롭고 음란스런 교미를 즐기다가 그것이 지치고 나면 아무 때 아무 곳이나 깃들여 쉴 곳을 약탈한다. 그리고 자신들이 당해 온 학대와 사역에 대한 무서운 복수를 음모한다."[56] 이 소설이 세상에 나온 지 벌써 40년이 지났지만, 떠도는 말들은 제집을 찾기는커녕 오히려 더 맹렬하게 세상을 휩쓸고 다니는 것 같습니다. 참말을 듣기 어려운 시대입니다.

오랜만에 만났기에 가슴 속 속말을 털어놓을 수 있었는지도 모르겠습니다. 불광천변을 걸을 때는 어느덧 비가 그쳤습니다. 이미 큰물이 지나갔는지 천변의 풀들이 물 흐르는 방향으로 넘어져 있었습니다. 그리고 그곳에는 생명이 약동하고 있었습니다. 팔뚝만 한 잉어가 흐름을 거슬러 천천히 유영했고, 새끼들과 젖은 날개를 말리는 오리 가족도 정겨워 보였습니다. 뭔가를 응시하는 왜가리, 아름다운 자태를 뽐내는 원앙도 보였습니다. 모두 생명의 세계에 초대받은 멋진 손님들이었습니다. 두어 시간 길을 걷는 동안 구름이 걷히듯 마음의 울울함이 스러졌습니다. 걷는다는 행위 자체에 치유가 깃들어 있는지도 모르겠습니다.

후배 목사님은 얼마 전 어느 건물 조그마한 옥탑 공간에 새로운 예배 처소를 마련했습니다. 아담한 공간은 소박하기 이를 데 없었습니다. 의자라야 불과 25개에 불과했지만, 그 교회가 지향하는 하나님나라의 꿈은 결코 작지 않았습니다. 강대상 뒤편 비좁은 공간에 걸린 배너가 인상적이었습니다. "하나님이 계십니다. 이것으로 충분합니다." 그 문구가 묘한 위안이 되었습니다. 그렇지요, 하나님이 계신다는 사실 하나면 그만이지요. 삶이 아무리 힘겹더라도 이 고백이 진실하다면 당당하게 살아갈 수 있을 겁니다.

5.18 광주 민주화 운동이 벌어진 지 벌써 41년이 되었습니다. 목숨보다 소중한 자유를 빼앗기지 않으려고 역사의 제단 앞에 목숨을 바친 이들의 숭고한 정신을 되새겨야 합니다. 미얀마에서 벌어지는 민주화 운동에 무심할 수 없는 까닭은 우리 역시 그런 참담하고 고통스러운 시절을 경험했기 때문입니다. 미얀마를 위해서 기도해 주십시오. 전쟁과 같은 상황에 빠져드는 이스라엘과 팔레스타인을 위해서도 기도해 주십시오. 그들에게 평화를 선택할 수 있는 용기를 달라고 말입니다.

예고해 드린 대로 이번 주일에는 예배 중에 성찬식이 진행될 예정입니다. 성찬을 하기 위해서는 준비가 필요합니다. 성찬의 의미를 함께 되새기고, 정성을 다해 준비해 주십시오. 기도하는 마음으로 빵과 포도주를 준비하고, 가장 정갈한 보로 덮어 놓으십시오. 그리스도를 기억하는 그 전례를 통해 우리 모두 주님과 깊은 일치를 맛볼 수 있으면 좋겠습니다. 주님의 은총이 모든 가정마다 넘치시기를 빕니다. 평화를 빕니다.

2021년 5월 20일

아무도 아닌 사람

주님께서 주시는 힘을 얻고, 마음이 이미 시온의 순례길에 오른 사람들은 복이 있습니다. 그들이 '눈물 골짜기'를 지나갈 때에, 샘물이 솟아서 마실 것입니다. 가을비도 샘물을 가득 채울 것입니다. 그들은 힘을 얻고 더 얻으며 올라가서, 시온에서 하나님을 우러러뵐 것입니다(시 84:5-7).

주님의 평화가 우리 가운데 임하시기를 빕니다.

5월 말인데도 며칠 선득한 기운이 느껴집니다. 사무실에 장시간 앉아 있다가 몸이 차가워졌다 느끼면 화단에 나가 볕바라기를 합니다. 꽃들의 향연에 슬며시 끼어들어 벌들처럼 코를 벌름거리기도 합니다. 꽃은 싫은 내색조차 없이 자기 향기를 나눠 줍니다. 나눠 주고 나면 텅 비어 버릴까 걱정스럽지만, 향기 창고가 비는 법은 없는 것 같습니다. 이따금 날아와 이 꽃 저 꽃 문을 두드리는 흰 나비가 그렇게 예쁠 수가 없습니다.

지난 주일부터 우리는 오순 절기에 접어들었습니다. 교회력으로 가장 긴 절기로 대림절까지 이어집니다. 오순절은 교회의 생일입니다. 성령은 만나기 어려웠던 이들이 만나 서로 소통하게 하고, 도무지 이해할 수 없다고 여기던 이들이 만나 우정을 나누게 합니다. 새로운 인류의 탄생이라고도 할 수 있겠습니다. 성령강림절 아침, 예루살렘에는 세계 각지에 흩어져 살던 유대인들이 많이 머물고 있었습니다. 어쩌면 이스라엘의 위로를 기다리던 사람들인지도 모르겠습니다. 그런데 그곳에서 낯선 경험을 합니다. 성령에 충만해진 사도들이 골방 문을 열고 대중들 앞에 섰습니다. 놀랍게도 군중들은 사도들의 말을 자기들의 모어^{母語}처럼 다 알아들을 수 있었습니다. 이성적으로 설명할 수 없는 사건입니다. 흔히 이것을 방언이라 말하지만, 사도들이 이상한 언어로 말한 것이라기보다는 듣는 이들의 귀가 열린 것입니다. 마음이 통하면 언어는 크게 장벽이 되지 않을 수도 있습니다. 성령이 하시는 일이 그러한 것입니다.

안타깝게도 지금 우리는 그렇지 못합니다. 같은 언어를 사용하면서도 도무지 소통할 줄 모릅니다. 생각과 지향, 정치적 입장, 신앙의 빛깔이 나와 다르다고 지레 판단해 버린 이들이 하는 말은 소음처럼 들립니다. 자기 확신에 찬 이들의 언어는 폭력적이기도 합니다. 차이는 용납되지 않습니다. 특히 종교적으로 근본주의 성향을 보이는 이들일수록 화이부동^{和而不同}의 세계를 견디지 못합니다. 그들은 자기 생각을 기준으로 삼아 세상을 재단합니다. 그 생각에 포섭되지 않는 이들은 배척하거나 혐오합니다. 마치 기관총을 발사하듯이 거친 말, 단정적인 말을 쏟아 내는 이들이 있습니다. 그들의 말이 닿는 곳에서 건강한 생명은 불구로 변하고, 단절의 벽은 점점 높아 갑니다.

우리는 하나님께서 말씀으로 세상을 창조하셨다고 고백합니다. 요한은 "태초에 '말씀'이 계셨다"(요 1:1)고 말합니다. 히브리어로 말씀을 뜻하는 '다바르dabar'는 단순히 말이 아니라 행위를 내포합니다. 다바르는 창조력입니다. 예언자들의 말도 다바르입니다. 아름다운 창조의 흐름이 불의와 부패와 폭력에 막혀 차단될 때 터져 나오는 말이니 말입니다. 하나님의 말씀은 언제든 터져 나올 수 있습니다. 오늘 우리가 무심코 하는 말이 누군가의 가슴에 희망의 싹을 틔울 수도 있고, 절망으로 이끄는 통로가 될 수도 있습니다.

오순 절기를 지나면서 한순간도 잊지 말아야 할 것은 하나님께서 우리를 화해자로 부르셨다는 사실입니다. 어디에서 무엇을 하든 사람들 사이에 막힌 담을 허물고, 도무지 만날 수 없었던 사람들이 만나 사랑의 친교를 나누게 해야 합니다. 나와 성향이 다르고 정치적 입장이 다른 사람과도 마음을 열고 접촉할 용기를 내야 합니다. 많은 점에서 공통분모를 찾기 어려운 이들과 함께 지낸다는 것이 말처럼 쉬운 일은 아닙니다. 어떤 상황에 몰려서든, 의지적 결단을 통해서든, 다른 사람의 세계에 발을 들여놓아 본 경험이 있는 사람들은 장벽 저편에 있는 이들이 우리와는 상종도 할 수 없는 사람이 아니라는 사실을 깨닫고 스스로 부끄러워하기도 합니다.

지난 월요일, 아내와 함께 청계천변을 천천히 걸었습니다. 먼 거리를 빠르게 걸을 수 없는 아내의 사정을 고려한 선택이었습니다. 걸음을 늦추니 보이는 게 많았습니다. 머리 위로는 장미꽃이 드레드레 매달려 추파를 던졌고, 개천에는 팔뚝 크기의 잉어들이 유유히 헤엄쳤습니다. 물가 바위에는 한 다리로 절묘하게 균형을 잡은 채 쉬고 있는 왜가리도 보였고, 뒷목에 흰색 깃털이 길게 돌출된 해오라기도 물속을 유심히 살피고 있었습니다. 어린이집에서 나왔는지 귀여운 아이들도 그 신기한 새들을 보며 으밀아밀 이야기를 나눴습니다. 걷다가 마주치는 이들 중에는 서름한 내색 없이 풍경에 대한 감상을 툭 던지는 이들도 있었습니다. 정겨운 풍경입니다. 박태원의 《천변풍경》과는 사뭇 다른 풍경이지만, 그래도 도심지에 이만한 산책로가 있다는 것이 참 고마웠습니다.

한참 걷다 보니 건너편으로 '광장시장'이라는 간판이 보였습니다. 이실직고하자면, 서울에서 50년 넘게 살면서도 광장시장에 가 본 적이 없었습니다. 저절로 발걸음이 그쪽으로 옮겨졌습니다. 포목 가게들이 즐비하게 늘어서 있고, 한복집도 많았습니다. 요즘 한복 입는 사람이 별로 없는데 가게가 어떻게 운영될까 싶어 안쓰럽기조차 했습니다. 손님을 호객하는 이도 있고, 무심한 눈길로 지나가는 사람을 바라보는 이도 있고, 성경을 읽는 이도 있었습니다. 어쩌면 수십 년째 똑같은 모습과 표정으로 그 자리를 지키고 있었을 겁니다. 권태로울 수도 있는 일상을 그들은 어떻게 견뎠을까요?

조금 더 걷다 보니 먹자골목처럼 보이는 곳이 나왔습니다. 녹두빈대떡, 마약 김밥, 육회비빔밥, 떡볶이, 해산물 등속이 사열하듯 진열되어 있었습니다. 연신 "와" 소리를 낼 수밖에 없었습니다. 생동감 넘치는 삶의 현장이었습니다. 문득 제가 읽는 책의 세계가 얼마나 관념적인가 하는 생각이 들었습니다. "눈물을 흘리며 빵을 먹어 본 적이 결코 없는 사람은, 자기 잠자리에서 근심에 찬 밤을 눈물로 지새며 앉아 있지 않은 사람은, 결코 그대를, 그대 천상의 힘들을 알지 못하리!"[57] 하프 켜는 노인의 노래 가운데 나오는 구절입니다. 땀 흘리며 일하는 이들에 비해 머리를 쓰며 사는 제 삶이 초라하게 생각되기도 했습니다.

시장을 벗어나 온 길을 되짚어 오는 동안 걷기에 관한 생각이 많아졌습니다. 어느 모임에 가든 가끔 듣는 단골 질문이 있습니다. "우리가 꼭 읽었으면 하는 책이 있다면 소개해 주십시오." 책을 여러 권 낸 저자라서 듣는 질문도 있습니다. "글을 쓰다가 막히면 어떻게 하세요?" 글을 쓰다 보면 어떤 때는 누에고치에서 명주실이 풀려 나오듯, 거미가 거미줄을 뱉어 내듯 줄줄 생각이 이어질 때도 있습니다. 그럴 때면 타자 치는 손이 생각을 따라가지 못합니다. 그러나 이런 경우는 아주 드물고, 대개의 시간은 떠오르지 않는 생각을 끌어내기 위해 긴장하며 견뎌야 합니다. 이런 경험을 세세히 풀어 설명할 수는 없는지라 그런 질문에 대한 대답을 미리 준비해 놓았습니다. "산책을 해요." 답해 놓고 생각하니 꽤 적절한 대답이었습니다. 몸의 움직임이 달라지면 생각의 길 또한 달라집니다. 차라리 생각을 비워 내고 나면 가출했던 언어가 돌아올 때도 있습니다. 전혀 다른 루트를 통해 생각이 전개되는 셈이지요.

운동 삼아 걷는 것도 좋지만, 영혼의 환기를 위해 느긋하게 걷는 것도 꽤 도움이 됩니다. 해찰하며 걷다 보면 바쁠 때는 보이지 않던 것들이 눈에 들어오고, 그것들에게 말을 건네거나 그것들이 건네는 말을 들으려고 귀를 쫑긋하다 보면 나를 사로잡던 긴장감이 해소되는 게 느껴집니다. 자기 초상에 충실해야 한다는 사회적 속박에서 벗어나는 일은 자못 장쾌한 일이 아니던가요?

> 아무도 아닌 사람이 되는 것, 그것이 바로 걸을 때 누릴 수 있는 자유다. 걸어가는 몸은 역사를 가진 것이 아니라 그냥 태곳적에 시작된 생명의 흐름일 뿐이기 때문이다. 그래서 우리는 그냥 두 다리를 움직여 앞으로 나아가는 짐승, 키 큰 나무들 사이의 순수한 힘, 한 번의 외침에 불과한 것이다.[58]

아무도 아닌 사람이 되는 것, 이것 참 멋진 일이 아닐 수 없습니다. 모든 종교는 오랜 순례의 전통을 가지고 있습니다. 순례는 영혼의 중심을 찾아가려는 치열한 몸부림입니다. 순례는 불편함 속으로의 돌입입니다. 어떤 종교 전통에서는 오체투지를 하며 나아가기도 합니다. 자기 몸을 극한까지 밀어붙이는 것이지요. 뭘 얻으려는 것일까요? 뭘 얻으려는 것이라기보다는 자기에게서 해방되고 싶은 게 아닐까 싶습니다. 자기에게서 해방될 때 비로소 하나님 생각이 떠오르지 않던가요? 안셀름 그륀Anselm Grün은 기독교인의 걷기를 다룬 책에서 엠마오로 가던 제자들 이야기를 풀어놓습니다. 새로운 세상의 꿈을 품고 예수의 동행이 되어 살던 제자들에게 십자가 사건은 큰 충격이었을 겁니다. 하나님나라의 꿈은 남가일몽南柯一夢이었던 것일까요? 그들을 온통 사로잡은 것은 저물녘의 쓸쓸함이었을 겁니다.

지금 여기에서 나는 걷고 있다. 나는 텅 비었다. 힘이 다 빠졌다. 나는 아는 길을 지나며, 낯선 길을 지난다. 소요 속을 걸으며, 고요 속을 걷는다. 서로 밀쳐 대는 무리와 함께 걸으며, 외로이 홀로 걷는다. 나는 낙망하고 낙담한 채 길을 간다. 혼란스러운 내 삶을 이해하지 못한 채로 길을 간다. 이때 그리스도께서 나와 함께 걸으신다. 그리스도가 나와 나란히 걸으시며 내 길을 열어 주시고, 내 이야기의 의미를 드러내 주시고, 내가 왜 지금껏 이 길을 걸어야 하는지 밝혀 주신다. 이것은 그분의 영광 속에 들어가야 하기 때문이다.[59]

지금 절망의 내리막길을 걷는 분이 계신가요? 삶은 신산스럽기 이를 데 없고, 마음 둘 곳도 없고, 희망조차 보이지 않는 그 길. 그 외로운 길 위에서 제자들은 부활하신 주님과 만났습니다. 가끔 끝이 보이지 않는 것 같은 아득함에 갇힐 때, 일부러라도 시간을 내 천천히 길을 걸어 보십시오. 그 길 위에서 주님이 우리를 기다리고 계실지도 모릅니다. 오순 절기를 지나는 동안 우리 가슴에 시온의 대로가 열리면 좋겠습니다. 교우들의 가정마다 기쁨과 사랑의 샘이 고갈되지 않기를 기도합니다. 고맙습니다.

2021년 5월 27일

충실한배움

> 좋으신 주님, 제 인생의 배를 저어 아늑한 당신
> 항구로 이끄소서. 거기라면 죄와 갈등의 풍랑
> 을 피하여 안전할 수 있겠습니다. 제가 취해야
> 할 항로를 보여 주소서. 제 안의 분별력을 새롭
> 게 하시어, 저로 하여금 가야 할 방향을 바로
> 찾게 하소서. 비록 바다가 거칠고 물결이 높다
> 하여도, 당신 이름으로 수고와 위험을 뚫고 나
> 가면 마침내 위로와 평안을 얻게 될 줄 아오니,
> 저에게 바른 항로를 선택할 힘과 용기를 주소
> 서.[60] _카이사리아의 바실레이오스

주님의 은총과 평화가 가내에 넘치시기를 빕니다.

벌써 6월입니다. 망종芒種 절기가 다가옵니다. 왠지 햇보리밥
이라도 먹어야 할 것 같습니다. 요즘은 빨갛게 익은 앵두를 보
는 즐거움이 큽니다. 이른 아침 공원에서 주변 눈치를 살피며
앵두를 따서 입에 넣는 노인을 보고 빙그레 공모의 웃음을 짓
기도 합니다. 오디 열매 또한 지천입니다. 바닥에 떨어진 오디
는 오고 가는 사람들의 발길을 피하지 못해 짓뭉개지면서 흔
적을 남기고 있습니다. 이맘때면 아내는 장에서 오디를 사 옵

니다. 한 개 두 개 달착지근하고 신선한 오디를 먹다 보면 어느
새 엄지와 검지 끝에 검붉은 물이 듭니다. 오디 물든 손을 보면
서 아버지 어머니 생각을 했습니다. 농부로 사셨던 두 분의 손
은 겨울만 빼고는 늘 풀물이 들어 있었습니다. 풀물이 든 손이
야말로 정직한 손이 아니겠습니까?

생의 과정 중에 만난 것들은 어떠한 형태로든 우리에게 흔적
을 남깁니다. 의도한 것은 아니라 해도 슬그머니 스며들어 존재
의 일부가 되기도 합니다. 무심코 지나칠 수도 있지만, 그 흔적
이야말로 삶의 빛깔이 아니고 무엇이겠습니까? 사람과의 만남
이 소중한 것은 그 때문입니다. 엷고 진한 차이는 있을지 몰라
도 우리와 다양하게 얽힌 사람들은 우리 존재에 어떠한 형태로
든 흔적을 남깁니다. 누군가 자기가 지나온 세월을 되돌아보며
흐뭇하게 상기하는 흔적이 되고 싶습니다.

드문드문 들려오는 교우들의 소식을 들으며 인생살이에 대
해 생각합니다. 희노애락애오욕喜怒哀樂愛惡欲, 일곱 가지 감정이 번
갈아 찾아옵니다. 벼랑 끝에 선 듯 위태로운 지경에 선 이도 있
고, 불이 사위어 가듯 오랜 질병으로 기력이 쇠해 가는 이도 있
습니다. 그런 가운데서도 우울과 공허감에 사로잡히지 않으
려고 안간힘을 다해 정신을 곧추세우는 이도 있습니다. 우리
가 어떤 삶의 시간을 겪고 있든, 하나님은 우리와 함께 계십니
다. "내가 비록 죽음의 그늘 골짜기로 다닐지라도, 주님께서 나
와 함께 계시고, 주님의 막대기와 지팡이로 나를 보살펴 주시
니, 내게는 두려움이 없습니다"(시 23:4). "주께서 나와 함께 계
시다." 단순해 보이는 구절이지만, 그것이 내면 깊은 곳에서 우

러나는 고백이라면, 우리는 당당하게 눈물 골짜기를 통과할 수 있습니다. 어려운 시간을 견디는 모든 이들에게 주님께서 친히 방패가 되어 지켜 주시기를 빕니다.

코로나19 백신 접종이 속도를 내고 있습니다. 저도 다음 주 초에 예약해 놓았습니다. 목회실 다른 식구들도 잔여 백신 접종을 신청해 놓고 기다리고 있습니다. 소셜 미디어에서는 백신 접종을 마친 이들의 경험담이 심심찮게 올라옵니다. 아직 꺼림칙한 마음에 용기를 내지 못하는 이들도 있지만, 나와 가족들 그리고 동료 시민들의 건강을 위해 접종에 임하면 좋겠습니다. 부활절 이후 비대면으로 진행하던 예배를 6월 셋째 주인 20일부터 대면 예배로 전환할 예정입니다. 그쯤이면 꽤 많은 이가 백신 접종을 받았을 때입니다. 물론 좌석 수의 20퍼센트로 제한되지만, 현장 예배를 목말라 하는 이들이 많아 더는 미룰 수 없었습니다.

하루에 한 번씩은 텅 빈 예배당에 올라갑니다. 이곳저곳으로 옮겨 다니며 좌석에 잠시 앉아 교우들을 생각합니다. 오후가 되면 찬양대석에 햇살 한 줌이 내려앉아 잠시 숨을 고르다가 물러가는 모습을 물끄러미 바라보기도 합니다. 그 고요한 풍경이 참 좋습니다. 교회 건물을 지은 지 40년이 넘어 이곳저곳 손 볼 곳이 많습니다. 지붕에서 녹을 벗겨 내고 새로 칠을 했습니다. 곳곳에 갈라진 곳으로 물이 스며들고 있어서 방수 작업도 진행했습니다. 지붕의 물매가 급하진 않지만, 그래도 위험한 과정인지라 인부들 안전이 신경 쓰입니다. 아직 공사가 다 마무리되지 않았는데, 모든 일정을 안전하게 진행할 수 있도록 기도 부탁드립니다.

6월 5일은 세계 환경의 날입니다. UN이 해양 오염과 지구 온난화에 대한 경각심을 불러일으키고 환경 보호를 위한 행동을 촉구하기 위해 1972년에 제정한 날입니다. 벌써 거의 50년이 되었습니다. 그동안 지구라는 초록별은 중병에 걸렸습니다. 기후학자들은 우리에게 남은 시간이 얼마 없다고 절박하게 외칩니다. 지난 몇 년 사이에 세계 도처에서 벌어진 산불과 홍수, 가뭄과 땅 꺼짐, 대규모 빙하 붕괴 현상은 그들의 경고가 겁주기 위한 과장이 아니라는 사실을 보여 줍니다. 생태 발자국 ecological footprint이라는 말을 들어보셨을 겁니다. 캐나다 브리티시컬럼비아대학의 생태학자 윌리엄 리스William Rees와 매티스 웨커너겔Mathis Wackernagel이 개발한 독창적인 지표입니다. 생태 발자국은 인류가 매일 소비하는 자원과 배출되는 폐기물을 처리하는 데 필요한 모든 비용을 토지 면적으로 환산한 수치입니다. 동물들이 지나간 자리에는 많은 흔적이 남지 않지만, 사람이 머문 자리는 황폐해지는 경우가 많습니다. 생태 발자국이 크기 때문입니다.

국제 사회는 기후 위기의 심각성에 공동 대처하려는 노력을 가시화하고 있습니다. 우리 정부도 '2050 탄소중립위원회'를 출범시켰습니다. 탄소 중립이란 화석 연료를 사용하면서 배출되는 온실가스를 최소한으로 줄이고, 불가피하게 발생한 온실가스는 나무를 심거나 청정에너지 분야에 투자하여 실질적으로 탄소 배출량이 0이 되게 하는 것을 말합니다. 이러한 목표가 공허한 구호에 머물지 않으려면 특단의 대책이 필요합니다.

정부와 산업계에만 맡겨 둘 수 없는 일입니다. 하나님을 창조주로 고백하는 기독교인들이 이 문제를 신앙의 도전으로 받아들여야 합니다. 국무총리실 녹색성장위원회 김정욱 민간위원장은 지구 생태계를 살리는 일에 교회가 적극적인 관심을 기울여야 한다면서 이렇게 말했습니다.

> 교회가 세상을 살리는 데 무관심하면 기존의 권력을 가지고 있는 집단들이 자기 이익을 위해 정책을 좌지우지합니다. 그래서 교회는 반드시 눈을 똑바로 뜨고 이 세상의 이 나라의 정책이 바로 가도록 지켜봐야 합니다. 교회가 빛이 돼 가지고 탄소 중립 사역이 잘 될 수 있기를 바라면서….[61]

단순한 감시자 역할에 만족해서는 안 됩니다. 만물을 회복시키려는 하나님의 꿈에 교회가 동참해야 합니다. 지으신 세상을 보며 기뻐하셨던 하나님의 마음을 자꾸 떠올려야 합니다. 아름다운 것을 보고 경탄하고, 소중히 여기고, 아끼는 마음이야말로 하나님 마음에 가까운 것 아니겠습니까? 소비 사회가 우리에게서 자족하는 마음을 빼앗아 갑니다. 욕망을 우리 삶의 밑절미로 삼을 때 삶의 무질서와 혼돈과 버거움은 커지게 마련입니다. 심원한 경험은 사라지고, 더 큰 세계와의 접속은 끊어집니다. 많은 것을 누리며 살면서도 기쁨을 맛보지 못하는 것은 그 때문입니다. 며칠 전 헨리 데이비드 소로Henry David Thoreau의 《월든 숲속의 생활Walden, Or, Life in the Woods》이라는 책을 구입했습니다. 이미 영어책으로도 읽었고 번역서도 몇 종류 가지고 있지만, 굳이 이 책을 또 산 이유는 번역자 안정효 선생에 대한 신뢰 때문입니다. 도착한 책을 군데군데 읽다가 이런 구절과 만났습니다.

> 내가 숲으로 들어간 까닭은 인생을 생생하게 의식하며 살아가고, 삶의 본질적인 면목들만 접하여, 인생이 가르치고자 하는 바를 내가 충실하게 배워서, 죽음을 마주하게 되었을 때 내가 인생을 헛되게 살지는 않았음을 확인하고 싶었기 때문이었으며, 나날의 삶이 너무나 소중하여, 삶답지 않은 삶이라면 살고 싶지가 않았기 때문이었고, 그리고 또한 불가피한 경우가 아니라면 내 소망을 포기하고 싶지가 않아서였다.[62]

소로는 미국 콩코드에 있는 월든 호숫가에서 몇 년 살았습니다. 그리 크지 않은 그 호수를 저도 찾아가 천천히 한 바퀴 걸은 적이 있습니다. 소로는 그곳 숲에 들어가 산 것은 인생을 생생하게 의식하며 살고 싶었고, 인생을 헛되게 살고 싶지 않았기 때문이라고도 말하네요. 이 문장이 우리를 잠시 멈춰 세웁니다. 우리 삶은 어떤가요? 모두가 숲으로 들어가 살 수는 없습니다. 개그맨들의 우스갯소리를 인용하자면, 그러면 소는 누가 키우겠습니까? 분주하게 사는 사람들에게는 제 이야기가 한가한 소리쯤으로 들릴 수도 있겠습니다. 하지만 분주할수록 시간을 마련하여 일상과 무관한 세계에 잠시 머물러야 합니다. 시인 문태준은 "오늘날에도 유형流刑이라는 형벌을 시행하는 국가가 있다면/ 나는 그 나라에 가 죄를 짓고 살고 싶다"[63]고 말합니다. 그런데 뜻밖에도 그가 갇히고 싶은 감옥은 철창살이 있는 곳이 아닙니다. 그는 풀잎 속에 갇히기를 원합니다. 벌레와 바위 속에 갇혀도 좋겠다고 말합니다. 시적 표현이라고는 하지만 왠지 그 마음을 알 것 같지 않나요?

저는 요즘 월요일이면 잠시라도 시간을 내서 공원을 걸으려 노력합니다. 며칠 전에는 원효로에서 연남동까지 이어지는 경의선숲길을 천천히 걷다가 홍제천에 이르러 돌아왔습니다. 느긋한 평화를 누렸습니다. 길을 걸을 때마다 반가운 얼굴들을 만나 두런두런 이야기 나누는 장면을 그려 보기도 합니다. 힘겨운 나날이지만 스스로 희망과 기쁨의 빛을 만드는 지혜를 발휘할 수 있으면 좋겠습니다. 그 빛으로 주변을 밝히면 더 좋겠고요. 주님의 은총 안에서 평안을 누리시길 빕니다. 안녕히 계십시오.

2021년 6월 3일

느림에 기대어

계획은 사람이 세우지만, 결정은 주님께서 하신다. 사람의 행위는 자기 눈에는 모두 깨끗하게 보이나, 주님께서는 속마음을 꿰뚫어 보신다. 네가 하는 일을 주님께 맡기면, 계획하는 일이 이루어질 것이다(잠 16:1-3).

주님의 은총과 평강이 교우 여러분과 함께하시기를 빕니다.

6월에 접어들면서 낮 기온이 상당히 높아졌습니다. 퇴근 무렵에도 낮 동안 달구어진 지열 때문인지 무척 덥습니다. 재킷을 벗어 들고 걷는 데도 땀이 흠뻑 뱁니다. 농부들은 보리 수확을 서두르고 있습니다. 그 자리에 모내기를 하는 이들도 있습니다. 땅을 가까이하고 사는 분들의 노동이 때로는 거룩하게 보이기도 합니다. 일확천금을 노리지 않기 때문일까요? 심는 대로 거둔다는 자연의 이치에 순응하여 사는 농부들이 부럽습니다. 심지 않은 것을 거두고, 다른 이들이 누릴 몫까지 전유하려는 이들이 많습니다. 안병무 선생은 함께 누려야 할 것을 사유화하는 것이 죄라고 말한 바 있습니다.[64]

"대박 나세요"라는 덕담 아닌 덕담이 유행하는 현실을 어떻게 이해해야 할지 모르겠습니다. 영끌해서라도 도심에 집을 사야 한다고 믿는 사람들의 불안감을 모르진 않지만, 그걸 어쩔 수 없는 현실이라고 모두가 인정해 버리는 세태가 안타깝습니다. 불안이 불길한 안개처럼 우리 삶을 뒤덮고 있습니다. 불안은 섬뜩한 낯섦으로 다가오기도 하지만, 슬그머니 스며들어 몸과 마음을 무겁게 만들기도 합니다. 나 홀로 뒤처질지도 모른다는 공포감에 사로잡히는 순간 이성적인 판단은 작동하지 않습니다. 세상이 무너질지도 모른다는 불안감을 안고 살았던 우화 속의 토끼 아시지요? 어느 날 토끼가 사과나무 아래서 낮잠을 자다가 사과 한 알이 툭 떨어지는 소리에 화들짝 놀라 깨어납니다. 전후좌우를 살필 겨를조차 없이 토끼는 세상이 무너졌다고 생각하고 전력을 다하여 질주합니다. 숲에 있던 다른 동물들도 토끼의 그 서슬에 놀라 함께 달리기 시작합니다. 아무도 왜 달려야 하는지 묻지 않았습니다. 기진할 정도로 달린 후에야 그들은 자기들이 왜 달렸는지 모른다는 사실을 깨닫습니다. 우화라고는 하지만 지금 우리 모습을 반영하고 있는 것은 아닌지 모르겠습니다.

잠시 멈추어 설 줄 알아야 합니다. 아메리카 원주민들은 말을 타고 달리다가 잠시 멈추곤 했다지요? 영혼이 따라올 시간을 주기 위해서라고 합니다. 어리석은 사람들의 미망이라고 치부하기에는 그 속에 깊은 진실이 있습니다. 분주함과 서두름 속에서는 지혜가 발생하기 어렵습니다. 가끔 시간에 쫓기는 듯한 느낌이 들 때면 책장에서 빼 드는 책이 몇 권 있습니다. 책장을 설렁설렁 넘기다가 밑줄이 그어진 부분에 눈길을 주곤 합니다. 오늘도 그중 한 권을 꺼내 천천히 페이지를 넘기다가 만난 구절들이 있습니다.

> 시간과 맞서 싸우려고만 하지 않고 시간을 자신의 편으로 만들고 싶은 자('시간은 내 편이다'라고 믿는 자)는 느림을 존중하고, 사랑하고 즐겨야만 한다.[65]

> 천천히 가지 않으면 가까이 있는 것과 당연한 것을 간과하게 된다. 인내심을 가진 자만이 마음을 열고 제대로 파악할 수 있다.[66]

> 느림은 무엇보다 사랑과 잘 맞는다. 전쟁에서 가장 중요한 덕목은 빠름이지만 사랑에서 (그리고 평화에서) 가장 중요한 것은 느림이다. 사랑은 느림에 의지한다. 바쁘고 일이 많으면 우리는 사랑을 잃게 되고 사랑은 노동이 된다. 시간이 있고 시간과의 전쟁을 잊을 때만 사랑받을 수 있고 사랑할 수 있다.[67]

시간의 여백을 마련하고 살자고 하면 사람들은 '참 한가한 소리 하고 있네!' 하는 표정으로 바라봅니다. 정말 그런 것일까요? 하나님의 속도는 얼마나 될까요? 출애굽 공동체는 천천히 걸어도 두어 달이면 갈 수 있는 가나안 땅에 들어가기까지 광야에서 40년을 지내야 했습니다. 전진과 후퇴를 반복했고, 애굽을 떠난 사람 가운데 가나안에 들어간 사람은 여호수아와 갈렙뿐이었습니다. 광야는 출애굽 공동체가 언약 백성으로 거듭나도록 훈련한 수도원이자 학교였습니다. 하나님의 속도에 맞추어 살려면 철저한 신뢰와 인내가 필요합니다.

언젠가도 말씀드린 기억이 있습니다만, 한국에서 거의 처음으로 유기농업을 시작한 분을 인터뷰한 글을 읽은 적이 있습니다. 벌써 30년 저편의 일입니다. 그는 화학 비료와 농약, 제초제를 일절 사용하지 않고, 퇴비를 만들어 밭에 뿌려 지력을 돋우려 했습니다. 어마어마한 노동력이 필요했습니다. 기자는 그 무모한 열정에 고개를 갸웃하고는, 그래서 수확은 많이 했냐고 물었습니다. 그러나 돌아온 대답은 기대와 달랐습니다. "망했지요, 뭐." 정확한 표현은 모르겠지만 대충 그런 뜻이었습니다. 처음에는 벌레가 들끓었고, 작물들도 크게 자라지 않았습니다. 3년째부터 형편이 조금 나아지기는 했지만 그래도 타산에 맞지는 않았습니다. 기자가 이제는 포기할 때가 된 것 아니냐고 묻자 그는 웃으며 대답했습니다. "나는 유기농법으로 농사를 짓는 게 하나님의 뜻이라고 믿습니다. 그런데 내가 망한다면 내 망신인가요? 하나님 망신이지요." 오래전에 읽은 이 이야기를 제가 잊지 못하는 까닭은 그 고집스러운 농사꾼이야말로 참 믿음을 보여 주고 있다고 생각했기 때문입니다. '하나님이 나를 망하게 하시지는 않을 거다. 설사 망한다 해도 나는 망한 것이 아니다. 그분 뜻대로 살았으니까.' 이런 강고한 믿음이 새로운 운동을 일으켰고, 지금은 그 뜻을 잇는 이들이 많아졌습니다.

지난 월요일과 화요일 양일간 아시아권 선교사들의 새벽 기도회에서 줌을 통해 설교를 했습니다. 200명가량이 동참했다고 들었습니다. 함께 기도하는 시간이 뜨거웠습니다. 선포된 말씀에 대한 응답은 물론이고 선교사들이 직면한 다양한 어려움을 두고 하나님께 기도를 올렸습니다. 채팅 창에 올라온 기도 제목을 보며 꽤 많은 선교사가 코로나19로 사망했다는 사실을 확인하고 큰 충격을 받았습니다. 복음의 빚진 자 되어 이국땅, 언어와 기후, 풍토와 문화 등 모든 게 낯선 땅에서 그리스도의 마음을 품고 사람들을 섬기다가 속절없이 쓰러진 이들과 그 가족을 위해 드리는 기도는 절박할 수밖에 없었습니다.

이틀 연속으로 50분 정도 진행된 질의응답 시간도 유익했습니다. 한국 교회가 보수와 진보로 갈라지는 현실을 어떻게 타개할지, 팬데믹 상황 이후 실추된 교회 이미지를 회복하려면 어떤 노력을 해야 하는지, 편협한 성경 해석에서 벗어나려면 어떤 훈련이 필요한지, 예수님을 15명의 선지자 중 하나로 인정하되 구원자로 받아들이지 않는 모슬렘에게 어떻게 예수를 전해야 하는지…. 늘 생각하는 주제면서도 정답을 말하기 어려운 질문들이었지만 성심껏 대답하려고 애썼습니다.

다른 종교가 우세한 지역에서 제도로서의 기독교와 그 교리를 전파하려 할 때는 늘 심각한 문제가 발생합니다. 그러나 예수 정신으로 사는 이들을 마다할 이들은 아무도 없을 것입니다. 가난과 고통 속에 허덕이는 이들의 설 땅이 되어 주고, 누군가의 은결든 마음을 깊은 공감으로 다독이고, 그들 속에 있는 존엄함을 있는 그대로 존중해 주는 이를 싫어할 사람은 없을 것입니다. 요하네스 호켄다이크Johannes Hoekendijk라는 선교신학자는 선교를 가리켜 '매력의 감염'이라 말했습니다. 견지망월見指忘月이라는 말이 있습니다. 달을 보라고 가리켰더니 손가락만 바라보더라는 말입니다. 인간의 어리석음을 지적하는 표현이지만, 어쩔 수 없는 현실이기도 합니다. 예수를 전하는 이들이 매력적이지 않다면, 우리가 소개하려는 예수님에 대한 관심이 일어날 리 없습니다.

그러나 현지인들을 대상으로 하는 사역 현장에서 겪는 갈등을 어떻게 풀어야 하는지 묻는 말에는 답할 말이 없었습니다. 선교사들의 선의를 이용해 자기 이익을 취하려는 사람들에게 받은 상처가 많은 것 같았습니다. 어쩌면 선교 현장에서 비일비재하게 일어나는 일인지도 모르겠습니다. 프랑스인들이 가장 존경한다는 피에르 신부Abbé Pierre, Henri Groués는 어린 시절에 아버지를 따라 봉사 현장에 가서 겪은 일을 들려준 바 있습니다. 기억이 분명치는 않습니다만, 아버지는 빈민들이 사는 지역에 가서 이발 봉사를 하곤 했습니다. 앙리가 아버지를 따라간 날, 공교롭게도 한 사람의 머리카락이 이발 기계에 끼었고, 고통을 느낀 그는 상스러운 욕설을 퍼부었습니다. 어린 앙리에게 그것은 충격이었습니다. 집으로 돌아오는 길, 앙리는 뭐 하러 고마워할 줄도 모르는 사람들을 위해 일하냐고 아버지에게 물었습니다. 그러자 아버지는 "봉사할 자격을 얻기까지는 많은 시간이 필요한 법이란다"라고 말했습니다. 선교사들에게

이 이야기를 들려드렸습니다. 선의가 선의로 응답받지 못할 때도 여전히 그 일을 지속할 힘이 있다면 그는 행복한 사람이 아닐까요?

꽤 오랫동안 비대면 예배를 지속해 왔습니다. 6월 20일부터 현장 예배를 재개하려 합니다. 감염자가 획기적으로 줄고 있진 않지만, 많은 사람이 백신 접종을 받았고, 교회 안에서 지켜야 할 예방 수칙을 다들 적극적으로 지키고 있기 때문입니다. 교우들과 만날 날을 설렌 마음으로 기대하고 있습니다. 고요하되 마음이 담긴 찬양이 예배당에 울려 퍼지는 시간이 그립습니다. 부디 몸과 마음 두루 건강하시기를 빕니다.

2021년 6월 10일

자그마한 나무 그늘

얼굴이 바로 푸른 하늘을 우러렀기에
발이 항시 검은 흙을 향하기 욕되지 않도다.[68]
_정지용

주님이 주시는 은총과 평화가 여러분에게 있기를 빕니다.

이제 며칠 후면 하지입니다. 계절이 아주 빠르게 여름으로 바뀌고 있습니다. 많은 분이 청명한 하늘 풍경을 사진에 담아 보여 주시길래 목회실 식구들도 점심 식사 후에 밖으로는 나가지 못하고 지붕에 올라가 남산 쪽을 바라보았습니다. 교회 십자가 탑, 햇빛 발전소, 남산 타워로 연결되는 풍경이 아름다웠습니다. 맑은 대기 속에 머물다 보면 마음까지 절로 환해집니다. 한동안 거기 머물렀더니 지붕의 열기가 보통이 아니었습니다.

낮에 조금 움직이다 보면 저절로 그늘을 찾게 됩니다. 뙤약볕 아래서 오래 걸어 본 사람이라면 한 줌 그늘이 주는 위로가 자못 깊다는 것을 다 알 겁니다. 시골 마을 어귀에 있는 느티나무 그늘이 떠오릅니다. 그 밑에 평상이라도 마련되어 있으면 길을 가던 사람들이 잠시 다리쉼을 하다 가기도 하고, 이웃이라도 만나면 이야기꽃을 피우기도 합니다. 나무는 마음에 드는 사람과 안 드는 사람을 가리지도 않고, 잔소리를 늘어놓지도 않으면서 품을 열어 모든 이를 안아 줍니다. 북한산에는 제가 좋아하는 귀룽나무가 있습니다. 산 입구에서 그리 멀지 않은 곳에 있지만, 그늘이 좋아 언제나 그 아래 머물다 가곤 합니다. 나뭇잎 사이로 쏟아지는 햇살이 아름답습니다. 새소리와 흐르는 물소리에 귀를 기울이노라면 어느새 울울함은 스러지고 평화로운 느낌이 배어듭니다.

나무 그늘 같은 사람이 되고 싶습니다. 늘 시뜻한 표정을 지으며 부정적인 말을 늘어놓는 사람들 속에 머물면 저절로 힘이 빠집니다. 가르는 말, 다그치는 말, 성내는 말, 빈정거리는 말, 을러대는 말, 모욕하는 말, 새된 소리에서 벗어나고 싶습니다. 도시에 살면서 그런 말에서 벗어나기란 여간 어려운 일이 아닙니다. 세계-내-존재인 인간은 우리를 둘러싼 여러 조건의 영향을 받지 않을 도리가 없습니다. 우리는 스스로 의식하든 의식하지 못하든 주변에 있는 이들의 삶에 영향을 끼치게 마련입니다. 우리 표정과 말씨, 그리고 행동 하나하나가 가족이나 이웃의 환경이 된다는 말입니다. 주변에 마음 따뜻한 이들이 많으면 우리 마음 또한 맑아지지만, 늘 우는소리를 하는 이들이 많으면 맥이 빠집니다. 이웃 사랑의 기본은 다른 이들의 좋은 환경이 되는 것이라는 생각이 듭니다.

지난 월요일 목회자들 모임에서 생각을 나눌 기회가 있었습니다. 줌을 통한 강의였기에 친밀하게 소통할 수는 없었지만, 그 모임을 주선한 이와 잠시 안산 자락 길을 걸었습니다. 좋아하는 사람과 느긋하게 걷는 시간은 치유의 시간이 되기도 합니다. 산뽕나무에 매달린 오디, 풀숲에 숨어 열린 뱀딸기에 저절로 눈길이 갔습니다. 느긋한 평화가 그곳에 있었습니다. 사람들로 복닥거리는 도심에서 조금만 벗어나도 고요함을 누릴 수 있음을 왜 잊고 사는지 모르겠습니다. 김소월의 〈바라건대는 우리에게 우리의 보섭대일 땅이 있었더면〉이라는 시가 떠올랐습니다.

> 나는 꿈을 꾸었노라, 동무들과 내가 가지런히
> 벌 가의 하루 일을 다 마치고
> 석양에 마을로 돌아오는 꿈을,
> 즐거이, 꿈 가운데.[69]

삶의 무게에 짓눌린 사람들이라면 누구나 이런 꿈을 품게 마련입니다. 그러나 이런 한가로운 평화는 좀처럼 주어지지 않습니다. 이 시에는 집을 잃어 떠돌 수밖에 없는 사람, 보습을 댈 땅 한 평 없는 사람의 쓸쓸함이 배어 있습니다. 일제 강점기에 살던 많은 이들의 경험이 그렇게 시적으로 형상화된 것이겠지요. 하지만 현실이 그렇다 하여 시인은 절망하지 않습니다. 가느다랗게 이어지는 길이라 해도, 한 걸음 한 걸음 앞으로 나아가겠노라고 다짐할 뿐입니다. 제법 이런 시를 떠올리며 걷다가 다리쉼을 하던 참에 동행한 목사님이 자기 삶에 잊을 수 없는 이정표가 된 이야기를 하나 들려주었습니다.

처음 지방의 소읍으로 목회를 나갔을 때 일입니다. 평소에 늘 마음으로 따르던 목사님 한 분이 지리산에 가던 참에 그를 만나러 잠시 들렀습니다. 이런저런 이야기를 나누다가 성삼재까지 차로 모셔다드리고, 그는 돌아서야 했습니다. 그날이 마침 수요일이었기 때문입니다. 수요 집회를 마치니 늦은 밤이 되었습니다. 성삼재까지 다시 올라가 약속했던 산장까지 홀로 걷는 길은 호젓하다기보다는 괴괴했습니다. 두 시간여 무서움을 달래며 걷는 데 저만치 산장의 불빛이 보였습니다. 밤 10시가 넘어 실내등은 다 꺼지고 외등 하나만 밝혀져 있었습니다. 그런데 그 아래로 작은 불빛 하나가 왔다 갔다 하는 게 보였습니다. 선배가 홀로 산길을 걸어올 후배를 기다리며 서성거리고 있었던 것입니다. 그 불빛이 그렇게 반갑고 고마울 수가 없었습니다. 그 밤에 두 사람은 계곡에서 두런두런 이야기꽃을 피웠습니다. 그날 보았던 그 불빛이 그의 마음에 쑥 들어왔고, 그날 이후 그는 그 선배를 선생님으로 생각하며 살았습니다.

누군가가 나를 기다려 주고 마중까지 나와 준다는 것이 때로는 큰 격려처럼 여겨질 때가 있습니다. 존중받고 있다는 느낌, 홀로 동떨어진 자리에 있지 않아도 된다는 느낌이 참 중요합니다. 성경에 나오는 다양한 마중과 배웅의 이야기가 떠오릅니다. 아브라함은 마므레 상수리나무 곁에 있는 장막 어귀에 앉아 있다가 낯선 세 사람을 발견하고는 달려 나가 땅에 엎드려서 절을 하며 그들을 맞이합니다. 손님을 신이 보낸 존재로 여기던 유목민의 전통 때문이었는지 모르겠습니다. 아브라함은 그들을 귀한 손님으로 맞이합니다. 물과 먹을 음식을 장만하겠다면서 "좀 잡수시고, 기분이 상쾌해진 다음에 길을 떠나시기 바랍니다"(창 18:5)라고 말합니다. 저는 이 구절과 만난 이후에 마음에 소망 하나를 품게 되었습니다. 가급적이면 나를 찾아온 이들이 마음이 상쾌해져 돌아가게 하고 싶다는 소망입니다. 잘하고 있는지는 모르겠지만, 더러 이 구절을 떠올리곤 하는 건 사실입니다.

소돔 성에 살던 롯도 낯선 이들을 자기 집으로 맞아들였습니다. 히브리서는 나그네 대접하기를 소홀히 하지 말라면서 "나그네를 대접하다가, 자기들도 모르는 사이에 천사들을 대접"(히 13:2)한 사람들이 있다고 말합니다. 어쩌면 머리로 롯을 그리고 있었는지도 모르겠습니다. 소설가 이승우 선생은 《사랑이 한 일》이라는 책에서 롯이 나그네들을 영접한 경위를 유추해 봅니다. 도시적 삶에 이끌려 소돔에 정착한 지 꽤 오랜 시간이 흘렀지만, 소돔 사람들은 그를 뜨내기로 취급할 뿐, 자기들의 일원으로 인정하려 하지 않았습니다. 동료로 받아들여지지 않는 것처럼 쓸쓸한 일이 또 있을까요? 귀속에 대한 열망은 번번이 좌절되었습니다. 이승우는 롯이 경험했을 법한 일을 이렇게 그립니다.

그런데도 그는 그 땅의 구성원으로 인정받지 못하고 있었다. 그가 그 도시에 스며들지 않은 것이 아니라 그 도시 사람들이 그를 스며들지 못하게 했다. 그가 그 도시 사람들을 거부한 것이 아니라 도시 사람들이 그를 받아들이지 않았다. 아무 일 없을 때는 영역 안의 일원처럼 대했지만 무슨 일이 있을 때는 영역 밖의 외부인으로 간주했다.[70]

롯이 나그네들을 따뜻하게 영접한 이유는 따돌림의 아픔을 겪어 보았기 때문인지도 모르겠습니다. 토라도 같은 이야기를 들려줍니다. "너희는 너희에게 몸붙여 사는 나그네를 억압해서는 안 된다. 너희도 이집트 땅에서 나그네로 몸붙여 살았으니, 나그네의 서러움을 잘 알 것이다"(출 23:9).

여러 이야기가 떠오르지만, 어쩌면 여러분에게 조금 낯선 성경의 인물을 소개하고 싶습니다. 바르실래라는 사람입니다. 길르앗 사람인 바르실래는 다윗 왕이 아들 압살롬의 반란으로 피난길에 올랐을 때, 다윗을 따뜻하게 맞아 주었습니다. 세상 인심이 압살롬에게 넘어가는 참이었지만, 다윗 일행에게 꼭 필요한 것들을 가지고 왔습니다. 침대와 이부자리, 대야와 질그릇, 밀과 보리와 밀가루, 볶은 곡식, 콩, 팥, 볶은 씨, 꿀, 버터, 양고기, 치즈 등이었습니다(삼하 17:27-29). 다윗에게 설 땅이 되어 준 셈입니다. 세상이 모두 내게 등을 돌리는 것 같은 때, 가까이 다가와 꼭 필요한 것들을 제공해 주는 사람이 하나만 있어도 삶의 용기를 회복할 수 있습니다. 다윗에게 바르실래가 그런 사람이었습니다.

누가복음 15장에 나오는 아버지도 떠오릅니다. 자기 몫으로 돌아올 유산을 미리 달라고 했던 아들, 방탕한 생활 끝에 거지 꼴이 되어 돌아오는 아들을 먼발치에서 본 아버지는 그냥 그 자리에 머물러 있을 수 없었습니다. "그가 아직도 먼 거리에 있는데, 그의 아버지가 그를 보고 측은히 여겨서, 달려가 그의 목을 껴안고, 입을 맞추었다"(눅 15:20). 참 이상하지요. 이 장면을 떠올릴 때마다 "아직도 상거가 먼데"라는 개역한글판의 번역이 뇌리에 스칩니다. 상거相距는 '서로 떨어진 거리'를 뜻하는 한자어입니다. 그 낯선 표현이 주는 생경함이 부자의 재회를 더 도드라지게 만든 것인지도 모르겠습니다.

또 하나 잊을 수 없는 것은 주님의 십자가 처형 이후 갈릴리로 돌아간 제자들을 찾아오신 예수님의 모습입니다. 디베랴 바닷가에서 주님은 밥상을 차려 놓고 제자들과 만나셨습니다. 마중이라 해도 좋고 다가섬이라 해도 좋습니다. 다가섬은 말보다 더 많은 이야기를 품고 있습니다. 적대적 시선이 넘치는 세상에 사느라 우리는 지쳤습니다. 불쾌한 일을 피하려고 우리는 거리에서 곁을 스쳐 지나가는 이들에게 눈길을 주지 않습니다. 이런 현실 속에서 누군가를 진심으로 환대한다는 것은 쉽지 않은 과제임이 분명합니다. 그래도 주님이 우리를 따뜻하게 맞아 주셨던 것처럼, 우리도 다른 이들을 따뜻하게 맞아들일 수 있으면 좋겠습니다. 어두운 밤 산길에서 만난 깜빡이는 불빛 하나가 위안인 것처럼, 이 냉랭한 세상에서 우리를 기다려 주는 사람이 하나쯤 있다면, 형편이 아무리 힘겨워도 다시 살아갈 힘을 낼 수 있지 않겠습니까?

이번 주일부터 교회 문을 열고 여러분을 기다리겠습니다. 아직은 제한된 인원만 입장이 가능하지만, 이렇게라도 다시 시작할 수 있어 다행입니다. 기쁨과 설렘으로 이 주간을 보내겠습니다. 하루하루 건강 잘 살피시고, 지친 이웃들의 작은 그늘이 되어 주십시오. 그 환대의 자리에서 문득 주님의 그림자를 보게 될지도 모릅니다. 평화를 빕니다.

2021년 6월 17일

포플러 이파리가

내 당신의 곁에 가기만 해도
내 자신이 이미 아니리만큼 당신 위대하십니다.
당신은 너무도 어두우시와, 내 하찮은 밝음조차
당신의 가장자리에선 의미도 없습니다.[71]
_라이너 마리아 릴케

주님의 은총과 평화를 기원합니다.

무탈하신지요? 워낙 예기치 않은 일들이 많이 벌어지는 세상이기에 이런 질문을 드리는 것도 조심스럽기만 합니다. 교우들 가운데는 어려운 시간을 보내고 있는 분들도 계십니다. 건강의 어려움을 겪는 분들이 많습니다. 느닷없는 중병 선고는 삶의 기반을 사정없이 흔들기도 합니다. 함께 기도를 드리고, 별일 없이 잘 극복하실 거라고 격려하지만, 당사자가 느끼는 혼돈과 두려움을 누가 다 이해할 수 있겠습니까? "네가 물 가운데로 건너갈 때에, 내가 너와 함께 하고, 네가 강을 건널 때에도 물이 너를 침몰시키지 못할 것이다. 네가 불 속을 걸어가도, 그을리지 않을 것이며, 불꽃이 너를 태우지 못할 것이다"(사 43:2). 이사야가 들려주는 이 약속을 굳게 붙잡으라고 권면할 뿐입니다.

지난 주일에 교회에 오신 교우들을 보며 '이제는 예배당이 외롭지 않겠구나' 하는 생각이 들었습니다. 무정물인 공간이 무슨 감정이 있겠습니까? 빈 곳을 눈길로 더듬곤 했던 제 마음의 풍경이 공간의 외로움으로 느껴졌던 것이겠지요. 주일을 준비하며 묘한 설렘에 사로잡혔습니다. '길들이다'라는 말의 의미를 묻는 어린 왕자에게 여우는 길들인다는 것은 관계를 맺는다는 것이고, 관계를 맺기 위해서는 시간을 들여야 한다고 말합니다. 어린 왕자가 자기를 길들이면 일어날 일도 들려줍니다.

> 난 다른 모든 발소리와는 다른 한 가지 발소리를 분간할 수 있게 될 거야. 다른 발소리를 들으면 난 얼른 굴속으로 들어가겠지. 그렇지만 네 발소리를 들으면 마치 음악 소리를 들은 듯이 굴 밖으로 뛰쳐나올 거야. 그리고 저길 봐! 저기 밀밭이 보이지? 난 빵을 먹지 않아. 밀은 나한테 아무 소용이 없어. 밀밭을 보아도 머리에 떠오르는 게 아무것도 없거든. 그건 서글픈 일이지! 하지만 너는 금빛 머리카락을 가졌어. 그러니 네가 나를 길들인다면 멋질 거야! 금빛으로 무르익은 밀을 보면 네 생각이 날 테니까. 그럼 난 밀밭을 지나가는 바람 소리도 사랑하게 될 거야.[72]

어쩌면 우리 신앙생활의 한 부분은 서로를 길들이는 것인지도 모르겠습니다. 여우는 아니지만 한 명 두 명 교우들이 교회 마당으로 발걸음을 옮기는 모습을 바라보면서 묘한 설렘이 일었습니다. 감상적이라고 웃으셔도 할 수 없습니다. 우리 속에는 스스로는 채울 수 없는 공허함이 있습니다. 그 공허함은 한 길을 가는 벗들의 우정으로만 채울 수 있습니다. 꽤 많은 이가 온라인 예배의 유용함과 편리함을 이야기합니다. 오가는 시간을 절약할 수 있어 좋다고도 말합니다. 그렇게 생긴 여유 시간을 즐길 수 있다니 다행이긴 합니다. 그래도 저는 가급적이면 즐겁게 불편을 선택하라고 권하고 싶습니다. 교회에 가기 위해 일찍 일어나고, 옷을 갖춰 입고, 먼 길을 나서는 것은 번거로운 일입니다. 그러나 그런 번거로운 과정이야말로 우리 마음을 하나님께 비끄러매는 일이 아닐까요?

레위기의 제사법을 보면서 어떤 생각이 드세요? 제물을 바치는 과정이 참 번거롭구나 싶지요? 제사를 바치는 사람은 성전에서 스스로 제물을 잡아야 했습니다. 제물의 피를 받아 제단 둘레에 뿌리는 것은 제사장들의 일이었지만, 제물의 가죽을 벗기고, 저미고, 내장과 다리를 물로 씻는 것은 봉헌자의 몫이었습니다. 살아 있는 생명의 숨을 거두는 것처럼 긴장되고 꺼림칙한 일이 또 있을까요? 그 과정을 거치는 동안 봉헌자는 삶과 죽음에 대해 깊이 생각하게 되었을 것입니다.

곡식 제물을 바치는 일도 마찬가지입니다. 고운 밀가루를 바치려면 얼마나 많은 수고가 필요했을까요? 요즘처럼 방앗간에서 빻아 주는 것도 아니니, 아마도 절구에 밀을 넣고 공이로 찧고 또 찧었을 겁니다. 그리고 체질을 통해 거친 것들을 골라내고, 거기에 기름을 붓고 소금을 치고 향을 얹어서 바쳐야 했습니다. 그런데 가만히 생각해 보면 그 과정을 통해 곱게 빻아지는 것은 봉헌자의 마음이 아니었을까 싶습니다.

　문득 어린 시절이 떠오릅니다. 제 아버지와 어머니는 평생 농사꾼으로 사셨습니다. 많진 않았어도 논농사와 밭농사를 짓느라 한가한 시간이 거의 없었습니다. 농한기라도 겨울철에는 필요한 가마니나 돗자리를 짜는 일에 많은 공을 들였습니다. 여름은 참 풍요로운 계절입니다. 토마토, 참외, 수박이 때맞춰 익어 가고, 가지와 오이도 지천이었습니다. 토마토나 참외가 익을 무렵이 되면 어린 저는 날마다 밭에 나가 초록색 토마토 열매가 먹음직스러운 붉은 색을 띠는 모습과 참외가 노랗게 익어 가는 모습을 즐겁게 지켜봤습니다. 며칠 후면 먹을 수 있겠구나 싶어 설레기도 했습니다. 그런데 어느 날 아침 졸린 눈을 비비며 토마토와 참외를 살피러 밭에 나갔다가 큰 충격을 받았습니다. 밤사이 감쪽같이 사라져 버린 것입니다. 나중에야 자초지종을 알고 얼마나 서운했는지 모릅니다. 어머니가 새벽 기도회에 가면서 열매를 따다가 목사님께 드렸던 것입니다. '목사님'은 어린 시절 저의 적이었습니다. 내가 누려야 할 몫을 가로챈 사람 같았기 때문입니다. 그랬던 제가 이렇게 목사로 평생을 살고 있으니 사람 일 정말 모를 노릇입니다.

　주일을 맞이하기 전 어머니가 늘 하던 일은 꼬깃꼬깃한 지폐를 다리미로 펴는 것이었습니다. 인두를 사용할 때도 있었고, 다리미에 숯을 담아 사용할 때도 있었습니다. 굳이 그렇게 할 필요가 있나 싶었지만, 바로 그런 준비 과정 자체가 어머니의 예배였습니다. 분주함 속에서 허둥거리는 현대인들에게 그 시절의 이야기는 신화적 세계에 속한 것처럼 들릴지도 모르겠습니다. 하지만 참된 예배는 그렇게 바쳐졌습니다.

즐겁게 불편을 선택하자는 이야기를 하다가 이야기가 이렇게 흘러왔네요. 이번 주까지는 많지 않은 인원만 예배당 입장이 허용됩니다. 그러나 7월 첫째 주부터는 상황이 조금 달라집니다. 백신 접종을 하고 2주가 지난 사람은 20퍼센트 제한에 상관없이 예배에 참석할 수 있습니다. 1미터쯤 거리를 두고 앉아야 하는 건 당연합니다. 변이 바이러스가 유행할 조짐이라고 하니 더욱 조심해야겠습니다. 그래도 예배당에서 울려 퍼지는 찬양 소리를 들을 수 있으니 얼마나 다행인지요?

요즘 교회 학교 교사들은 여름 성경 학교를 어떻게 진행해야 할지 많이 고심하고 있습니다. 한꺼번에 모일 수 없기에 대안을 마련하는 중입니다. 가끔 비가 내리긴 하지만, 요즘 말갛게 갠 하늘과 간간이 떠 있는 구름을 보노라면 저절로 "흰 구름 뭉게뭉게 피는 하늘에 아침 해 명랑하게 솟아오른다"[73]로 시작되는 여름 성경 학교 교가가 떠오릅니다. 요즘은 이 곡을 많이 부르지 않는다고 하더군요. 이 곡을 흥얼거리노라면 순수하고 순박했던 시절이 저절로 떠오릅니다.

지난 월요일 아내와 경의선숲길을 걸었습니다. 양옆으로 포플러나무가 우거진 길을 걷고 싶었기 때문입니다. 그러나 나무는 앙상하게 전지되어 볼품이 없었습니다. 꼭 저렇게까지 잘라야 하나, 속으로 투덜거리지 않을 수 없었습니다. 그래도 아내는 흥이 났는지 "미루나무가 포플러지요?"라고 물으며 어린 시절에 부르던 동요를 흥얼거렸습니다.

미루나무 꼭대기에 조각구름 걸려 있네
솔바람이 몰고 와서 살짝 걸쳐 놓고 갔어요[74]

모든 것이 노골적이기만 한 시대에 살고 있기 때문일까요? "살짝 걸쳐 놓고 갔다"는 노랫말이 참 정겹습니다. 왠지 이런 노래를 부르면 영혼이 깨끗해질 것 같은 느낌이 듭니다. 옆지기가 이런 노래도 부르더군요.

포플러 이파리는 작은 손바닥
잘랑잘랑 소리 난다 나뭇가지에
언덕 위에 가득 아 저 손들
나를 보고 흔드네 어서 오라고[75]

비슷한 유년 시대를 거쳤을 텐데 이 곡은 제 기억 속에 전혀 없습니다. 아내도 정말 오랜만에 이 곡을 떠올렸을 겁니다. 그래도 그 가사를 다 떠올리는 것을 보면 그의 정서의 원형 속에 무엇이 자리 잡고 있는지 얼추 짐작할 수 있을 듯했습니다. 엉뚱한 이야기를 했군요. 삶이 무겁고 힘겨우니 가끔 일부러라도 시간을 마련하여 이런 가벼운 일상도 즐겨 보라는 뜻에서 한 말입니다.

여러분과 동행이 되어 참 기쁩니다. 팬데믹 상황에서도 우리 공동체의 일원이 되신 분들을 진심으로 환영합니다. 우리가 함께 만들어 가는 삶의 이야기가 하나님의 구원 이야기의 일부가 되기를 빕니다. "내 아버지께서 이제까지 일하고 계시니, 나도 일한다"(요 5:17) 하신 예수님의 말씀처럼, 우리가 머무는 삶의 자리가 곧 하나님의 일을 수행하는 자리가 되었으면 좋겠습니다. 몸과 마음 두루 건강하길 빕니다. 안녕히 계십시오.

2021년 6월 24일

따뜻한 바라봄

> 어찌하여 너는 남의 눈 속에 있는 티는 보면서,
> 네 눈 속에 있는 들보는 깨닫지 못하느냐? 네
> 눈 속에는 들보가 있는데, 어떻게 남에게 말하
> 기를 '네 눈에서 티를 빼내 줄테니 가만히 있거
> 라' 할 수 있겠느냐? 위선자야, 먼저 네 눈에서
> 들보를 빼내어라. 그래야 네 눈이 잘 보여서, 남
> 의 눈 속에 있는 티를 빼 줄 수 있을 것이다(마
> 7:3-5).

주님의 은총과 평화가 함께하시기를 빕니다.

일기가 고르지 않아 생활에 불편이 큽니다. 불볕더위에 시달
리지 않아 다행이기는 하지만, 푸른 하늘만 믿고 우산 없이 외
출했다가 비를 만나기 일쑤입니다. 이제 장마철이 다가온다니
정신을 더욱 바짝 차려야 할 것 같습니다. 캐나다 서부 지역 온
도가 거의 50도에 육박하고 있다는 소식을 들었습니다. 아마
도 초유의 일이 아닐까 싶습니다. 지구가 몸살을 앓고 있습니
다. 기후 위기를 지적하는 목소리는 많지만, 불편함을 자발적
으로 선택할 용기를 내는 이들은 아직 많지 않은 것 같습니다.

이제는 정말 시간이 얼마 남지 않았습니다.

장마가 시작되기 전에 교회 지붕 수리를 마쳐서 다행입니다. 지붕을 덮은 패널의 낡은 페인트를 벗겨 내고 새롭게 도색했고, 곳곳에 난 틈을 메우고 방수 처리를 했습니다. 위험 요소를 줄이기 위해 다각도로 애쓰고 있습니다만, 그래도 완벽할 수는 없는 것이 사람인지라 긴장한 채 여름을 맞이하고 있습니다. 사용하지 않은 지 일 년 반이 넘은 지하 친교실에 내려가면 서늘한 기운이 느껴집니다. 환기하면서 교우들을 맞이할 준비를 하지만, 그 공간이 정겨운 이야기 소리로 가득 찰 날이 언제일지는 가늠할 수 없습니다.

7월에 접어들면서 모임에 대한 제한이 조금씩 풀리고 있습니다. 다행이다 싶으면서도 확진자가 오히려 느는 상황이 걱정스럽습니다. 백신 접종이 재개되면 상황이 나아질지 모르겠지만, 지금은 여전히 위기의 시간입니다. 예배 참석 인원을 조금씩 늘려 가려 하지만, 각자가 방역에 온 힘을 다해야 할 것 같습니다. 호흡기 증상이나 열이 조금이라도 있다면, 당분간은 가정에서 예배를 드리는 것이 좋겠습니다. 믿는 이들이 예배를 위해 모인 장소가 곧 교회입니다. 이사야는 주님의 뜻대로 살지 않으면서 형식적인 예배에 집착하는 무리를 무섭게 질타했습니다. "너희가 나의 앞에 보이러 오지만, 누가 너희에게 그것을 요구하였느냐? 나의 뜰만 밟을 뿐이다!"(사 1:12) 가끔 이 말씀 앞에서 모골이 송연해지는 느낌을 받을 때가 있습니다. 삶이 배제된 신앙 고백은 허위에 불과합니다. 어려운 시절일수록 예배를 드릴 때는 외경심을 잃지 않도록 조심해야 합니다.

몸과 마음이 두루 피곤할 때면 가벼운 마음으로 펼쳐 드는 책이 몇 권 있습니다. 엊그제부터 서울대학교 국어국문학과 교수인 박희병의 《엄마의 마지막 말들》을 곁에 두고 아무 데나 펼쳐 읽고 있습니다. 이미 《선인들의 공부법》, 《연암을 읽는다》 등의 책을 통해 익숙한 저자입니다만, 이번 책은 좀 특별합니다. 제목에 담긴 '엄마'라는 말은 친숙하면서도 낯섭니다. 초로의 아들이 구순에 이른 어머니를 엄마라고 지칭하는 일은 별로 없거니와 그런 호칭이 제목에 활용되었다는 사실도 뭔가 새로운 정서를 환기하는 것 같습니다. 그의 어머니는 2018년 10월부터 말기암과 알츠하이머성 인지저하증에 시달리다가 꼭 일 년 후에 세상을 떠났습니다. 저자는 학교에 휴직계를 내고 어머니 곁을 지키는 데 전념했습니다. 어머니는 기억이 흐리마리한 중에도 최소한의 주체성을 놓지 않았습니다.

그는 어머니의 말을 한마디도 놓치지 않으려고 애쓰며 그것을 기록으로 남겼습니다. 전후 맥락이 분명치 않고, 때로는 의미 없는 말처럼 보였지만, 그에게는 그렇지 않았습니다. 그는 어머니의 말이 의미가 없는 것이 아니라 해독되지 못하고 있을 뿐임을 알았기에, 단편적으로 발화되는 말에 깃든 어머니의 마음을 읽으려 노력했습니다. 어떻게 보면 매우 사적인 경험입니다. 그러나 아들은 그것을 공적인 의미가 있는 말로 바꾸어 놓습니다. 어머니의 말에는 중층의 경험과 역사가 깃들어 있었기 때문입니다. 예를 들어볼까요?

"이 닦았나?"

"네 이가 희어졌다."

사정을 알지 못하는 우리에게는 별 의미 없는 말처럼 들립니다. 그러나 이 말에는 어머니의 회한과 아픔이 배어 있습니다. 어머니는 작은아들의 이는 교정해 주었지만, 가정 형편상 큰아들의 이를 교정해 주지 못한 것이 늘 마음에 걸렸던 것 같습니다. 아들의 이가 고르지 않고 희지 않은 것은 자신이 어머니로서 역할을 다하지 못한 탓이라는 생각을 떨쳐 내지 못했습니다. "네 이가 희어졌다"는 말은 어떻게든 그 회한을 풀고 싶은 어머니의 바람을 나타낸 것일 겁니다. "춥다. 목도리 하고 다니라." 박희병 교수는 이 말에 깃든 어머니의 마음을 이렇게 읽어 냅니다.

> 나를 보는 엄마의 시선, '근심'과 '걱정'의 시선이 느껴지는 말이다. 근심과 걱정은 엄마가 아프시기 전에도 늘 갖고 계시던 것이지만 병원에 계시면서 더 커지고 더 뚜렷해진 듯하다. 생활과 의식이 극도로 제한되고 단순화된 결과일 것이다. 그래서 엄마의 눈에는 초로의 노인인 내가 더욱 '아이'로 보인 듯하다.[76]

어머니의 말을 다 받아 적고 그 의미를 해독하려고 애쓴 끝에 박희병 교수는 어머니의 말들을 이렇게 정리합니다.

> 엄마는 죽어가면서도 평생 늘 해오신 말들을 했고 늘 해오신 걱정들을 했으며 늘상 눈을 주곤 했던 대상들에 눈을 주셨다. 엄마 평생의 사랑의 방식은 죽어가는 과정에도 관철

되었다. 나는 이 점을 감동적으로 지켜봤다.[77]

생각해 보면 우리가 일상적으로 하는 말이 우리가 누구인지를 말해 줍니다. 우리가 늘 보는 것과 생각하는 것이 언어화되어 나타나게 마련입니다. 오늘 우리가 사용하는 언어를 돌아볼 필요가 있습니다.

누군가가 나를 유심히 살피고 염려해 줄 때, 너무 노골적이지 않지만 따뜻하고 섬세한 눈길을 느낄 때 우리는 치유 받는다는 느낌을 받기도 합니다. 가끔 손녀들이 집에 오면 아이들은 신나게 놀다가도 소파나 서재 의자에 앉은 저의 얼굴을 가만히 살핍니다. 할아버지 얼굴에 생긴 주름이며, 성긴 머리카락, 얼굴에 생겨난 검버섯, 더러더러 보이는 흰 눈썹까지 헤아리며 안타까워합니다. 제 얼굴을 그렇게 똑바로 자세히 들여다보는 사람은 그 아이들이 전부일 겁니다. 따뜻한 바라봄은 따뜻한 관계를 만듭니다. 그리고 따뜻한 언어는 새로운 삶의 분위기를 만듭니다. 미국의 가톨릭 노동 운동가였던 도로시 데이Dorothy Day의 전기를 쓴 로버트 콜스Robert Coles는 도로시라는 사람의 사람됨을 이렇게 소개합니다.

도로시 데이는 끊임없이 사람들을 주의 깊게 살폈고 끊임없이 그들과 엮여 들어갈 준비가 되어 있었으며, 잠시 동안이라 할지라도 그들이 그녀 삶의 한 부분을 차지하게 할 마음의 준비가 되어 있었다.[78]

이용하기 위해서나, 또는 꽤 괜찮은 사람이라는 칭찬을 받기 위해서가 아니었습니다. 도로시 데이는 자기 앞에 서 있는 이들을 하나님이 보내신 사람으로 여겼던 것 같습니다. 그 따뜻함을 경험한 사람들은 자기 안에서 얼음 같은 것이 녹고 있음을 알아차릴 겁니다. 우리는 형제들의 미움을 사서 종으로 팔렸던 요셉 이야기를 기억하고 있습니다. 사람들은 그를 '꿈쟁이 요셉'이라고 부릅니다. 그런 면도 분명 있습니다. 그런데 요셉의 가장 큰 특징은 다른 이들의 기색을 잘 살피고 그들의 염려를 덜어 주려고 했다는 데 있습니다. 보디발의 아내의 모함으로 감옥에 갇혔을 때 요셉은 역시 그곳에 수감된 이집트 왕의 두 신하의 시중을 들었습니다. 어느 날 요셉은 그들의 얼굴에 어린 근심을 보고 묻습니다. "오늘은 안색이 좋아 보이지 않습니다. 왜 그러십니까?"(창 40:7) 이런 관심 덕분일 겁니다. 그는 왕의 신하들의 꿈을 해몽해 주었고, 그것이 인연이 되어 바로의 꿈까지 해몽하기에 이르렀습니다. 어떤 상황에 부닥치든 요셉은 두려움이나 타자에 대한 원망에 사로잡히지 않고, 자기 앞에 주어진 시간을 충실히 살아 냈습니다. 나치가 만든 수용소에 갇혔던 디트리히 본회퍼도 그랬습니다. 그는 그곳에서도 동료 수감자들의 좋은 벗이 되려고 애썼고, 위로가 필요한 이들을 돌보는 목사로 살았습니다.

"나를 보내신 분의 뜻은, 내게 주신 사람을 내가 한 사람도 잃어버리지 않고, 마지막 날에 모두 살리는 일이다"(요 6:39)라고 예수님은 말씀하셨습니다. 바로 이런 마음으로 사는 사람은 절망에 빠질 수 없습니다. 어떤 사람도 함부로 대할 수 없으니다. 주님은 다른 이들의 눈에서 티끌을 빼 주려는 사람이 아닙니다. 사람들의 이면에 숨겨진 그늘 혹은 연약함을 보시고, 그것을 조용히 품에 안으실 뿐입니다. 이런 마음을 품고 있는 사람과 만나는 순간 우리 내면에서 어떤 변화가 일어나게 마련입니다. 예수와 깊이 만난 사람은 누구나 변화되었습니다. 우리가 여전히 옛사람의 옷을 입고 지내는 까닭은 예수를 만났다고는 하지만 아직 깊이 만나지 못했기 때문인지도 모르겠습니다.

곳곳에 무궁화가 단아한 얼굴을 드러내고 있습니다. 능소화 역시 흐드러지게 피었습니다. 자기 때를 놓치지 않는 식물들의 성실함 앞에 설 때마다 투덜거리느라 자기 때를 살지 못하는 유정한 인간의 모습이 부끄러워집니다. 지금 곁에 있는 이들의 말과 표정과 몸짓이 무얼 말하는지 알아차리기 위해 노력하십시오. 슬그머니 그 부름 혹은 요구에 응답하십시오. 조금 더 인내하면서 이 어려운 시간을 유쾌하게 건널 수 있으면 좋겠습니다. 주님과 동행하는 기쁨을 한껏 누리시고, 그 기쁨으로 새로운 세상을 빚으십시오. 평안을 빕니다.

2021년 7월 1일

그 빛은 기억을 통해

참으로 주님께서는 가난한 사람들의 요새이시
며, 곤경에 빠진 불쌍한 사람들의 요새이시며,
폭풍우를 피할 피난처이시며, 뙤약볕을 막는
그늘이십니다(사 25:4).

주님의 은총과 평화가 함께하시기를 빕니다.

소서 절기에 접어들었습니다. 전통적인 전례를 중시하는 교
회는 지난 주일을 맥추 감사 주일로 지켰습니다. 가나안 땅에
들어간 탈출 공동체가 땅에 파종하여 거둔 첫 번째 열매를 하나
님께 바친 날을 기념하는 절기입니다. 여름에 수확하는 곡물이
보리라 하여 맥추절이라는 이름이 붙었습니다. 이래저래 7월
은 농부들에게 분주하고 힘든 달입니다. 보리, 밀, 귀리를 베어
내고, 가을 농사를 시작해야 하기 때문입니다. 〈농가월령가〉는
이맘때 풍경을 이렇게 그립니다. "대우^{大雨}도 시행^{時行}하고 더위

도 극심하다. 초목이 무성하니, 파리, 모기 모여들고, 평지에 물이 괴니 악머구리(참개구리) 소리로다."[79]

남부 지방에는 벌써 큰비가 내려 피해가 크다고 합니다. 망연자실 하늘만 바라볼 사람들 마음을 떠올리니 가슴이 저렸습니다. 서울에도 많은 비가 내릴 거라는 예보가 있었습니다. 화단을 관리하는 권사님은 아끼는 백합꽃이 세찬 비에 스러질까 봐 지지대에 우산을 묶어 꽃 위에 씌워 주었습니다. 우산을 쓴 백합화를 보며 저는 빙그레 웃기만 했습니다. 그러다가 문득 최영철 시인의 〈우짜노〉라는 시가 떠올랐습니다.

어, 비 오네
자꾸 비 오면
꽃들은 우째 숨쉬노
젖은 눈 말리지 못해
퉁퉁 부어오른 잎
자꾸 천둥 번개 치면
새들은 우째 날겠노
노점 무 당근 팔던 자리
흥건히 고인 흙탕물
몸 간지러운 햇빛
우째 기지개 펴겠노
공차기하던 아이들 숨고
골대만 꿋꿋이 선 운동장
바람은 저 빗줄기 뚫고

우째 먼길 가겠노[80]

시인의 오지랖이 넓습니다. 내리는 비를 바라보며 꽃과 잎들의 안부를 걱정하고, 새들이 젖은 깃으로 날 수 있을까 걱정합니다. 흙탕물을 슬쩍슬쩍 어루만지던 햇빛이 기지개를 켤 수 있을지 걱정하고, 먼 길 가야 하는 바람까지 염려합니다. 시인 반칠환은 이 시에 대한 감상을 이렇게 적었습니다.

> 나는 세상 사람 모두가 저런 '우짜노'를 연발했으면 좋겠다. 창문 밖 장맛비를 내다보며 정치인이, 군인이, 장사꾼이, 도둑놈이, 시인이 모두 손을 놓고 꽃잎 걱정, 풀잎에 매달려 빗방울 뭇매를 맞을 왕아치, 풀무치, 때까사리, 소금쟁이 걱정을 하다가 제가 정치인인지 사기꾼인지 도둑놈인지 시인인지 몰라 잠시 멍청해지는 그런 시간이 많았으면 좋겠다. 덕분에 전쟁광이 좀 손해 보고, 무기상이 셈하다 갸우뚱하고, 도둑놈 장물 수입이 줄고, 히히- 시인은 시 한 편 더 건지는 그런 시간이 많이 많이 늘었으면 좋겠다.[81]

이악스러운 마음들이 빚어내는 살풍경 속에 살다 보니 이 마음이 더없이 소중하게 다가옵니다. 가끔 산책길에서 만나는 민달팽이나 지렁이를 풀 속으로 슬쩍 던져 주는 것도 이 시가 떠올라서입니다. 하지만 세상은 이렇게 낭만적이지만은 않습니다. 우산을 쓴 백합화 이야기의 후일담입니다. 하룻밤 지나고 나자 우산 하나가 없어졌습니다. 어느 취객이 우산이 필요했던지 화단의 꽃을 밟으며 기어코 그 우산을 뽑아 가져갔던 것입니다. 몇 해 전에는 활짝 핀 해바라기를 댕강 꺾어 간 이도 있습니다. 화단에 심긴 화초를 뽑아 가는 이도 있습니다. 그런 일을 겪을 때마다 사소해 보이는 그런 도둑질이 밉습니다. 염치와 부끄러움을 모르는 이들은 선의를 품고 사는 이들의 마음에 어두운 그늘을 만듭니다. 영혼의 빈곤은 물질의 빈곤보다 심각합니다. 물질의 빈곤은 채울 수 있지만, 영혼의 빈곤은 치유되기 어렵기 때문입니다.

하지만 너무 낙심하거나 세상을 어둡게만 볼 필요는 없습니다. 세상은 좋은 마음으로 사는 이들이 더 많으니 말입니다. 그들은 마치 공기가 우리 눈에 보이지 않는 것처럼 눈에 띄지 않을 때가 많습니다. 그러나 그들은 있음 그 자체로 우리 삶이 허무의 벼랑으로 곤두박질치지 않게 지켜 주는 이들입니다. 사는 동안 우리는 누군가의 호의를 입을 때가 많습니다. 누구에게나 잊을 수 없는 순간이 있습니다. 그것이 부정적 기억일 수도 있지만, 긍정적 기억일 때도 많습니다. 탄식 시편의 시인들을 떠올려 보십시오. 그들은 이해관계에 따라 조변석개하는 세태에 멀미를 느낍니다.

내가 사람을 잡아먹는 사자들 한가운데 누워 있어 보니, 그들의 이는 창끝과 같고, 화살촉과도 같고, 그들의 혀는 날카로운 칼과도 같았습니다(시 57:4).

그런데 나를 비난하는 자가 바로 너라니! 나를 미워하는 자가 바로, 내 동료, 내 친구, 내 가까운 벗이라니! … 그의 입은 엉긴 젖보다 더 부드러우나, 그의 마음은 다툼으로 가득 차 있구나. 그의 말은 기름보다 더 매끄러우나, 사실은 뽑아든 비수로구나(시 55:13, 21).

이 시편 기자들의 마음을 실감하는 분들도 많을 겁니다. 아무도 믿을 수 없다는 탄식이 절로 쏟아져 나올 때 우리 영혼은 황무지로 변하고 맙니다. 그러나 시인들은 자기들의 그런 마음을 속에 쌓아 두지 않습니다. 그 문제를 하나님께 가져가 정직하게 마음을 드러냅니다. 그 순간 그를 확고하게 사로잡고 있던 무거움이 줄어들기 시작합니다. 중첩된 어둠 속에서 갈피를 잡지 못하던 그에게 한 줄기 빛이 비쳐 듭니다. 그 빛은 기억을 통해 다가옵니다. 생의 고빗길에 처할 때마다, 곤경에서 벗어날 길이 없어 허둥거릴 때마다, 우리를 찾아오셔서 힘이 되어 주신 하나님이 살아 계심을 떠올리는 순간 비애는 줄어들고, 넘어진 자리를 딛고 일어설 힘이 스며듭니다. "지금도 계시고 전에도 계셨고 앞으로 오실 전능하신 주 하나님"(계 1:8)께 소망을 둔 사람은 생의 시련을 피할 수는 없더라도 그 시련에 압도당하지는 않을 겁니다. 우리는 그런 근원적인 희망을 붙들고 사는 사람들입니다.

지난 화요일에 부산에 다녀왔습니다. 부산 YWCA 창립 75주년 감사 예배에 초대를 받았기 때문입니다. 가는 길에 부산 인문학 아카데미 회원들과도 만날 수 있었습니다. 옛날에는 부산이 아주 먼 곳처럼 느껴졌지만, 고속 열차가 생긴 후에는 그

거리가 큰 부담이 되지 않습니다. 기차에서 읽으려고 제가 선택한 책은 통일 부총리와 교육 부총리를 역임한 사회학자 한완상 박사님의 회고록《사자가 소처럼 여물을 먹고》였습니다. 책 제목이 이사야의 비전에서 나왔다는 사실은 성경을 조금이라도 아는 이들은 다 짐작할 수 있을 겁니다. 오가는 기차 안에서 그 책을 다 읽고 든 생각은 하나님의 꿈을 가슴에 품고 사는 사람의 아름다움이었습니다. 현실 정치에도 참여했던 지식인인 그는 자신의 사상의 근저에 기독교 신앙이 있다는 사실을 숨기려 하지 않습니다. 난폭하기 이를 데 없는 세상을 평화로운 세상으로 바꾸고픈 열망을 그에게 심어 준 분이 하나님이셨기 때문입니다. 그는 지금도 이사야 11장 6절부터 9절에 이르는 역사의 비전을 실현하려는 열정을 포기하지 않았습니다. 교육 부총리 시절, 교육이 비정하고 잔인한 승자만을 축복하는 기능으로 전락한다면 짐승의 세상보다 못한 세상이 될 수도 있다면서 그는 이렇게 말합니다.

짐승은 배가 부르면 맛있는 사슴이 지나가도 잡아먹지 않지만, 인간 정글의 강자들은 아무리 배가 불러도 계속 약자들을 착취하고 약탈하기 때문입니다. 동물의 욕구는 생물학적으로 자동 조절되지만, 인간의 탐욕은 그렇게 조절되기 힘듭니다. 가질수록 더 가지려 하기 때문입니다.[82]

한완상 박사님은 진정한 평화의 세상은 갑이 을의 입장에서 상황을 생각하고 해석하는 단계인 역지사지易地思之나, 갑이 을의 가슴으로 상황을 파악하는 단계인 역지감지易地感之를 지나 갑이 을의 주식을 먹으며 자기의 체질을 을의 체질로 바꿀 때 열린다고 말했습니다.[83] 사석에서 만났을 때 한 박사님은 그것을 일러 역지식지易地食之라 명명한 바 있습니다. 험하고 난폭한 세상이지만, 한 번 품은 그런 꿈을 어떤 경우에도 포기하지 않는 이가 있다는 것이 얼마나 고마운지 모르겠습니다. 작은 불꽃 하나가 큰불을 일으키는 것처럼 우리 속에도 이런 신앙의 불꽃이 타오르면 좋겠습니다.

7월을 맞이하며 품었던 우리의 기대는 점점 탄식으로 변해 가고 있습니다. 코로나19 상황이 점점 나아져서 곧 일상이 회복될 것 같은 기대를 품었지만, 현실은 전혀 다릅니다. 확진자가 아주 빠르게 증가하고 있습니다. 경각심이 다소 흐트러진 데다가 전염력이 강한 델타 변이 바이러스가 확산하고 있기 때문입니다. 활동적인 젊은이들의 감염이 느는 것도 우려스러운 대목입니다. 정부와 방역 당국은 수도권 상황을 매우 위급하게 보는 것 같습니다. 자칫 잘못하면 어렵게 열었던 예배당 문을 다시 닫아야 하는 상황에 내몰릴 수도 있습니다. 저도 긴장하며 상황을 예의주시하고 있습니다. 교우 여러분도 정말 조심스럽게 이 상황을 이겨 내기를 빕니다. 병과 사고로 어려운 시간을 보내고 있는 분들이 있습니다. 어디에 부딪혀서 다치고, 넘어져서 골절상을 입고, 뜻밖의 질병이 찾아와 혼란을 느끼는 모든 분에게, 그리고 조심스러워도 열심히 살아가는 모든 이들에게 주님의 은총이 함께하시기를 빕니다. 평화.

2021년 7월 8일

고요하고 단순하게

나는 잠시 동안이나마 당신 옆에 앉을 은총을
구합니다. 지금 하던 일은 뒷날 마치겠습니다.
… 지금은 말없이 당신과 얼굴을 마주하고 앉
아 이 조용하며 넘치는 안일 속에서 생명의 헌
사를 노래할 시간입니다.[84] _라빈드라나드 타고르

긴장된 시간이 이어지고 있습니다. 코로나 확진자가 급속도로
늘고 있습니다. 마치 지뢰밭 위를 걷는 것처럼 조마조마합니
다. 거리를 걷는 사람들을 보아도 긴장된 표정이 역력합니다.
거리에서 마스크를 쓰지 않은 사람을 보면 불편합니다. 함부
로 지적했다가 시비에 휘말릴 것 같아 얼굴만 찌푸리고 재빨
리 지나칩니다. 스스로 괜찮다고 생각할 수는 있지만, 마주 선
사람들이 불쾌감을 느낀다면 삼가야 합니다. 한계를 모르는 자
유는 위험합니다. 앞을 보지 못하는 이가 한밤중에 등불을 밝
혀 들고 길을 걷는 것을 보고, 어떤 이가 비웃듯이 물었습니다.

"낮이든 밤이든 분별하지 못하는 당신이 등불을 들고 가는 까닭이 뭐요?" 그러자 그가 대답했습니다. "내가 등불을 밝혀 든 것은 나를 위해서가 아니라 앞에서 걸어오는 사람이 나를 발견할 수 있게 하기 위해서입니다." 이런 것이 배려의 마음일 겁니다. 배려는 우리 일상에서 꼭 드러나야 할 사람됨의 드레입니다.

교회 예배도 다시 비대면으로 돌아갔습니다. 겨우 석 주 대면 예배를 드리고 다시 비대면으로 돌아가자니 속이 쓰렸습니다. 허탈한 느낌도 들었고요. 학교나 유치원, 어린이집 역시 마찬가지입니다. 맞벌이 부부들은 아이를 돌봐 줄 사람을 구하기 어려워 난감해합니다. 비상한 상황에서 비상한 대책을 강구할 수밖에 없지만, 이런 상황이 오래 이어지면 견디기 어려울 듯합니다. 소상공인들과 자영업자들 역시 벼랑 끝에 내몰린 듯 위태로운 나날입니다. 피해를 최소화할 대책이 필요합니다. 경제적 어려움도 크지만, 심리적 압박감 역시 큽니다. 다들 어떻게 지내는지 궁금합니다. 친밀한 이들과 어울려 이야기꽃을 피우다 보면 긴장도 좀 풀어지고, 어깨를 짓누르는 무게감도 좀 덜어지련만, 그럴 수도 없는 형편입니다.

무더위 한복판을 통과하며 겨울을 떠올리는 게 조금 이상하기는 하지만, 가끔 땅바닥에 바짝 엎드려 칼바람을 피하며 겨울을 견디는 로제트 식물들을 떠올리곤 합니다. 민들레, 질경이, 냉이, 꽃다지, 달맞이꽃, 개망초 등이 여기에 속한다지요? 로제트 식물은 아니지만, 어떤 악조건에서도 잘 자란다는 인동덩굴도 떠오릅니다. 가끔은 식물들의 지혜를 배워야 할 때가 있습니다. 사람이 곧잘 비애에 빠지는 까닭은 고통을 피하려 하기 때문입니다. 고통을 피하려는 것이 모든 인간의 본능이지만, 피하려고 할수록 고통의 장악력은 점점 커집니다. '내 인생은 왜 이렇게 힘들지?' 이런 생각이 들 때마다 인생은 본디 고달픈 것이라는 사실을 스스로 납득할 필요가 있습니다. 인생은 가지런하게 전개되지 않습니다. 전혀 예상치 못한 일이 앞길을 가로막기도 합니다. 많은 이들이 인생을 풀어야 할 과제로 생각합니다. 그러나 인생은 살아 내야 하는 과정일 뿐입니다. 지향이 분명하다면 명백한 답을 찾지 못했다 해도 낙심할 것 없습니다. 순간순간 성실하게 한 걸음씩 앞으로 나아가면 됩니다. 한 걸음만 나아가도 주변 풍경이 조금씩 달라지고 있음을 알 수 있을 겁니다.

먼 미래를 그려 볼 것 없이 지금 당장 절실한 문제에 집중할 필요가 있습니다. 얼마 전에 텔레비전에서 들은 이야기가 떠오릅니다. 지금은 은퇴했지만, 박지성은 세계적인 축구 선수였습니다. 누구나 그렇듯이 그도 슬럼프로 위기를 겪은 적이 있다고 합니다. 플레이가 좋지 않으니 홈 관중들도 그가 공을 잡기만 하면 야유를 보내곤 했습니다. 그라운드에 들어가는 것이 마치 도살장에 들어가는 느낌이었을 겁니다. 그러나 그는 슬럼프에서 벗어나기 위해 치열하게 노력했습니다. 공을 받고 그 공을 다시 동료에게 패스하는 것은 축구 선수의 기본 중의 기본입니다. 그는 패스를 연결할 때마다 스스로 자신을 칭찬했다고 말했습니다. '잘했어.' 어처구니없는 행동처럼 보이지만, 그런 자기 긍정이야말로 남들의 평가나 시선과 거리를 두고, 집중할 수 있는 태도였던 것입니다.

어려운 시절일수록 부정적인 생각에 사로잡히기 쉽습니다. 부정적인 생각이 자기를 향할 때는 '나는 어쩔 수 없는 인간'이라는 자기 비하로 귀결되고, 타자를 향할 때는 '선망'이나 '원망'을 낳습니다. 어느 것도 건강한 감정이라 할 수 없습니다. 하루 중에 몇 번이라도 자기 마음을 살피는 시간을 마련해야 합니다. 외부의 자극에 반응하는 자기 마음을 살피노라면 별것도 아닌 일에 온통 마음을 빼앗기고 있음을 자각하게 마련입니다. 그럴 때마다 마음을 제자리로 돌려놓아야 합니다. 향심기도centering prayer라고 들어 보셨지요? 흐트러지기 쉬운 마음을 하나님 앞으로 가져가 치유와 회복의 은총을 구하는 기도입니다. 이런저런 말로 간구하는 것이 아니라, 하나님의 현존 안에 오롯이 머무는 시간입니다. 그러나 훈련되지 않은 이들은 마음을 하나님께 내려놓는 일이 쉽지 않습니다. 금방 다른 생각이 우리 마음을 사로잡고 맙니다. 그것을 일러 분심分心이라 합니다. 나뉜 마음이라는 뜻입니다. 마음이 떠돌고 있음을 느낄 때마다 다시 마음을 하나님 앞으로 이끌어 가야 합니다. 기도에 몰입하기 전에 단어 하나를 선택하고, 분심을 알아차릴 때마다 그 단어를 조용히 떠올림으로 마음을 제자리로 돌려놓습니다. 평화, 자유, 하나님, 고요 등 어떤 단어라도 괜찮습니다. 그 단어를 일러 거룩한 단어sacred word라 합니다. 흙탕물을 가만히 놔두면 흙이 가라앉듯 우리 마음도 고요함 속에 머물 때 가지런해집니다. 마음이 가지런해졌다는 말은 단순함에 이르렀다는 뜻이 아닐까요?

화가 장욱진 선생은 "나는 심플하다"라는 말이 자신의 단골말 가운데 하나라고 말합니다. 그 말의 속뜻은 "나는 깨끗이 살려고 고집하고 있노라"입니다. 그 마음을 찾으려 했기에 그의 그림이 순박해 보이는 것인지도 모르겠습니다. 어지러운 시대일수록 들뜨고 부푼 마음을 가라앉히고 진리라는 중심에 연결되어야 합니다. 퀘이커 교도들은 질문이라는 도구를 통해서 진리를 찾는다고 합니다. "당신은 매일 매일의 삶에서 단순함과 정직함을 실천합니까?" "함께 예배드리는 공동체 안에서 사랑과 조화를 잘 나누고 있습니까?"[85] 질문은 우리를 성찰로 이끕니다. 스스로 묻지 않을 때 삶은 더러워집니다. 단순함을 실천한다는 말은 무슨 뜻일까요?

단순하게 산다는 것은 스스로에게 세상 안에서 좋은 일을 하려는 욕구, 최상의 상태로 나아가려는 욕구를 좇을 자유를 허락하는 것을 말합니다.[86]

삶은 복잡하고 모호하지만 그렇다고 하여 욕망의 바람이 부는 대로 나부끼며 살 수는 없는 노릇입니다. 그런 삶은 뿌리가 없기에 늘 흔들리고, 중심이 없기에 늘 고단합니다. 세상에서 좋은 일을 하려는 욕구야말로 단순한 삶의 요체라는 말에 동의하지 않을 수 없습니다. 삶을 순례로 이해하는 이들은 바로 그런 단순함에 이르기 위해 부단히 노력합니다. 박이약지博而約之라는 말이 있습니다. 폭넓게 섭렵하되 하나의 초점에 집중하는 것을 이르는 말입니다. 바울 사도의 말이 떠오릅니다.

나는 그리스도 때문에 모든 것을 잃었고, 그 모든 것을 오물로 여깁니다. 나는 그리스도를 얻고, 그리스도 안에 있는 사람으로 인정받으려고 합니다(빌 3:8-9).

이런 목표가 있었기에 바울은 어떤 난관도 돌파할 수 있었습니다. 팬데믹 상황은 부산하기만 한 우리의 삶을 단순하게 만들라고 요구합니다. 기후 위기 시대가 요구하는 삶의 태도 역시 마찬가지입니다. 이런 때일수록 시간을 그저 흘려보내지 말고, 하나님과 연결하기 위해 노력해야 합니다. 이탈리아에 있는 산타 치아라 채플이 소장하고 있는 귀중한 유물 가운데 하나는 프란체스코 성인과 그의 형제들이 읽던 성무 일과서입니다. 책 앞 페이지에는 프란체스코의 평생의 동료였던 레오 수사가 쓴 글이 있습니다.

복되신 프란체스코는 그의 동료인 안젤로 형제, 레오 형제를 위해 이 성무 일과서Breviary를 마련하셨습니다. 그리고 그분은 건강이 허락하는 한 늘 이 성무 일과서를 가지고 수도 규칙에 따라 기도를 올리셨습니다. 병 때문에 성무일도聖務日禱(시편, 찬송, 기도, 낭독으로 구성되어 하루에 여러 번 정해진 시간에 드리는 수도자들의 공동 기도)를 드리지 못할 때도 있었지만 그분은 누군가 낭독하는 음성이라도 들으려고 하셨습니다. 일평생 동안 그는 그 직무에 신실하셨습니다. 그분은 또한 복음서 사본도 가지고 계셨는데 병이나 다른 사유로 예배에 참석할 수 없을 때면 누군가 그날의 복음서 말씀을 낭독해 주기를 바라셨습니다. 죽는 날까지 그 신실함에 변함이 없었습니다. 사부님은 "예배에 참석할 수 없을 때면 나는 예배 중에 늘 그러했던 것처럼 기도 중에 내 영혼의 눈으로 그리스도의 몸을 경배하곤 합니다"라고 말했습니다. 프란체스코 사부께서는 복음서의 말씀을 읽거나 경청하고 나면 늘 주님에 대한 존숭의 표시로 그 성경에 입을 맞추셨습니다.[87]

이런 태도와 마음이 있었기에 그리스도 이후에 가장 그리스도를 닮은 분으로 존경받고 있는 게 아닌가 싶습니다. 말씀을 준비하고 전하는 저도 이 마음을 잃지 않도록 노력하겠습니다. 힘겨운 나날입니다. 며칠 뒤부터는 한반도가 열섬에 갇힐 거라는 보도도 접했습니다. 불쾌지수가 높아질 가능성이 큽니다. 이때야말로 믿는 이들의 아름다움이 드러나야 할 때입니다. 주변에 유쾌한 분위기를 만들기 위해 노력하십시오. 허위단심으로 올라간 산마루에서 만나는 서늘한 바람이 지친 몸과 마음을 소생시키는 것처럼, 누군가에게 시원한 바람이 되려고 노력하십시오. 주님이 주는 평안이 여러분 가정에 가득하기를 빕니다. 안녕히 계십시오.

2021년 7월 15일

무지개를 볼때마다

삼라만상은 모두 상이하고 독특하고 희귀하고
낯설구나. 무엇이나 변덕스럽고 점철되어 있나
니(누가 그 이치를 알까?) 빠르거나 느리고, 달거나
시고, 밝거나 어둡구나. 이는 변치 않는 아름다움
을 지닌 그분이 낳으시는 것이니, 그분을 찬미할
지어다.[88] _제라드 홉킨스

주님의 은총과 평강이 우리 가운데 임하시기를 빕니다.

삼복더위 한복판을 지나고 있습니다. 초복과 중복이 지났
고 이제 대서 절기에 접어들었습니다. 마른장마도 끝이 났다
지요? 요즘 하늘은 정말 아름답습니다. 새털구름이 드리운 하
늘은 뭔가 목가적 세계의 문처럼 보입니다. 저녁노을 또한 장
관입니다. 지난 월요일 늦은 오후에 공원 근처를 걷는데, 몇 사
람이 휴대전화 카메라로 연신 하늘을 찍고 있었습니다. 제 시
선도 저절로 위를 향했습니다. 하늘 저편에 선명한 쌍무지개가
걸려 있었습니다. 코로나 재확산으로 위축된 마음을 위로하듯

무지개는 그곳에서 땅을 가만히 감싸고 있었습니다.

무지개 하면 떠오르는 것이 노아 시대 이야기입니다. 하나님은 속속들이 썩고 무법천지로 변한 세상을 보며 땅 위에 사람지으신 것을 후회하셨습니다. 그리고 사람과 땅을 멸하겠다고 다짐하십니다. 노아가 육백 살 되는 해의 둘째 달, 열이렛날, 땅속 깊은 곳에서 큰 샘들이 모두 터지고, 하늘에서는 홍수 문들이 열려서 밤낮 비가 쏟아졌습니다. 사십 일 밤낮 내린 비로 코로 숨을 쉬며 사는 것들이 다 죽었습니다. 노아와 더불어 방주에 들어간 사람들과 짐승들만 살아남았습니다.

홍수가 끝나자 하나님은 노아와 함께한 사람들, 그리고 숨쉬는 모든 생물 사이에 새로운 언약을 맺으셨습니다. 하나님은 다시는 홍수를 일으켜 살과 피가 있는 모든 것들을 없애는 일이 없을 것이라고 말씀하셨습니다. 스스로 하는 다짐이었습니다. 하나님은 그 언약의 표로 구름 속에 무지개를 두셨습니다. 무지개야말로 살아 있는 모든 것과 맺은 언약을 상기시키는 기표인 셈입니다. 제게도 예기치 않은 시간에 만났던 무지개의 기억이 있습니다.

군목으로 최전방에 근무할 때의 일입니다. 모터사이클을 타고 GOP(일반 전초) 부대를 방문하여 예배를 인도하곤 했습니다. 철책선을 담당하는 작은 단위 부대였기에 예배당은 꿈도 꿀 수 없었습니다. 식당 한쪽에 모여 앉아 함께 찬송을 부르고 기도를 올리는 시간이 참 복되게 느껴졌습니다. 그날도 저를 돕는 군종병은 기타를 치며 그의 주특기 복음송을 불렀습니다.

당신이 지쳐서 기도할 수 없고
눈물이 빗물처럼 흘러 내릴 때
주님은 아시네 당신의 약함을
사랑으로 인도하시네

누군가 널 위하여 누군가 기도하네
네가 홀로 외로워서 마음이 무너질 때
누군가 널 위해 기도하네[89]

고적감이 느껴지는 그 시간과 장소에서 이 노래와 만난 병사들은 누가 먼저랄 것도 없이 눈물을 훔치기 시작했습니다. 제 마음도 뜨거워졌습니다. 분단의 아픔이 크게 느껴졌고, 한반도에 평화의 꽃이 피어나기를 간절히 기도할 수밖에 없었습니다.

예배를 시작하기 전에는 검은 구름이 하늘을 가리고 있었습니다. 예배를 마치고 나오니 구름이 걷혀 있었고, 하늘 저편에 커다란 무지개가 걸려 있었습니다. 무지개는 한반도를 동서로 갈라놓은 철책선을 가로지르고 있었습니다. 제 눈에는 무지개 다리처럼 보였습니다. 병사들은 '오오!' 감탄사를 내뱉을 뿐, 아무 말도 하지 않았습니다. 말을 하지 않아도 모두의 마음이 이미 하나였습니다. 근 40년 가까운 세월 저편의 일이지만 지금도 생생하게 떠오르는 까닭은 그날의 감동이 컸기 때문입니다.

또 하나의 기억이 있습니다. 2004년이 아닌가 싶습니다. 지방 교역자들과 이스라엘을 여행했습니다. 이집트 여정을 마치고 이스라엘의 타바 국경 검문소에 당도한 순간부터 우리 일행은 몹시 긴장된 시간을 보냈습니다. 국경에서 폭발물로 의심되는 가방이 발견되어 국경이 폐쇄되었고, 우리는 뙤약볕 밑에서 몇 시간을 대기해야 했습니다. 우여곡절을 겪으며 에일라트를 지나 숙소에 도착한 시간이 밤 11시가 넘었습니다. 이른 아침, 잠에서 깨 CNN 뉴스를 보다가 깜짝 놀랐습니다. 우리가 간밤에 지나온 해변 마을에서 폭탄 테러가 일어나 많은 사상자가 났다는 보도였습니다. 그 땅이 분쟁의 땅이라는 사실이 현실감 있게 다가왔습니다.

이스라엘에서 며칠 머무는 동안 우리 일행은 팔레스타인에 속한 유적들을 보기 위해 베들레헴에 다녀왔습니다. 말로만 듣던 6미터 높이의 분리 장벽을 보았습니다. 체크 포인트에서 이스라엘 군인들에게 시달리는 팔레스타인 사람들의 모습을 보며 가슴이 아팠습니다. 성경의 세계로 시간 여행을 떠난 셈이었지만, 제 마음은 온통 그 땅이 겪는 시련에 머물고 있었습니다. 버스를 타고 유대 광야를 지날 때 몸과 마음이 몹시 고단했습니다. 그런데 바로 그때 저 멀리 무지개가 보였습니다. 흐릿하긴 했지만, 분리 장벽 위로 높이 솟은 것은 무지개가 분명했습니다. 모두가 그 광경을 보며 놀랐습니다. 마치 어떤 하늘의 메시지를 듣는 듯한 느낌이 들었기 때문입니다.

생각해 보면 무지개는 음악 용어 '슬러slur' 곧 이음줄을 닮았습니다. 슬러는 악보에서 음높이가 다른 둘 또는 그 이상의 음표의 위나 아래에 긋는 호선을 이르는 말입니다. 음과 음 사이가 끊어지지 않게 매끄럽게 연주하여 선율감을 주라는 표시입니다. 사람들이 무지개 앞에 멈춰 서는 까닭은 어쩌면 분열된 세상에서 지쳤기 때문인지도 모르겠습니다. 물론, 제 나름의 상상입니다. 무지개는 꿈을 꾸게 만듭니다. 윌리엄 워즈워스의 〈하늘의 무지개를 볼 때마다〉는 많은 이들이 좋아하는 시입니다.

> 하늘의 무지개를 볼 때마다
> 내 가슴 설레느니,
> 나 어린 시절에 그러했고
> 다 자란 오늘에도 매한가지,
> 쉰 예순에도 그렇지 못하다면
> 차라리 죽음이 나으리라.
> 어린이는 어른의 아버지
> 바라노니 나의 하루하루가
> 자연의 믿음에 매어지고자.[90]

무지개를 보고도 가슴이 설레지 않는다면 그의 영혼은 죽은 거나 마찬가지라는 것입니다. 어린이가 어른의 아버지인 까닭은 '경탄'할 줄 아는 존재이기 때문입니다. 세상에 깃든 신비에 눈을 뜰 때 사람은 아름다워집니다. 경탄의 순간은 우주의 맥박 소리를 듣는 시간이고, 표현 불가능한 세계로 진입하는 시간입니다. 경탄을 잃어버릴 때 세상은 처리해야 할 일이 되고, 우리를 위협하는 적대적 공간으로 변합니다. 최근 며칠 동안 많은 이들이 SNS에 무지개, 구름, 노을 사진을 올렸습니다. 놀라운 광경과 만났던 순간의 행복을 다른 이들과 나누고 싶어

서일 겁니다.

다시, 노아 시대 이야기로 잠시 돌아가야겠습니다. 무지개는 홍수 이후에 나타났습니다. 모든 생명이 멸절당한 이후에 말입니다. 기후 위기에 대한 경고의 나팔소리가 울린 지 이미 오래건만 우리는 이미 많은 시간을 허비하고 말았습니다. 다들 큰일 났다고 말하지만, 이 문제를 해결하기 위해 우리가 할 수 있는 일에는 짐짓 눈을 감고 있는 형편입니다. 위기의 시간은 삶을 구조 조정해야 하는 시간입니다. 겨울이 되기 전에 나뭇잎을 떨구는 나무의 지혜에서 배워야 합니다. 풍요의 환상 속에 오래 머물수록 지구는 더욱 망가질 것입니다.

독일, 벨기에, 네덜란드 지역을 휩쓴 대홍수로 인명 피해가 컸습니다. 재산 피해의 규모도 천문학적입니다. 사회 안전망이 잘 갖춰졌다고 평가받는 유럽 국가들도 대규모 자연재해 앞에서 속수무책이었습니다. 미국 서부 지역은 매해 산불과 가뭄에 시달립니다. 알래스카와 캐나다는 기상 관측 이래 가장 뜨거운 여름을 맞이했다고 합니다. 기후 변화로 제트 기류가 약해져 열돔 현상이 발생했기 때문이라지요? 우리 눈앞에 잠시 모습을 드러냈던 무지개는 모든 살아 숨 쉬는 것들이 죽임을 당했던 쓰라린 기억을 되살리라는 하늘의 메시지가 아닌가 싶습니다. 이제는 정말 이전과 같은 방식으로는 살 수 없습니다. 하나님의 비상 나팔 소리에 귀를 기울이고 응답해야 합니다. 풍요로움에 길든 이들은 감사를 모릅니다. 아낌과 돌봄을 의도적으로 선택하는 이들이라야 삶의 비의에 눈을 뜨는 법입니다. 믿음은 일상적 삶의 자리에서 드러나야 합니다.

당분간 비대면 예배를 드릴 수밖에 없는 상황입니다. 불편하고 속상하지만 어쩔 수 없는 현실입니다. 그렇다고 하여 성도들의 코이노니아가 약해져서는 안 됩니다. 어떤 방식으로든 접속을 유지하고, 기도 중에 서로를 기억해야 합니다. 어려운 시간을 지나는 교우들은 언제라도 메시지를 보내 주십시오. 함께 고난의 시간을 견뎌 낼 방도를 찾아보겠습니다. 어린이와 청소년, 젊은이들의 신앙 교육이 원활하지 못한 것이 무엇보다 안타깝습니다. 부모님들께서 적극적으로 관심을 가지고 교회 학교에서 제공하는 영상 자료를 활용하여 자녀들과 복된 시간을 마련해 주시면 좋겠습니다.

휴가철이 되었습니다. 안전하고 유익하고 즐거운 휴가를 즐기실 수 있기를 빕니다. 주님의 사랑이 교우 여러분의 가정마다 넘치시기를 빕니다. 그리스도의 평화.

2021년 7월 22일

욕망과 거리 두기

> 주님, 제가 아직 짓지 않은 많은 죄에서 저를
> 지켜 주심에 감사드립니다. 제가 저지른 모든
> 죄를 슬퍼하게 하심에 감사드립니다. 제가 만
> 난 모든 사람들, 그들이 저의 친구이든지 적이
> 든지, 그들을 만나게 하심을 감사드립니다. 그
> 들 모두가 결국 제 친구로 되기를 기도합니다.
> _마저리 켐프

주님의 은총과 평화를 빕니다.

무더위를 잘 견디고 계시는지요? 날이 얼마나 더운지 모기
들도 활동을 쉬고 있다지요? 물것을 많이 타는 분들에게는 이
여름이 주는 작은 위안인 것 같습니다. 낮에는 차마 움직일 생
각이 들지 않아 이른 새벽에 공원을 걷고 있습니다. 걷는 시간
은 기도의 시간인 동시에 얼크러진 생각의 타래를 정리하는
시간입니다. 한낮에 땀을 흘리며 일하는 이들을 보면 안쓰러운
동시에 고마운 마음이 듭니다. 우리가 누리고 사는 것들이 실
은 다른 누군가의 수고의 결실임을 알기 때문입니다.

우여곡절 끝에 하계 올림픽이 열렸습니다. 대부분의 사람들에게 올림픽은 편안한 거실에서 즐기는 소일거리이지만, 몸과 마음을 단련하며 그날만을 학수고대했던 선수들에게는 수확의 시간이라 할 수 있습니다. 메달을 따든 따지 못하든 일단 자기 자신과의 싸움에서 승리한 모든 선수에게 축하 인사를 건네고 싶습니다. 코로나 19로 무관중 경기가 많다고 합니다. 관중들의 박수 소리를 듣지 못하고 고독한 싸움을 하는 이들을 크게 위로하고 싶습니다. 그들은 단련된 몸이, 그리고 고도로 집중된 정신이 얼마나 아름다운지 보여 주는 표지들입니다. 나이가 이미 전성기를 지난 장년의 선수들도 등장하여 사람들에게 신선한 자극을 주고 있습니다. 사람들은 운동 경기도 즐기지만, 그들이 빚어내는 삶의 이야기에 더 크게 반응합니다.

고대 그리스의 올림픽은 말 그대로 평화의 제전이었습니다. 올림픽이 열리면 전쟁도 중단하고, 경기에 참여하는 선수들은 적대국을 통과할 때도 안전이 보장되었습니다. 헤로도토스의 《역사Historiae》는 그리스와 페르시아 사이에 벌어진 전쟁 이야기가 주를 이룹니다. 거기에 올림피아 제전 이야기가 나옵니다. 아르테미시온 해전이 벌어져 수많은 사상자가 나고 식량도 바닥을 드러내자, 소수의 아르카디아인이 일자리를 얻으려고 페르시아 진영으로 탈주를 감행합니다. 페르시아 사람들은 도무지 이해할 수 없는 그리스군의 행동을 파악하고자 그들을 신문했습니다. 그러자 그들은 그리스군이 올림피아 제전을 벌이면서 체육 경기와 전차 경주를 관람하고 있다고 말했습니다. 경기 상품이 무엇이냐고 묻자 승리자들은 올리브 가지로 엮은 관을 받는다고 답했습니다. 상으로 금품이 아닌 화환을 준다는 말을 들은 트리탄타이크메스는 탄식하듯 말합니다.

아 마르노니오스여, 그대는 어찌하여 우리로 하여금 하필이면 이런 인간들과 싸우게 만들었는가? 금품이 아닌 명예를 걸고 경기를 행하는 자들과![91]

물론, 이 기록에는 페르시아의 전제 정치와 그리스의 자유 정신을 대조하려는 헤로도토스의 의도가 담겨 있습니다. 물질적 보상보다 명예를 소중히 여기는 것이 바로 그리스 정신임을 드러내려는 자부심 말입니다. 그것이 객관적 사실인지 아닌지는 중요하지 않습니다. 그는 역사에 대한 기록자인 동시에 교육자입니다. 후대 사람들의 DNA에 그런 도도한 자유혼을 심어 주고 싶었던 것 아닐까요?

건강에 대한 관심이 많은 시대입니다. 건강이 유사 종교가 된 것 같기도 합니다. 우리는 어려서부터 '건전한 신체에 건전한 정신'이라는 말을 듣고 살았습니다. 건강한 몸에 건강한 정신이 깃든다는 뜻으로 자주 인용되는 이 말은 로마 시대 문장가인 유베날리스Decimus Junius Jubenalis의 풍자시에 나오는 표현입니다. 그런데 이 표현의 원래 의미는 조금 다른 듯합니다. 라틴어 문장을 직역하면 "건전한 육체에 건전한 정신이 깃들기를 기원해야 할 일이다"가 된다고 합니다. 이 말의 속뜻은 "건전한 육체에 건전한 정신이 깃들면 얼마나 좋겠냐마는" 현실은 그렇지 못하다는 것입니다.[92] 몸을 단련한다고 하여 곧 정신이 맑아지거나 아름다워지지는 않습니다. 둘이 함께 가야 합니다.

바울 사도는 신앙생활을 올림픽 경기에 빗대 설명합니다. 올림픽은 그 시대에도 사람들이 큰 관심을 쏟는 행사였음을 알 수 있습니다. "경기장에서 달리기하는 사람들이 모두 달리지만, 상을 받는 사람은 하나뿐이라는 것을 여러분은 알지 못합니까? 이와 같이 여러분도 상을 받을 수 있도록 달리십시오"(고전 9:24). 꼭 신앙생활의 목표가 '상'을 받는 것일 필요는 없습니다. 신앙생활은 목표 못지않게 과정이 중요합니다. 저는 신앙생활이 '고백'을 '삶'으로 번역하는 과정이라고 생각합니다. 여기서 말하는 삶은 추상적으로 들릴 수도 있지만 실제로는 일상을 가리키는 말입니다. 음식을 먹고, 사람들과 만나 대화하고, 일하고, 때로는 다투기도 하면서 사는 것이 우리네 일상입니다. 일상은 너무나 평범하고 반복적입니다. 사람들은 일상을 지겹게 느끼기에 뭔가 짜릿하고 특별한 경험을 구하거나, 잠시라도 일상에서 벗어나기를 소망합니다. 사실, 그런 시간이 필요합니다. 그것은 마치 창문을 열어 실내를 환기하는 것과 같습니다. 하지만 따지고 보면 일상이야말로 우리 삶의 대부분을 차지합니다. 그 일상을 충실히 사는 것이 아름다운 삶의 비결입니다. 김용석 교수의 말이 우리 폐부를 찌릅니다.

적지 않은 사람들에게 일상생활은 새콤달콤 '잘사는' 삶이 아니라, '남들에게 좀 더 잘사는 것처럼 보이려고' 아등바등하는 삶이거나 '이미 잘살고 있다'는 것을 크렁크렁 과시하

는 삶이라는 느낌을 받는다. 의미 있는 일상이 그들에게서 멀리 있기 때문이다.[93]

　'만일 예수님과 동행할 기회가 주어진다면'이란 가정을 해볼 때가 있습니다. '복음서 가운데서 아무리 애를 써 보아도 이해하기 어려운 구절들을 상세하게 설명해 달라고 부탁할까? 도무지 풀리지 않는 신정론 문제를 여쭤볼까? 당신을 배신하기로 이미 마음먹은 유다의 발을 닦아 주실 때 심정이 어떠셨는지 여쭤볼까?' 정말 그럴 기회가 주어진다면, 저는 깊은 침묵 속에서 예수님의 일상을 관찰하고 싶습니다. 주무시는 모습, 음식을 잡수시는 모습, 기도하는 모습, 길을 걸으시는 모습, 가련한 이들과 만날 때의 눈빛, 그리고 영혼의 목마름에 시달리는 이들에게 가만가만 말을 건네시는 주님의 음성, 귀신을 꾸짖으실 때의 어조, 적대적인 질문을 하는 이들을 대하실 때의 호흡…. 누군가의 일상을 보면 그의 내면을 살필 수 있는 법입니다. 우리 삶을 뒤흔드는 것은 누군가의 심오한 말이나 이론이 아니라, 정성스럽게 자기 일상을 살아 내는 이들의 아름다움에 눈을 뜰 때가 아니던가요? 신앙생활은 일상과 무관한 가외의 생활이 아니라, 일상 속에 하나님의 뜻이 배어들게 하는 것입니다. 일상을 거룩하게 살아 내는 연습을 해야 합니다. 훈련 없는 거룩한 삶은 불가능합니다.

　사도 바울은 신자들의 신앙생활을 독려하고자 믿음을 올림픽 경주에 빗대 설명했습니다. 경기에 나서는 사람들은 모든 일에 절제한다고 사도 바울은 말합니다. 절제란 자기 훈련 혹은 자기 통제를 의미하지만, 실은 많은 것을 포기한다는 뜻을 내포하고 있습니다. 편안하게 지내고 싶은 욕구, 맛있는 것을 먹고 싶은 욕구, 느긋한 시간을 누리고 싶은 욕구, 친한 벗들과 어울려 놀고 싶은 욕구, 이기적으로 처신하고 싶은 욕구. 절제란 욕망과 거리 두기입니다. 바울이 그렇게도 위대한 전도자로 살 수 있었던 이유는 치열하게 노력했기 때문입니다. 저절로 된 것이 아닙니다. 바울은 자기 몸을 쳐서 굴복시켰다고 말합니다. 왜 그렇게까지 했던 것일까요?

> 그것은 내가, 남에게 복음을 전하고 나서 도리어 나 스스로는 버림을 받는, 가련한 신세가 되지 않으려는 것입니다(고전 9:27).

자기기만에 빠져 영혼이 텅 빈 사람이 되지 않으려고 그랬다는 말입니다. '스스로 버림을 받는다'는 말이 통렬하게 다가옵니다. 스스로 잘 믿는다 생각하면서도 결국은 자기를 극복하지 못하는 이들이 많습니다. 올림픽 선수들은 피땀을 흘리며 훈련했습니다. 바울 사도는 그것을 '썩어 없어질 월계관'을 얻기 위한 것이라 말합니다. 아마 요즘 같으면 이렇게 말하지 못했을 겁니다. 사실 이 자극적인 표현은 신앙의 길을 걷는 이들이 얻게 될 '썩지 않을 월계관'을 더 도드라지게 드러내기 위한 의도적 표현일 겁니다. 우리는 철저하게 절제하면서 자기 몸과 마음을 단련하는 운동선수들에게 배워야 합니다.

코로나 확진자가 좀처럼 줄어들지 않고 있습니다. 욕망과 거리 두기가 더욱 필요한 시기입니다. 교우들의 애경사가 있어도 공동체가 함께 기쁨과 아픔을 나누지 못하는 아쉬움이 큽니다. 매미 울음소리가 여름을 처연하게 만들고 있습니다. 배롱나무에 고운 꽃이 흐드러지게 피었습니다. 저마다 한세상을 그렇게 살고 있습니다. 투덜거리지 말고, 기쁘게, 깨어서 우리 일상을 살아 내야 하겠습니다. 한 주간도 건강하게 지내시기를 빕니다. 일상 속에서 문득 주님의 현존을 알아차리는 기쁨도 누리시기를 빕니다. 평화의 주님이 우리와 함께 계십니다.

2021년 7월 29일

자기 몫의 삶

> 하늘은 하나님의 영광을 드러내고, 창공은 그
> 의 솜씨를 알려 준다. 낮은 낮에게 말씀을 전해
> 주고, 밤은 밤에게 지식을 알려 준다. 그 이야기
> 그 말소리, 비록 아무 소리가 들리지 않아도 그
> 소리 온 누리에 울려 퍼지고, 그 말씀 세상 끝
> 까지 번져 간다(시 19:1-4).

주님의 은혜와 평화를 빕니다. 한 주간도 무탈하게 지내셨는지
요? 우리 인생은 하루의 점철이라지요? 점철點綴이라는 단어를
떠올릴 때마다 수없이 많은 점을 찍어 형태를 드러내는 점묘
법 화가들이 생각납니다. 그들의 점 찍기는 일종의 수행이 아
닐까요? 지루함의 악마와 싸우며 끝없이 반복되는 작업을 묵
묵히 수행하고 있으니 말입니다. 오늘 하루, 우리가 사는 모습
속에 우리 인생 전체 모습이 반영된다고 합니다. 부분은 전체
를 닮고 전체는 부분을 내포하기 때문일 것입니다. 이전에 산
에 자주 다닐 때가 생각납니다. 숲 그늘로 걸어갈 때도 있지만,

그늘조차 없는 오르막길을 허위단심으로 올라가야 할 때도 있습니다. 어지간히 지쳤을 때면 그 길을 걷는 것이 여간 곤혹스럽지 않습니다. 한 걸음 한 걸음 옮기는 것이 고역입니다. 그때마다 "이 길은 우리 인생을 닮았구나" 하고 혼잣소리를 했습니다. 따지고 보면 아주 힘겹게 살아온 것은 아니지만, 인생이 도전이 아니던 순간은 별로 없었던 것 같습니다. 그 마음으로 사람들을 보면 괜스레 고맙고 정겹습니다. 매주 만나 이런저런 이야기를 나눌 수 없는 지금, 그저 상상 속에서라도 여러분의 길에 동행이 되고 싶습니다.

매일 새벽, 해가 떠오르기 전 산책에 나섭니다. 걷는 순간은 오롯이 혼자입니다. 내 영혼의 풍경을 살피기도 하고, 산지사방으로 퍼져 나가는 생각들을 붙잡아 가지런히 만들기도 하고, 어려움을 겪는 교우들을 생각하며 기도를 올리기도 합니다. 새벽 숲 사이를 걸으면 청량한 기운을 느끼게 마련입니다. 풀벌레와 매미 울음소리가 배경음이라면 그 소리를 단속적으로 뒤흔드는 소리가 새벽 공기를 흔듭니다. 까마귀의 '까옥 깍' 하는 탁성, 다소 신경질적으로 '깍깍 깍깍' 우짖는 까치 소리, 그리고 마치 먼 곳에서 들려오는 듯 울리는 멧비둘기의 구슬픈 소리…. 그 소리의 향연에 귀를 기울이노라면 행복감이 밀려옵니다. 시편 19편의 말씀이 저절로 실감 납니다. 창조의 신비를 보고 누릴 수 있는 감각이 열린 사람은 행복합니다. 비록 아무 소리 들리지 않아도 그 소리 온 누리에 울려 퍼진다는 그 말씀을 얼핏 감지할 수 있으니 말입니다.

늘 다니는 산책로에서 만나는 풍경 또한 정겹습니다. 길 위에서 하루를 시작하시는 분들이 있습니다. 전철역 근처에서 자리를 잡고 김밥이나 떡 같은 먹을거리를 진설하고 손님을 기다리는 아주머니가 계십니다. 그분이 그 장소에 이르러 맨 먼저 하는 일은 간밤에 사람들이 버리고 간 쓰레기를 주워 주변을 말끔하게 만드는 일입니다. 묵묵히 수행하는 그 행위 자체가 제게는 경건함으로 보입니다. 트럭에 싣고 온 각종 건축 자재를 가게로 옮기는 건재상 아저씨도 보입니다. 늘 입는 낡은 셔츠는 건강한 노동의 증거처럼 보입니다. 프랜차이즈 빵집 틈바구니에서 구멍가게와 다를 바 없는 빵집을 운영하는 아저씨는 앞치마를 두르고 상을 닦는 일로 새벽을 깨웁니다. 사람들이 다니는 산책로 옆에 트럭을 세워 놓고 생선이나 채소 등의 찬거리를 파는 모자도 있습니다. 새벽부터 생선 비린내를 풍기니 상쾌하진 않지만, 트럭 주변에 이는 활기가 싫지는 않습니다. 맞은편에는 과일 트럭이 있는데, 손님을 맞이하는 것을 본 적이 없습니다. 슬쩍슬쩍 건너편을 바라보며 아저씨는 애꿎은 과일의 위치를 바꾸며 시간을 견딥니다. 그 모습이 늘 안쓰럽습니다. 아마도 손님이 모이는 시간대가 다르기 때문이 아닐까 싶습니다. 유산균 음료를 파는 아주머니는 공원을 드나드는 이들과 스스럼없이 인사를 나눕니다. 특별할 것도 없는 일상의 풍경입니다.

공원 안에서도 다채로운 풍경이 펼쳐집니다. 땀을 뻘뻘 흘리며 걷는 것은 기본이고, 도무지 알 수 없는 변형된 춤으로 몸을 흔드는 이들도 있습니다. 목책을 손바닥으로 내리치며 걷는 이, 커다란 나무를 등이나 손으로 두드리는 이, '헙헙' 기합 소리를 내며 걷는 이, 자기만의 건강법인지 독특한 자세를 반복하는 이도 있습니다. 그들은 누구의 눈치도 보지 않습니다. 그만큼 진지합니다. 가끔 젊은이들이 보일 때도 있습니다. 대개는 커다란 헤드셋을 끼고 몸에 딱 붙는 운동복을 입고 달립니다. 이른 새벽임에도 이미 벤치를 차지하고 앉아 이야기꽃을 피우는 이들도 보입니다.

저는 비교적 빠른 속도로 걷기에 무리 지어 걷는 이들이 나누는 대화가 귀에 들어오지 않습니다. 그러나 얼핏 들려오는 소리가 귀를 스칠 때가 있습니다. 먹는 것에 관한 이야기가 주를 이루고, 간간이 몸 아픈 이야기를 나눕니다. 소소한 그런 이야기가 이제는 하찮게 들리지 않습니다. "마음 따라 살지 말고 몸 따라 살라"는 말이 한때는 나약한 정신을 합리화하는 말처럼 들렸습니다. 하지만 이제는 그 말에 지혜가 있음을 압니다. 고생물학자이자 신부였던 피에르 테야르 드 샤르댕Pierre Teilhard de Chardin은 어느 글에서 인간이 처한 가장 괴로운 정신적 딜레마는 음식이 필요하다는 것이라고 말했습니다. 누가 그 말을 부정할 수 있겠습니까?

젊어서는 리처드 바크Richard Bach의 《갈매기의 꿈Jonathan Livingston Seagull》을 보며 높이 그리고 빨리 나는 연습을 하는 갈매기 조너선 리빙스턴에 감정을 이입한 채 세상을 바라보았습니다. 강 하구에 몰려들어 밀려오는 물고기를 먼저 차지하려고 끼룩거리며 다투는 갈매기 떼를 비웃기도 했습니다. 그러나 이제는 그 갈매기 떼를 비웃지 못합니다. 우리 삶이 사소한 것들에 얼마나 크게 흔들리는지 잘 알기 때문입니다. 그것을 알기에 거리에서 마주치는 이들에게 동료 의식을 느낍니다. 나와 그들이 다르지 않은 존재라는 것을 알기 때문입니다. 사람은 서로 안에 있다는 말이 이런 뜻일까요?

공적인 일에 관심을 갖는 것이 모든 시민의 의무입니다만, 대부분의 사람들은 일상을 살아 내는 일에 몰두합니다. 그린란 드의 빙하가 하루에 85억 톤이 녹아내렸는데 그것이 플로리다 주 전체를 5센티미터 높이로 채울 수 있는 규모라거나, 터키의 산불이 걷잡을 수 없이 번지고 있다는 소식에 깊은 관심을 보이지 않습니다. 버트런드 러셀Bertrand Russell은 《나는 무엇을 위해 살아왔는가》라는 책에서 "나는 고귀한 것, 아름다운 것, 온화한 것을 좋아하려 했다. 나는 이 세상이 한층 세속적으로 변해가는 시대에 살면서도 통찰의 순간들로부터 지혜를 이끌어 내려 했다"라고 말합니다.[94] 여든 살 생일을 맞으면서 그는 자기 삶의 주요 가치를 세 가지로 술회하기도 했습니다. 사랑에 대한 갈망, 지식의 탐구, 인류의 고통에 대한 참을 수 없는 연민이 그것입니다. 참 대단한 분입니다. 그러나 이렇게 살지 못하는 이들을 향해 비루하다고 말하면 안 됩니다. 저마다 자기 몫의 삶을 살고 있으니 말입니다.

저는 일상을 충실하고 아름답게 살아 내는 것이야말로 우리의 과제라고 생각합니다. 거룩한 삶이란 남들이 하지 않는 종교적 실천을 하는 것을 의미하지 않습니다. 하나님의 마음에 조율된 삶이야말로 거룩한 삶이라 할 수 있습니다. "음식 솜씨는 상차림에서 드러나지만, 그의 인격은 설거지에서 드러난다." 어디선가 본 문장인데 보는 순간 깊이 공감하지 않을 수 없었습니다. "신을 벗어 놓은 것을 보면 그 사람의 내면의 풍경을 알 수 있다"라는 말도 마찬가지입니다. 공원에서 가끔 저를 알아보는 이들을 만날 때가 있습니다. 더러는 일부러 아는 척하며 인사를 건네는 이들도 있지만, 가만히 목례만 건네고 지나가는 이들도 있습니다. 어느 쪽이 낫다고 평가하려는 것은 아닙니다. 사람마다 품성이 다를 뿐입니다. 자기는 그럴 만한 자격이 있다고 여기기 때문인지 남이 애써 준비해 놓은 것을 누리기만 하는 사람이 있는가 하면, 다른 사람을 위해 좋은 것을 남겨 놓는 사람도 있습니다. 먹고 자고 입고 놀고 일하고 쉬는 일상의 일들을 떠나 어디서 하나님 경외를 찾을 수 있겠습니까?

"너희의 하나님인 나 주가 거룩하니, 너희도 거룩해야 한다"(레 19:2)는 말씀을 늘 떠올리고 있습니다. 어떤 삶이 거룩한 삶인가요? 부모를 공경하고, 안식일을 지키고, 우상을 섬기지 않고, 주님이 기뻐하시는 제사를 드리는 것이 기초입니다. 그러나 그 못지않게 중요한 것이 있습니다. 밭에서 추수할 때 밭 구석구석까지 거두어들이지 않는 것, 떨어진 이삭을 줍지 않는 것, 이웃을 속이지 않는 것, 이웃을 억누르지 않는 것, 품꾼의 품값을 미루지 않는 것, 듣지 못하는 사람을 저주하지 않는 것, 눈이 먼 사람 앞에 걸림돌을 놓지 않는 것, 공정한 재판을 하는 것, 헐뜯는 말을 하지 않는 것, 이웃의 생명을 위태롭게 하면서까지 이익을 보려 하지 않는 것, 앙심을 품지 않는 것이 그것입니다. 하나님 사랑은 이웃 사랑을 통해서 드러나게 마련입니다. 이웃과 평화롭게 살 줄 모르면서 하나님을 사랑한다는 것은 자기기만이기 쉽습니다.

힘겨울 때일수록 자기 삶을 정성스럽게 살아야 합니다. 어떤 일을 하든 해치우기 위해 하지는 마십시오. 성과에 집착하여 너무 자기를 닦달하지 마십시오. 자기 자신을 자비롭게 대할 수 있어야 다른 이들을 느긋하게 받아들일 수 있습니다. 낙심과 절망과 공포의 얼굴을 직시하고, 그 이면에서 작동하는 하나님의 사랑을 느끼기 위해 노력하십시오. 일상의 삶이 이루어지는 그 현장이야말로 우리의 도량임을 잊지 마십시오.

벌써 입추 절기가 다가옵니다. 부지런한 농부들은 가을 농사를 시작하고 있습니다. 평화와 생명의 씨를 곳곳에 뿌리는 기쁨을 누리십시오. 보이지 않는 곳에서 하나님나라가 자라고 있음을 기억하십시오. 여름이 다 지나기 전에 교회 문을 다시 열 수 있으면 참 좋겠습니다. 그 시간이 다소 늦어진다 해도 초조해하거나 속상해하지 마십시오. 사랑과 경외의 마음으로 살아가는 삶의 현장이야말로 하나님의 현존의 장소입니다. 평화의 주님께서 우리 모두와 함께하시기를 빕니다. 안녕히 계십시오.

2021년 8월 5일

냇물이 하는 말

노력은 존중받을 가치가 있고, 절망에서 출발
하지 않고도 성공에 이를 수 있다. 실패를 거
듭한다 해도, 퇴보하는 것처럼 느껴질 때가 있
다 해도, 일이 애초에 의도한 것과는 다르게 돌
아간다 해도, 다시 기운을 내고 용기를 내야 한
다.[95] _빈센트 반 고흐

주님의 은총과 평화를 빕니다.

입추가 지나면서 아침저녁으로 바람결이 달라졌습니다. 새
벽이면 홑이불을 끌어당기게 됩니다. 그렇게 보아서인지 모르
겠지만, 나뭇잎도 무성하던 초록이 조금 풀이 죽은 것처럼 보
입니다. 매미 소리도 조금 애잔해졌습니다. 참매미, 말매미, 쓰
름매미, 유지매미 소리가 뒤섞여 숲을 가득 채우더니 이제는
제풀에 꺾인 듯 소리가 작아졌습니다. 계절은 이렇게 어김없이
순환합니다. 세상에 존재하는 모든 것이 그러합니다. "주님, 주
님께서 손수 만드신 것이 어찌 이리도 많습니까? 이 모든 것을

주님께서 지혜로 만드셨으니, 땅에는 주님이 지으신 것으로 가
득합니다"(시 104:24). 볼 눈과 들을 귀가 있으면, 세상은 온통 하
나님의 말씀으로 가득 차 있습니다. 지난 주일 예배 전에 소개
한 척 로퍼Chuck Roper의 〈자연이 들려주는 말 I listen〉을 다시 소
개하고 싶습니다.

> 나무가 하는 말을 들었습니다.
> 우뚝 서서 세상에 몸을 내맡겨라.
> 너그럽고 굽힐 줄 알아라.
> 하늘이 하는 말을 들었습니다.
> 마음을 열어라. 경계와 담장을 허물어라.
> 그리고 날아올라라.
> 태양이 하는 말을 들었습니다.
> 다른 이들을 돌보아라.
> 너의 따뜻함을 다른 사람이 느끼도록 하라.
> 냇물이 하는 말을 들었습니다.
> 느긋하게 흐름을 따르라.
> 쉬지 말고 움직여라. 머뭇거리거나 두려워 말라.
> 작은 풀들이 하는 말을 들었습니다.
> 겸손하라. 단순하라.
> 작은 것들의 아름다움을 존중하라.[96]

　자연 역시 우리에게는 '텍스트'입니다. 고요함에 머물면서
겸허하게 들으려 할 때 자연은 삶의 지혜를 우리에게 들려줍

니다. 하지만 우리는 자연의 소리를 듣거나 배우려 하기보다는, 자연을 닦달하여 우리에게 필요한 것을 얻으려 합니다. 이때 자연은 자원이 됩니다. 한동안 자연은 자기를 착취하는 인간에게 별다른 반응을 보이지 않지만, 그 착취가 정도를 넘을 때 보복이 시작됩니다. 빙하가 녹아내리고, 빙하 속에 갇혀 있던 이산화탄소가 대기 중에 방출되고, 그 때문에 온난화가 가속화되고, 지구 한쪽에서는 물난리로 야단이고, 다른 쪽에서는 거대한 산불이 일어납니다. 지금 터키의 산불은 어지간히 잡혔다고 하지만, 그리스의 휴양지인 에비아섬은 산불로 오렌지빛 불길과 잿빛 연기로 뒤덮였다고 합니다. 외신이 전하는 사진한 장이 사람들이 느끼는 상실감과 공포를 여실히 드러냅니다. 평생을 살아온 자기 집에 불길이 닿는 것을 바라보며 뒤돌아선 여든한 살 할머니는 세상을 다 잃은 듯한 표정을 지었습니다. 죄송스러운 표현입니다만, 뭉크^{Edvard Munch}의 그림 〈절규〉를 보는 것 같았습니다.

기후 위기는 지금 우리 발등에 떨어진 불입니다. 그런데도 사람들은 풍요의 신화에서 벗어날 생각이 없습니다. 이재용 삼성 부회장의 가석방을 두고 어떤 이들은 환영한다고 말하고, 어떤 이들은 분노를 드러냅니다. 경제 논리가 법적 공정을 해쳤다는 사실은 분명해 보입니다. 플라톤의 《국가·政體》에 등장하는 소피스트 트라시마코스는 소크라테스가 말하는 정의를 부정하며 이렇게 말합니다. "들으십시오! 저로서는 올바른 것^{to dikaion}이란 '더 강한 자^{ho kreittōn}의 편익^{to sympheron}' 이외에 다른 것이 아니라고 주장합니다."[97] 역사는 승자의 기록이라는 말도 같은 진실을 보여 줍니다. 힘이 곧 정의인 세상은 암울한 세상입니다.

성경은 공의와 정의가 세상의 토대라고 말합니다. 공의는 미슈팟mishpat을 번역한 말인데, 재판관이 법에 따라 엄정하게 판정하는 것을 의미합니다. 규범, 법령이라는 뜻도 내포합니다. 히브리인들은 가난한 사람의 송사라 하여 치우쳐 두둔해서도 안 되고, 유력한 사람이라 하여 법을 임의로 적용해도 안 된다고 말합니다. 이것이 신뢰 사회의 기초입니다. 미슈팟은 일종의 사법적 정의라 할 수 있습니다. 그에 비해 정의는 쩨다카tsedaqah를 번역한 말입니다. 이것은 억압받는 사람에 대한 애타는 동정과 연결되는 개념입니다. 율법은 가난한 자에게 담보물을 잡았을 때는 해가 지기 전에 돌려주라고 말합니다. "이렇게 하는 것이 주 당신들의 하나님이 보시기에 옳은 일입니다"(신 24:13). 이 둘은 함께 가야 합니다. "정의는, 그것이 아무리 정확하게 행사된다 하더라도 비인간화될 때 죽고 만다. 정의는 그것 자체만이 신격화될 때 죽는다. 모든 정의 너머에 하느님의 동정이 초월해 있기 때문이다. 정의의 논리는 비인격적인 것처럼 보일 수 있다. 그러나 정의를 향한 관심은 사랑의 행위다."[98] 정의와 사랑은 함께 가야 하지만, 사랑을 명분으로 정의를 훼손해서는 안 됩니다.

지난 주중에는 여러 건의 장례가 진행되었습니다. 사랑하는 이와 헤어진 슬픔에 잠긴 유족들에게 주님의 위로가 함께하시기를 빕니다. 장례를 치를 때마다 고인의 삶을 차분하게 돌아보게 됩니다. 함께 지나왔던 시간의 자취를 들추노라면 호탕한 웃음소리도 들리고, 함께 나누던 음식 맛도 떠오르고, 찬양 속에 함께 머물던 기억도 소환됩니다. 이 광대한 우주 가운데서 지속적인 만남을 유지하며 산 사람은 정말 특별한 인연이라 말하지 않을 수 없습니다. 따지고 보면 나의 존재는 그동안 만나 왔던 이들과의 교섭 속에서 빚어진 무늬라 할 수 있지 않을까요? 떠난 분들은 이미 우리 곁에 없지만, 우리 삶에 지속적인 영향을 끼칩니다.

시작과 끝이 있는 것이 인생입니다. 당연한 말이지요? 사람은 탄생과 죽음 사이에 놓인 외줄을 타고 삽니다. 가끔은 괴롭고, 또 가끔은 권태롭지만, 산 자의 땅에 있다는 것은 참 고마운 일입니다. 테레사 수녀의 말처럼 잠시 그분의 일을 하다가 가는 게 인생입니다. 그 일에 충실할 때 삶이 든든해집니다.

외국 대학에서 공부하다가 잠시 다니러 왔던 청년들이 다시 학교 현장으로 돌아가기 전에 저를 찾아와 담소를 나누었습니다. 이번 학기부터 새롭게 외국에서 학업을 시작하는 이들도 여럿입니다. 모든 것이 낯설기만 한 그곳에서 어찌 지낼까 염려도 되지만, 그렇게 자기 삶을 기획하고 도전하는 젊은이들의 패기가 아름답습니다. 기도할 때마다 떠오르는 것은 갈 바를 알지 못하고 자기 세계를 떠났던 아브람입니다. 그는 안전 보장의 끈을 끊었기에 온전히 하나님의 보호 아래 살아야 했습니다. 형 에서에게 돌아갈 복을 가로채고 두려움 속에서 고향을 등져야 했던 야곱의 신산스러운 마음도 떠오릅니다. 그는 벧엘에서 돌베개를 베고 누웠다가 하늘과 땅 사이를 오가는 천사들의 모습을 보았고, 어느 곳에 가든지 동행하시겠다는 주님의 음성을 들었습니다. 기억 속에 새겨졌을 그 약속의 말씀은 시시때때로 찾아오는 위기로부터 그를 지키는 든든한 방패였을 겁니다.

먼 길을 떠나는 젊은이들에게 가끔 들려주는 이야기가 있습니다. 인도의 성자 사두 선다 싱Sadhu Sundar Singh의 일화입니다. 힌두교 신자였던 그는 어느 날 환상 가운데 주님을 만난 후 예수의 제자가 되어 일생을 살았습니다. 히말라야 설산을 넘나들며 복음을 전했습니다. 노년이 되었을 때 누가 물었다지요? 몸도 건강치 않은 분이 어떻게 그 혹독한 추위를 견디며 산을 넘을 수 있었느냐고. 정확한 문장은 기억나지 않지만 대체로 이런 뜻의 말을 한 것으로 기억합니다. "산을 넘기 전에 정신의 키를 산보다 높이면 산을 넘을 수 있습니다." 젊은이들이 주눅 들지 않고 당당하게 살 수 있는 세상이 되었으면 좋겠습니다. 하지만 그런 세상은 누가 만들어 주는 것이 아니라 스스로 만들어야 할 세상이기도 합니다. 요즘은 많이 부르지 않지만, 예전에 많이 부르던 찬송가 445장이 떠오릅니다.

> 태산을 넘어 험곡에 가도 빛 가운데로 걸어가면
> 주께서 항상 지키시기로 약속한 말씀 변치 않네
>
> 캄캄한 밤에 다닐지라도 주께서 나의 길 되시고
> 나에게 밝은 빛이 되시니 길 잃어버릴 염려 없네

앞에서 인용한 빈센트 반 고흐의 말처럼 우리가 하는 일이 뜻대로 되지 않는다 해도, 거듭되는 실패로 퇴보하는 것처럼 보인다 해도, 지향이 분명하다면 무너지지 않을 겁니다. 지향 자체가 용기입니다. 믿음의 사람들은 상황이 어려울 때도 노래를 부릅니다. 이곳저곳에서 들려오는 우렁우렁한 찬송 소리가 캄캄한 어둠 속에 처한 이들에게 용기를 불어넣을 수 있으면 좋겠습니다. 우리는 여전히 비대면 상황 속에 있지만, 중심이신 주님과의 연결을 잃지 않도록 노력해야겠습니다. 한 주간도 주님의 빛을 받아 건강한 기쁨 누리시기를 빕니다. 주님의 평화.

2021년 8월 12일

이웃의 일상

너희가 사는 곳에서 나도 같이 살겠다. 나는 너
희를 싫어하지 않는다. 나는 너희 사이에서 거
닐겠다. 나는 너희의 하나님이 되고, 너희는 나
의 백성이 될 것이다. 내가 주 너희의 하나님이
다. 나는 너희를 이집트 땅에서 이끌어 내어, 그
들의 노예가 되지 않도록 하였다. 또, 나는 너희
가 메고 있던 멍에의 가름대를 부수어서, 너희
가 얼굴을 들고 다니게 하였다(레 26:11-13).

주님의 은총과 평강을 기원합니다.

한 주간도 수고 많으셨지요? 많은 제약 속에서 이루어지는
삶이 흔쾌할 수만은 없지만 그래도 이렇게 버티며 살 수 있어
서 다행입니다. 세상의 많은 고통 가운데 하나가 보고 싶은 사
람을 보지 못하는 것이라지요? 〈그리움만 쌓이네〉라는 유행가
제목이 요즘 우리 마음을 참 적실하게 드러내는 것 같습니다.
제 마음이 그러한 것 같이 여러분 마음도 그러한지요?

이젠 새벽바람이 선득합니다. 8월 중순 지나면 물에 들어갈
수 없다는 옛 어른들 말씀이 어쩜 그리 딱 들어맞는지 모르겠

습니다. 성숙의 시간이 다가옵니다. 밖으로 향했던 시선을 안으로 거두어들여야 할 때 말입니다.

세상의 아픔은 여전합니다. 대통령 암살 사건으로 혼돈에 빠진 아이티에 강진이 발생하여 많은 사상자를 냈습니다. 수만 채의 집이 붕괴되거나 파손되었다고 합니다. 기본 의약품은 이미 동이 났고 항생제와 마취제까지 부족하여 수술도 할 수 없는 형편입니다. 엎친 데 덮친 격으로 폭우를 동반한 열대성 저기압 그레이스가 다가오고 있어 산사태와 건물의 추가 붕괴가 우려된다고 합니다. 하필이면 반갑지 않은 손님이 '그레이스' 곧 '은총'이라는 이름을 달고 있는지 모르겠습니다. 예수님의 말씀이 떠오릅니다. "아버지께서는, 악한 사람에게나 선한 사람에게나 똑같이 해를 떠오르게 하시고, 의로운 사람에게나 불의한 사람에게나 똑같이 비를 내려주신다"(마 5:45). 이 구절은 하나님 사랑의 보편성, 즉 차별 없는 사랑을 나타냅니다. 그러나 현실은 재난에도 차별이 있다는 사실을 증언합니다. 재난은 대개 가난한 이들에게 집중되곤 합니다. 그들은 위험 속에 방치되는 경우가 많습니다. 중국의 문화 혁명 당시 홍위병들에게 모욕을 당한 후 자살로 생을 마감한 라오서老舍의 소설에 나오는 한 대목을 저는 잊을 수 없습니다. 그는 마치 성경을 패러디하듯 말합니다.

비는 부자에게도 가난뱅이에게도 내린다. 의로운 사람에게도, 의롭지 않은 사람에게도 내린다. 그러나 실은 비는 결코 공평하지 않다. 공평함이 없는 세상에 내리기 때문이다.[99]

라오서는 비가 개면 시인들은 연잎에 구슬처럼 맺히는 물방울을 노래하고 저 먼 데서 떠오르는 쌍무지개를 읊조리지만, 가난한 사람들은 비를 맞고 가장이 감기라도 걸리면 온 식구가 굶을 수밖에 없다고 말합니다. 한 차례의 비가 기녀나 좀도둑을 만들기도 하고, 감옥에 들어가는 사람을 만들기도 합니다. 이게 현실입니다. 라오서의 눈을 통해 아이티가 직면한 문제가 얼마나 심각한지 가늠해 볼 수 있습니다. 일단, 사람들이 깨끗한 물과 안전한 피난처를 마련하도록 돕는 일이 급선무입니다. 우리 교회도 어려움에 처한 아이티를 돕는 모금 활동에 참여하려 합니다. 여러분의 기도와 후원이 절실합니다.

아프가니스탄의 상황도 매우 어렵습니다. 20년간 주둔하고 있던 미군이 철수하면서 탈레반이 돌아왔습니다. 카불 공항은 공포에 사로잡혀 탈출하려는 이들로 북새통을 이루고 있습니다. 대통령은 막대한 현금을 가지고 국외로 이미 도망했습니다. 그런 가운데서도 여성 각료와 관료들 일부는 피난을 거부한 채 자리를 지키고 있습니다. 그들이 부디 무사하기를 바랄 뿐입니다. 전문가들은 아프가니스탄 사태를 두고 이런저런 분석에 여념이 없습니다. 당연합니다. 민족주의적 입장에서 이 사태를 바라보는 이들도 있고, 미국의 중동 전략 변화에 주목하는 이들도 있습니다. 1979년부터 10년간 이어진 소련과 무자헤딘 간 전쟁을 숙주 삼아 탄생한 탈레반은 2001년 9·11 사태 이후 미군 주둔으로 세력을 잃은 듯 보였지만, 이제는 엄연한 현실로 세계 앞에 모습을 드러내고 있습니다. 어떤 일이 벌어질지는 누구도 짐작하기 어렵습니다. 이미 상당한 혼란이 빚어지고 있습니다. 테러와 공포가 일상이 되지 않기를 바랄 뿐입니다.

한 가지 분명한 점은 전쟁과 테러는 우리 삶을 고양하는 법이 없다는 사실입니다. 전문가들 이야기에도 귀를 기울여야 하지만, 무엇보다 혼란 속에서 무너지는 평범한 사람들의 일상에 주목해야 합니다. 일상을 벗어나고 싶은 늪처럼 여기는 이들도 있지만, 일상을 가장 그리워하는 이들도 있습니다. 지붕이 있는 집에서 잠을 자고, 가족들과 둘러앉아 음식을 함께 나누고, 아침이면 일터로 가고, 조금 시간 여유가 있을 때는 벗들과 어울려 담소를 나누고, 가끔 여행도 할 수 있는 일상은 누구에게나 주어진 당연한 기회가 아닙니다. 일상이 무너지는 순간 도덕적 주체로서 삶도 무너지기 쉽습니다. 사회적 일탈 행위를 하는 이들을 함부로 단죄하기 어려운 것은 그 때문입니다.

난민이 되어 세상을 떠도는 이들이 있습니다. 이주 노동자로 살면서 가족과 생이별한 채 지내는 이들도 많습니다. 따지고 보면 우리가 누리는 많은 것이 다른 이들의 수고 덕분입니다. 특히, 우리나라는 이제 농촌이든 어촌이든 이주 노동자가 없으면 생산 활동을 하기 어려운 형편이 되었습니다. 계절노동에 동원되는 이주 노동자들은 비좁은 다인승 버스를 타고 이동하고, 비좁은 숙소에서 공동생활을 합니다. 의료 혜택도 부족하니 감염병에 취약할 수밖에 없습니다. 언어적·신체적 폭력에 항시적으로 노출되어 있습니다. 성경은 세상을 떠돌며 살 수밖에 없던 사람들 이야기를 많이 담고 있습니다. 이스라엘은 애굽에서 난민으로 살았습니다. 하나님은 가나안 땅에 들어가

살더라도 그 시절을 잊으면 안 된다고 당부하셨습니다. "너희는 너희에게 몸붙여 사는 나그네를 학대하거나 억압해서는 안 된다. 너희도 이집트 땅에서 몸붙여 살던 나그네였다"(출 22:21). 학대당하는 이들이 정의를 호소하며 부르짖으면 하나님은 반드시 그들의 부르짖음을 들어주신다고 성경은 말합니다.

제가 늘 마음에 깊이 새기고 사는 경구가 몇 가지 있습니다. "인간 존재는 인간 되어감이다"(야스퍼스). "인간human-being의 과제는 인간이 되는 것being-human이다"(아브라함 요수아 헤셸). 요구받음에 대해 어떻게 응답하느냐가 우리 인간성을 결정합니다. 웨스트민스터 신앙 고백은 인생의 목적이 하나님을 영화롭게 하는 것이라고 말합니다. 어떻게 하는 것이 하나님을 영화롭게 하는 것일까요? 정답을 제시할 수는 없지만, 방향은 분명합니다. 과학자인 아인슈타인도 우리와 똑같은 고민을 했던 것 같습니다.

죽음을 피할 수 없는 우리 인간의 처지는 얼마나 기이한가? 우리들 각자는 목적이 무엇인지도 모른 채 이곳에 잠시 머물 뿐이다. 목적을 알 것 같은 느낌이 가끔 들기도 한다. 그러나 심각하게 생각할 것 없이, 그저 일상의 관점에서 보면 우리는 이웃을 위해 존재한다. 무엇보다 그 미소와 안녕에 우리의 행복이 오롯이 달려 있는 사람들을 위해, 그리고 친분은 없지만 공감이라는 끈으로 서로 얽혀 있는 미지의 타인을 위해. 나는 하루에도 수백 번씩, 나의 온 삶이 산 자든 죽은 자든 상관없이 타인의 노동에 의지하고 있다는 사실을

떠올린다. 그리고 내가 받은 만큼을 돌려주기 위해 최선을 다해야 한다는 사실도 기억한다.[100]

"우리는 이웃을 위해 존재한다"라는 아인슈타인의 고백이 놀랍습니다. 이 말에는 나의 존재가 이웃 덕분에 지속된다는 뜻도 담겨 있습니다. 인간의 과제는 받은 만큼 돌려주기 위해 노력하는 것이라는 그의 말이 인상적입니다. 우주의 신비와 비밀을 탐구하는 최고의 과학 지식을 가진 사람이라 해도 결국 곁에 있는 사람들과의 관계 속에서 이루어지게 마련입니다. 바울 사도가 한 말도 같은 진실을 보여 줍니다. "내가 예언하는 능력을 가지고 있을지라도, 또 모든 비밀과 모든 지식을 가지고 있을지라도, 또 산을 옮길 만한 모든 믿음을 가지고 있을지라도, 사랑이 없으면, 아무것도 아닙니다"(고전 13:2). 지근거리에 있는 이들을 아끼고 존중할 줄 모른다면, 진리 안에 거하는 사람이라 할 수 없습니다. 우리 일상은 그런 사랑을 배우고 익히는 도량입니다. "나는 너희 사이에서 거닐겠다"(레 26:12)라는 말씀이 가슴 벅차게 다가옵니다. 우리들이 맺는 관계 속에서 주님의 사랑이 나타나면 좋겠습니다.

어지러운 시절일수록 기초에 충실해야 합니다. 이익에 담백해질 때 우리 속에 여백이 커집니다. 여백이 있어야 다른 이들을 마음으로 받아들일 수 있습니다. 갑작스러운 소나기가 내린 후 하늘이 청명합니다. 깨끗한 대기는 사물들을 왜곡됨 없이 보여 줍니다. 우리도 삶으로 하나님의 살아 계심을 드러낼 수 있으면 좋겠습니다. 무소식이 희소식이라고는 하지만 어찌 지내시는지 두루 궁금합니다. 잊지 마십시오. "우리는 주님의 빛을 받아 환히 열린 미래를 봅니다"(시 36:9). 주님께서 여러분 가정과 일터에 평화와 은총을 내려 주시기를 빕니다.

2021년 8월 19일

다가서는 움직임

아침에 눈 떠서 생각한다. 나는 그동안 받기만
했다고, 받은 것들을 쌓아놓기만 했다고, 쌓인
것들이 너무 많다고, 그것들이 모두 다시 주어
지고 갚아져야 한다고, 그래서 나는 살아야겠
다고….[101] _김진영

주님의 은총과 평화를 빕니다.

바울 사도는 고린도 교회에 보내는 편지에서 수신인을 가리
켜 "그리스도 예수 안에서 거룩하여지고", "성도로 부르심을
받은 여러분"이라고 칭했습니다. 그리고 "각처에서 우리 주 예
수 그리스도의 이름을 부르는 모든 이들에게도 아울러 문안드
립니다"(고전 1:2)라고 말합니다. 어제와 오늘, 이 구절을 많이
묵상했습니다. 특히 '각처'라는 말이 크게 다가왔습니다. 만나
지 못하는 시간이 길어지고 있기 때문일 겁니다. 간간이 기도
를 부탁하러 교회에 들르는 교우들이 있습니다. 얼마나 반가운

지 모릅니다. 여럿이 모일 수는 없지만, 사무실에 앉아 두런두런 이야기를 나누다 보면 우리가 서로에게 얼마나 소중한 사람인지 느끼게 됩니다. 그래서 혼잣소리로 여러분께 인사를 건넵니다. "거기 다 잘 계시지요?"

처서 절기인데도 비가 많이 내렸습니다. 늦장마처럼 흐린 날이 많습니다. 남녘에는 태풍 오마이스가 스쳐 지나가면서 많은 비를 뿌렸습니다. 건물이 침수되고 도로가 유실되었다고 합니다. 다행히 인명 피해는 크지 않은 것 같습니다. 매해 반복되는 일이기는 하지만, 자연재해를 겪을 때마다 인간의 작음을 실감하지 않을 수 없습니다. 오늘 아침 효창공원을 천천히 걷다가 커다란 소나무 한 그루가 넘어진 것을 보았습니다. 뿌리가 얕아서인지, 그 자리에 노박이로 서 있는 것이 지루했는지, 뿌리를 드러낸 채 벌렁 누워 버렸습니다. 소나무가 차지하고 있던 자리가 텅 비었습니다. 조금은 쓸쓸해 보였습니다. 그래도 며칠 지나면 그 광경에 또 익숙해지겠지요? 세상 사는 이치가 그러한 것 같습니다.

사랑하는 이와 사별한 교우들이 차마 그가 머물던 공간을 정리하지 못하고 있다는 이야기를 들었습니다. 마치 그가 그곳에 있는 것처럼 느껴지기 때문일 겁니다. 시간이 조금 지나고 나면 그의 부재를 현실로 받아들이게 되겠지요? 있음과 없음 사이에서 삶의 다양한 풍경이 빚어집니다. 하지만 눈에 보이지 않는다고 없는 것은 아닙니다. 부재하는 현존? 하나님을 우리는 그렇게 경험합니다. 하나님 안에 있는 이들도 마찬가지일 겁니다.

지금 도쿄에서는 패럴림픽이 진행 중입니다. 하계 올림픽만큼 주목을 받지는 못하지만, "스포츠는 세계와 미래를 바꾸는 힘이 있다"라는 슬로건 아래 개최된 이 대회는 인간 정신의 위대함을 드러내는 평화의 제전입니다. 신체장애, 지적 장애, 시각 장애, 뇌성 마비 등 다양한 장애가 있는 이들이 함께 모여 갈고닦은 기량을 마음껏 펼치는 현장은 그 자체로 감동입니다. 장애를 안고 사는 것은 참 힘겨운 일입니다. 우리는 몸에 조그만 고통이 찾아와도 전전긍긍합니다. 그리고 당연하던 것들이 더는 당연하지 않음을 알 때 아주 조금 겸손해집니다.

장애를 안고 태어나거나, 중도 장애를 입은 이들의 고통과 어둠을 우리는 다 이해하지 못합니다. 그저 짐작만 할 뿐입니다. 자칫 잘못하면 깊은 좌절의 늪에 빠질 수도 있고, 원망에 사로잡힐 수도 있습니다. 그러니 장애를 삶의 조건으로 받아들이고, 그 가운데서도 자기가 할 수 있는 최대치를 발휘하려는 이들은 얼마나 귀한 존재들입니까?

저는 신학자 폴 틸리히Paul Tillich에게 '존재의 용기courage to be'라는 말을 배웠습니다. 이 말을 온전히 이해하기 위해서는 상당한 철학적 우회를 거쳐야 하지만 아주 간단하게 말하자면, 존재의 용기란 우리를 공허와 무의미의 심연에 빠뜨리려는 현실을 경험하면서도 기어코 자기 존재를 지속하고 또한 긍정하는 것이라 할 수 있습니다. 물론, 그런 용기는 모든 존재의 근원이신 하나님에 대한 신뢰에 근거합니다. 하나님을 명시적으로 고백하든 고백하지 않든, 자기 한계를 뛰어넘어 인간 정신의 위대함을 드러내는 이들은 위대합니다. 많은 이들이 패럴림픽에도 관심을 가지면 좋겠습니다.

며칠 전 아내와 길을 걷다가 본 광경이 떠오릅니다. 비둘기 몇 마리가 오졸거리며 걷고 있었습니다. 특별할 것도 없는 도시의 풍경입니다만, 어느 순간 아내가 "어머, 저기 좀 봐요" 하고 말했습니다. 비둘기 가슴께에 광고 전단 테이프가 들러붙어 있었습니다. 어쩌다 그런 처지가 되었는지는 알 수 없지만, 비둘기는 당황한 기색이 역력했습니다. 걷는 방향을 이리저리 바꿔 보고, 깃털도 움직거려 보지만 테이프가 떨어질 리 없었습니다. 도와주고 싶어 조금 다가서면 위협으로 느꼈는지 다른 방향으로 황급하게 달아났습니다. "한번 날아 봐. 그러면 떨어질지도 몰라." 얼마 전에는 고양이 한 마리가 아픈 새끼를 입에 물고 동물 병원을 찾아왔다는 기사를 보았습니다. 참 신기한 일입니다. 살다 보면 정말 암담한 일을 만날 때가 있습니다. 다른 이들에게는 간단한 문제일 수도 있지만, 당사자에게는 한계 상황처럼 여겨지는 일들 말입니다.

주님은 이웃이 누구인지 묻는 율법 교사에게 선한 사마리아 사람의 비유를 들려주시고는 물으셨습니다. "너는 이 세 사람 가운데서 누가 강도 만난 사람에게 이웃이 되어 주었다고 생각하느냐?"(눅 10:36) 주님은 "누가 이웃입니까?"라는 질문을 "누가 이웃이 되어 주었느냐?"는 질문으로 바꾸셨습니다. 이웃은 지금 우리의 도움이 필요한 사람입니다. 탈레반이 아프가니스탄을 장악하면서 수많은 사람이 보복의 위험을 느끼고 있습니다. 여성들의 처지가 더욱 딱합니다. SNS를 통해 탈레반이 기독교 선교사들을 처형하려고 하니 기도해 달라는 요청이 유포되기도 했지만, 그것은 대개 가짜 뉴스로 드러났습니다. 이슬람 신자들을 테러리스트로 특정하려는 의도 때문일 겁니다. 이제 아프가니스탄 난민을 받아들일지의 문제가 국제 사회의 관심사가 되었습니다. 일단 우리 정부는 탈레반의 보복 위협 아래 있는 아프가니스탄 사람 400명을 군용기로 데려오기로 했다고 합니다. 아프간 재건에 협력한 대사관, 병원, 직업 훈련원 직원들과 가족들입니다. 잘한 조치라고 생각합니다. 설 땅이 없는 이들에게 설 땅을 제공하는 것은 마땅한 일이기 때문입니다.

피렌체 대성당 건너편에 있는 산 조반니 세례당 건물은 청동 문에 새겨진 정교한 부조물과 내부의 정교한 모자이크로 유명합니다. 안드레아 피사노Andrea Pisano가 남쪽 문에 세례자 요한의 생애와 관련된 부조물을 제작했는데, 그 가운데 하나가 '희망spes'입니다. 날개 달린 천사가 마치 공중에 떠 있는 것 같은 희망을 잡으려고 다가가고 있습니다. 마치 나비나 잠자리를 잡으려고 발끝을 세운 채 조심조심 걷는 아이들의 모습 같습니다. 등 뒤에 날개가 달려 있지만 천사는 다만 손을 뻗고 있을 뿐입니다. 희망은 쉽게 잡히지 않습니다. 피사노는 희망이란 본래 희박한 것이라는 사실을 전하고 싶었던 것일까요? 그런데 숙명여대 김응교 교수는 이 작품을 전혀 다른 관점에서 바라봅니다. 천사가 잡으려 하는 공중에 있는 어떤 주머니가 희망인 줄 알았지만, 실은 날개를 가진 저 존재가 희망이라는 것입니다. 그는 발터 벤야민Walter Benjamin의 말, 즉 "희망은 날개를 갖고 있다"는 말을 힌트 삼아 그 천사가 희망인 까닭을 이렇게 말합니다.

> 왜 희망일까? 무엇인가 '곁으로' 다가가기 때문일 것이다. 희망이 되려면 '곁으로' 움직여야 한다. 손에 닿지 않더라도 '곁으로' 움직이는 순간, 날개 달린 존재는 희망이 된다. '곁으로' 움직이는 순간, 거기에 진실이 있다.[102]

'곁으로' 다가서는 움직임이 곧 희망이라는 말은 많은 것을 암시합니다. 다가섬으로 내게 유익이 될 만한 사람 곁으로 가는 일은 쉽습니다. 그러나 다가섬이 나를 불편하게 하고, 때로는 위험할 수도 있을 때, 그 다가섬은 희망이 됩니다. 누군가의 곁에 다가가 그의 설 땅이 되어 주고, 비빌 언덕이 되어 주는 사람이야말로 하나님께 속한 사람이라 하겠습니다.

교우들 가운데 이렇게 힘들고 지친 사람들 곁으로 다가서는 이들이 많다는 사실이 얼마나 고맙고 좋은지 모르겠습니다. 그들은 인정의 황무지인 이 세상에 희망을 파종하는 사람들입니다. 그들은 현재라는 시간을 가장 소중한 가치로 채우는 이들입니다. 온몸으로 어려움에 처한 이들을 돌보는 분들은 치열하게 하나님 앞에 엎드립니다. 자기 힘으로 할 수 없음을 알기 때문입니다. 바울 사도는 갈라디아 교인들에게 "여러분은 서로 남의 짐을 져 주십시오. 그렇게 하면 여러분이 그리스도의 법을 성취하실 것입니다"(갈 6:2)라고 말했습니다. 남의 짐을 지는 행위 자체가 그리스도의 법을 성취하는 길입니다. 물론, 믿음의 사람들은 다른 이들에게 짐이 되지 않기 위해 노력해야 합니다. 그러나 견디기 어려울 때는 누군가에게 도움을 청할 수 있어야 합니다. 그건 부끄러운 일이 아닙니다. 우리는 그리스도의 몸이기 때문입니다.

벌써 8월 마지막 주일이 다가옵니다. 환절기 건강에 유의하시고, 일상의 모든 순간 하나님의 현존을 경험하려고 애쓰십시오. 그분의 현존이 느껴지지 않더라도 속상해하지 마십시오. 눈으로 볼 수 없고, 만질 수 없더라도 주님의 사랑은 늘 우리를 감싸고 계십니다. 우리 또한 주님의 손이 되어 가슴 시린 이들을 감싸 줄 수 있으면 좋겠습니다. 주님의 평화가 우리 가운데 임하시기를 빕니다.

2021년 8월 26일

내면의 풍경

가장 절실한 인간의 목소리를 낼 수 있는 사람
은 위대한 장군이나 성직자가 아닙니다. 지금
배고픈 사람, 지금 추위에 얼어 죽어가는 사람,
지금 병으로 괴로워 몸부림치고 있는 사람, 온
갖 괴로움 속에 허덕이는 사람만이 진실을 말
할 수 있습니다.[103] _권정생

주님의 은혜와 평화를 빕니다.

벌써 9월에 접어들었습니다. 별고 없이 잘들 계신지요? 격
절의 세월이 한없이 길어지고 있습니다. 그렇지만 우리 앞에
당도한 시간은 하나님의 선물임이 분명합니다. "좋은 때에는
기뻐하고, 어려운 때에는 생각하여라. 하나님은 좋은 때도 있
게 하시고, 나쁜 때도 있게 하신다. 그러기에 사람은 제 앞일을
알지 못한다"(전 7:14). 알지 못함. 어쩌면 이것이 유한한 우리
인생의 비밀인지도 모르겠습니다. 뜻한 바가 이루어졌다고 너
무 으스댈 것도 없고, 일이 잘 풀리지 않는다고 낙심할 것도 없

습니다. 인생의 지혜는 우리에게 당도한 삶의 현실을 잘 갈무리하여 하나님께 나아가는 디딤돌로 삼는 데 있는 것이 아닐까요? 흐리고 힘든 날도 있지만, 맑고 상쾌한 날도 있는 법입니다. 어떤 날이 다가오든 우리 내면의 빛이 어둡지 않다면 꽤 괜찮은 삶을 살고 있다고 말할 수 있을 겁니다.

지난주 금요일 저녁에는 예술의전당에서 열린 우리 교우의 첼로 독주회에 다녀왔습니다. 서정적인 첼로 선율 속에서 모처럼 마음의 안식을 누릴 수 있었습니다. 피아노와 첼로가 소리를 주고받기도 하고, 다른 소리 위에 또 다른 소리가 유연하게 포개지며 만들어 내는 화음이 참 아름다웠습니다. 나치가 만든 절멸수용소에서도 수감자들이 음악회를 열기도 했다지요? 음악에 관해서는 잘 알지 못하지만, 한 장면을 아름답게 기억하고 있습니다. 베를린 장벽이 무너지고 있다는 소식을 들은 첼리스트 므스티슬라프 로스트로포비치Mstislav Rostropovich는 파리에서 베를린으로 날아가 그 유명한 관문인 '체크 포인트 찰리' 앞에서 바흐의 〈여섯 개의 무반주 첼로 모음곡〉 2번 중 '사라반드'를 연주했습니다. 억압과 두려움에 사로잡혀 살면서 자유를 갈망하던 사람들에게 바치는 일종의 애가였을 겁니다. 저는 신문에 실린 그 연주 장면을 스크랩해 두고 가끔 꺼내 보곤 했습니다. 음악의 위대함을 전율하며 느낀 순간이었습니다.

토요일에는 국립극장에서 오페라 〈박하사탕〉을 보았습니다. 영화 〈박하사탕〉을 원작으로 인물들을 세심하게 재배치하여 만든 작품입니다. 시대의 아픔을 외면하지 않는 작곡가 이건용 선생이 여러 해에 걸쳐 작곡한 대작이었습니다. 이틀 연속으로 이런 모임에 가는 게 쉽지 않았지만, 교우 가족이 오페라 제작에 깊이 관여하고 있었기에 기쁜 마음으로 관람했습니다. 광주 민주화항쟁을 배경으로 한 그 오페라는 거대한 시스템 속에서 한 개인의 삶이 어떻게 으깨지고 망가지는지를 처연하게 보여 주었습니다. 그러면서도 그 속에서 빚어지는 사람들의 연대와 사랑의 아름다움 또한 가슴 시리게 드러냈습니다. 인간의 숭고함은 극한 상황에서 드러나는 것임을 재확인할 수 있었습니다.

국립극장 앞에서 택시를 탔습니다. 등을 기대고 편히 쉴 생각이었는데 연세가 지긋하신 기사님이 말을 걸었습니다.

"공연 보고 오시나 봐요."

"예."

"무슨 공연이었나요?"

"〈박하사탕〉이라는 오페라였어요."

"요즘 공연자들 형편이 말이 아니라는데 그래도 공연을 할 수 있었군요."

"네. 그런데 선생님은 어떻게 공연자들 형편을 그렇게 잘 아세요?"

"예, 사실 우리 집 아이들 셋이 다 국악을 했어요."

"그렇군요. 지난 2년 동안 많이 힘들었겠어요."

"큰아이는 경기 민요를, 작은아이는 판소리를, 막내는 한국무용을 하는데, 공연이 끊겨서 어려움이 많았지요."

"아유, 자제분들이 재능이 많으시군요. 혹시 선생님도 국악을 하시나요?"

"나야 뭐, 하하, 우리 나이 또래 사람들이 하는 정도지요 뭐.

내 아내는 프로는 아니지만 한국 무용을 꽤 잘해요."

기사님은 기분이 좋아 보였습니다. 큰길가에 내려 달라고 하는데도 굳이 아파트 앞까지 차를 몰면서 "차가 올라가는 거니까 내가 힘들 건 없어요"라고 말하며 껄껄 웃었습니다. 유쾌한 저녁이었습니다. 기사님은 지금 형편이 어렵기는 하지만, 아들과 딸이 자랑스러운 것 같았습니다. 사람은 자기 속에 있는 것을 밖으로 내놓게 마련입니다. 내 속에 기쁨이 있으면 다른 이들에게 친절해지고 너그러워집니다. 그러나 근심과 걱정이 우리를 뒤흔들 때는 사소한 일로도 화를 내고 주변 사람들에게 상처를 입힙니다. 세상이 온통 나에게 적대적인 것처럼 느껴져 우울에 사로잡히기도 합니다. 감정이 흔들릴 때마다 자기 마음을 살펴보아야 합니다. 그리고 그 마음을 치유자이신 하나님께 가져가야 합니다.

예루살렘에서 온 바리새파 사람들과 율법학자들은 예수의 제자들이 빵을 먹을 때 손을 씻지 않는 것을 보고 정결법 위반이라며 나무랐습니다. 그때 주님은 전통을 지킨다면서 율법의 본정신을 저버린 그들을 꾸짖으시며 말씀하셨습니다. "입으로 들어가는 것이 사람을 더럽히는 것이 아니라, 입에서 나오는 것, 그것이 사람을 더럽힌다"(마 15:11). 지금 하는 말과 행동은 우리 내면의 풍경을 고스란히 반영합니다. 성급함, 난폭함, 비방, 무절제, 불평, 불경, 교만함은 우리 속에 자리 잡은 혼돈과 어둠을 드러냅니다. 주님의 권고를 가슴에 새겨야 합니다. "네 속에 있는 빛이 어둡지 않은지 살펴보아라"(눅 11:35).

열매를 보아 나무를 안다는 말은 조금도 과장이 아닙니다.

本(본)과 末(말)은 각각 나무 木(목) 자가 기본입니다. 한자의 자형을 보면 '本'은 뿌리를 가리키고 '末'은 열매를 가리킴을 알 수 있습니다. '본'이 중요하고 '말'은 중요하지 않다는 말이 아닙니다. 본립도생本立道生이라는 말이 있습니다. 기본이 바로 서면 나아갈 길이 생긴다는 뜻입니다. 뿌리가 튼튼해야 열매도 좋은 법입니다. 사도 바울은 "그러므로 믿음, 소망, 사랑, 이 세 가지는 항상 있을 것인데, 그 가운데서 으뜸은 사랑입니다"(고전 13:13)라고 말했습니다. '항상 있는 것' 바로 그것이 기본입니다. 그것이 무너지면 모든 것이 무너집니다. 우리는 시간을 과거, 현재, 미래로 나눠 경험합니다. 그러나 이것은 편의상의 구분일 뿐입니다. 대체 시간이란 무엇일까요? 아우구스티누스도 같은 고민에 빠졌던 것 같습니다.

> 도대체 시간이 무엇입니까? 아무도 묻는 이가 없으면 아는 듯하다가도 막상 묻는 이에게 설명을 하려 들면 말문이 막히고 맙니다.[104]

시간에 대한 탐색을 거듭하던 아우구스티누스는 결국 "과거의 현재, 현재의 현재, 미래의 현재, 이렇게 세 가지 때가 있다 하는 것이 그럴듯할 것"이라고 말합니다. 그 후에 많은 이들에게 알려진 구절이 나옵니다. "과거의 현재는 기억이요, 현재의 현재는 목격함이요, 미래의 현재는 기다림입니다."[105] 인간은 시간을 기억, 목격함(직관), 기다림의 형태로 경험한다는 것입니다. 시간을 정화하는 것이 거룩함에 이르는 길이겠지요. 과거는 믿음으로, 현재는 사랑으로, 미래는 소망으로 정화해야 합니다. 믿음, 소망, 사랑은 이렇게 시간과 연결됩니다. 이 세 가지가 우리 삶의 토대가 될 때 흔들리지 않고 걸어갈 수 있습니다.

세상 도처에서 위험에 직면한 이들이 참 많습니다. 물론 세상의 모든 고통에 반응하며 살 수는 없습니다. 그러나 지금 우리 앞에 있는 이들을 존중하고 사랑하는 것은 믿는 이들에게 주어진 거룩한 소명입니다. 마르티니Carlo Maria Martini 추기경이 움베르토 에코Umberto Eco와 주고받은 서신에서 들려준 말이 귀에 생생합니다.

> 인간의 생명을 존중한다는 것은 살아 있는 구체적인 한 사람을 책임지는 행위입니다. 그리고 그 존재의 존엄성은 단지 내 쪽에서 내린 호의적인 평가나 인도주의적인 충동에 좌우되는 것이 아니라, 하느님의 부름에서 말미암은 것입니다. 그 존재는 단지 '나'라든가 '나의 것', 또는 '내 속에 있는 것'이 아니라 내 앞에 있는 어떤 것입니다.[106]

지금 내 앞에 있는 한 사람에게 충실한 것이 생명 존중이라는 말입니다. 이런 삶을 부단히 연습해야겠습니다. 삶의 현장은 우리가 의젓한 사람으로 지어져 가는 일종의 도량이라 할 수 있습니다. 일상 속에서 보화를 발견하는 기쁨을 누리시기를 빕니다.

2021년 9월 2일

꽃을 먹는 새

한 아이가 쌀새에 대해 물었다.
"저 새는 어떻게 저렇게 아름다운 목소리로
노래하죠, 엄마?
혹시 꽃을 먹는 게 아닐까요?"[107]
_헨리 데이비드 소로

주님의 은총과 평화를 빕니다.

모처럼 맑은 햇빛을 보니 참 좋습니다. 마치 새 하늘과 새 땅이 열린 것 같습니다. "우리는 주님의 빛을 받아 환히 열린 미래를 봅니다"(시 36:9)라고 노래했던 시인의 마음을 조금은 느낄 수 있습니다. 지금 힘겨운 시간을 보내고 계신 분도 계시지요? 가끔 삶이 잔인하다는 생각이 들 때가 있습니다. 하나의 언덕을 넘고 나면 숨 돌릴 사이도 없이 또 다른 언덕이 우리를 기다리곤 합니다. 삶이 우리에게 던지는 질문에 답을 찾아가는 것이 인생인지도 모르겠습니다.

형 에서를 피해 달아나던 야곱이 돌베개를 베고 자다가 꾼 꿈 이야기를 우리는 잘 압니다. 주님께서 꼭대기가 하늘에 닿아 있는 층계 위에 서서 들려주신 말씀은 크게 세 가지로 요약됩니다. 첫째, 네가 지금 누워 있는 땅을 너와 너의 자손에게 주겠다. 둘째, 너의 자손이 땅의 티끌처럼 많아질 것이고, 땅 위의 모든 백성이 그들 덕분에 복을 받을 것이다. 셋째, 내가 너와 동행하면서 너를 지켜 주고 반드시 이 땅으로 데려오겠다. 감동적인 약속입니다. 큰 그림입니다. 그러나 이 약속이 일상에서 직면해야 하는 크고 작은 고통과 시련을 면제해 주지는 않습니다. 그는 온몸으로 시간 속을 기어가야 했습니다. 시련과 고통, 서러움과 두려움을 통과해야 했다는 말입니다.

하나님은 이스라엘을 "너 지렁이 같은 야곱아, 벌레 같은 이스라엘아"(사 41:14)라고 부르십니다. 연약하고 보잘것없는 그들의 처지를 빗대서 한 표현이겠지만, 저는 이 속에 담긴 아픔을 읽습니다. 어린 시절, 비가 많이 내린 다음 날 시골 신작로를 타박타박 걷다 보면 곳곳에 물이 고여 있었습니다. 흙이 가라앉아 고운 바닥에 마치 들판에 난 외길처럼 긴 선이 그어진 것을 볼 때마다 발걸음을 멈추고 가만히 들여다보곤 했습니다. 그 외줄은 지렁이가 온몸으로 기어간 자취였습니다. 흙 위를 기어간 지렁이의 자취가 왜 그리 쓸쓸하고 처연해 보였는지 모르겠습니다. 심상 속에 또렷하게 각인된 그 이미지 탓인지, "지렁이 같은 너 야곱아"라는 구절을 볼 때마다 역사의 밑바닥을 온몸으로 기어가는 이들의 모습을 떠올리곤 합니다. 세상에는 발레리나가 몸을 솟구치듯 가뿐하고 상큼하게 인생을 살아

가는 이들이 있는가 하면, 바닥에 발이 닿지 않는 것처럼 허청
거리며 걷는 이들도 있습니다. 무시당하고 짓밟히면서도 기어
코 앞으로 나아가는 이들도 있습니다.

시인 김수영은 〈거미〉라는 시에서 "나는 너무나 자주 설움
과 입을 맞추었기 때문에/ 가을바람에 늙어가는 거미처럼 몸
이 까맣게 타버렸다"[108]고 노래한 바 있습니다. '설움과 자주
입을 맞추었다'는 표현은 시인이 겪어야 했던 신산스러운 시
간을 고스란히 드러냅니다. 그러나 온몸으로 뻘밭을 기어가듯
살면서도 긍지를 잃지 않는 것, 더 고귀하고 높은 가치를 지향
하는 것, 사람다운 사람이 되고자 애쓰는 것, 그것이 시인의 드
넓은 긍지일 겁니다. 시인뿐만이 아닙니다. 그런 마음으로 사
는 이들은 다 나름대로 멋진 인생의 시인들입니다. 있음 그 자
체로 세상을 정화하는 이들이 시인이 아니라면 누가 시인이겠
습니까? 하나님은 그런 이들에게 관심이 많으십니다.

믿음의 반대어는 불신이 아니라 숙명론입니다. 숙명론은 아
무것도 바꿀 수 없다는 비관주의와 다르지 않습니다. 숙명론에
빠진 사람은 하나님께서 주신 자유를 사용하려 하지 않습니다.
그것은 마치 한 달란트 받은 종이 주인에게 미움을 살까 무서
워 달란트를 땅에 묻어 두는 것과 같습니다. 우리가 흔히 저지
르는 죄 가운데 하나가 나태함입니다. 영어로 나태를 가리키
는 단어는 'sloth'인데, 이는 나무늘보를 가리키는 단어이기도
합니다. 나무에 매달려 지내면서 최소한의 움직임만으로 사는
동물입니다. 물론, 나무늘보도 급할 때는 상당히 빠르게 움직
입니다. 기독교 전통이 말하는 나태는 몸이 굼뜬 것만을 가리

키는 것이 아니라, 영혼이 메말라 활력과 생기를 잃어버린 상태를 가리키는 말입니다. 일종의 무기력증입니다. 믿음으로 산다는 것은 하나님의 가능성을 신뢰하며 자기 일을 성심껏 수행하는 것이 아닐까요? 잊지 말아야 할 것은 우리의 모든 일이 하나님 앞에서의 일이 되어야 하고, 하나님께 바치는 산 제물이어야 한다는 것입니다.

파란 가을 하늘이 시야를 시원하게 합니다. 삶이 아무리 바빠도 가끔 하늘도 바라보고, 나무도 바라보고, 흘러가는 강물도 바라보면 좋겠습니다. 그렇게 해찰하는 시간은 낭비가 아닙니다. 그런 느긋한 시간 경험이 우리를 신성한 시간 앞에 데려가기 때문입니다. 요한 페터 에커만Johann Peter Eckermann은 괴테의 마지막 십 년을 가장 가까이에서 지켜본 사람입니다. 그가 남긴 《괴테와의 대화Gespräche mit Goethe》라는 책은 괴테의 작품을 넘어 괴테라는 사람을 이해하는 데 참 중요한 자료입니다. 에커만이 괴테를 늘 경외심을 품고 대했던 것을 감안하더라도 그 글에 나타난 괴테는 품격 있고 또한 위대한 사람이었습니다. 그 책 가운데서 읽은 한 에피소드입니다. 어느 날 에커만은 어떤 사람에게 둥지에 든 새끼 휘파람새를 어미 새와 함께 선물 받았습니다. 어미 새는 실내에서도 쉴 새 없이 새끼에게 먹이를 먹여 주었습니다. 창문을 열고 놓아주어도 다시 새끼에게 되돌아오곤 했습니다. 에커만은 위험과 감금을 두려워하지 않는 어미 새의 사랑에 감동하여 괴테에게 그 이야기를 들려주었습니다. 그때 괴테는 미소를 지은 채 "만약 자네가 신을 믿고 있다면 그것이 이상할 것은 하나도 없네"라고 말하며 자기가 쓴 시의 한 대목을 낭송해주었습니다.

> 신은 어울리게도 안으로 세계를 움직이고
> 자기 안에 자연을, 자연 속에 스스로를 품어 기른다.
> 그러므로 신 안에서 살고 움직이고 존재하는 것은
> 신의 힘과 정신을 잃지 않는 것이다.

그리고 괴테는 이어 이렇게 말했습니다. "만약 신이 어미 새에게 자기 새끼 새에 관한 이와 같은 무한한 사랑의 본능을 불어넣지 않았다면, 또한 똑같은 본능이 자연 전체의 일체 생물에 미치게 하지 않는다면, 이 세계는 지속하지 못할 게야! ― 그와 같이 신의 위력은 세계 어디에나 편재해 있고, 무한한 사랑은 어디에서나 약동하고 있는 것이네."[109] 세계가 지속되는 이유는 하나님이 모든 생명 속에 불어넣으시는 무한한 사랑의 본능 덕분이라는 말에 저는 크게 감복했습니다. 따지고 보면 세상의 모든 생명은 누군가의 덕분에 삽니다. 최초에는 부모의 사랑이, 나중에는 운명처럼 다가온 이런저런 사랑이 우리 삶을 든든하게 붙잡아 주는 끈이 됩니다. 괴테는 그러한 사랑을 가리켜 '편재하는 신의 상징'이라 말합니다.

마음의 눈이 열린 사람은 누구나 이와 비슷한 고백을 합니다. 세상은 우리가 이해할 수 없는 신비로 가득 차 있습니다. 어느 초등학교에서 본 주관식 시험 문제 중에 "부모님은 왜 우리를 사랑하실까요?"라는 질문이 있었다고 합니다. 사실 이건 우리도 풀기 어려운 문제입니다. 그런데 한 학생이 이렇게 답을 적었다고 하지요. "그러게 말입니다." 이 대답 속에는 나름대로 문제를 풀어 보려는 아이의 고심이 담겨 있습니다. 그런데 아무리 생각해도 그 까닭을 알 수 없었던 것입니다. 이게 실화인지는 모르겠습니다. 설사 누가 꾸며냈다 해도 '우리 생명이 사랑의 빚'임을 넌지시 드러낸다는 측면에서 이 질문과 대답은 의미가 있습니다. 날이 갈수록 사랑의 빚만 늘어나는 것 같아 하나님께 송구할 따름입니다.

이제부터라도 사랑의 빚을 갚으며 살아야겠습니다. 삶이 아무리 각박하고 힘겨워도 그 속에서 긍정적이고 아름다운 것을 발견해 내는 이들이 있습니다. 우리 눈을 가리고 있던 비늘이 벗겨진 사람들입니다. 아름다운 새소리를 듣고 새가 혹시 꽃을 먹고 있는 게 아닐까 묻는 아이를 보고 무지하다고 말하는 이는 없을 겁니다. 천진함을 잃어 우리 삶이 무거워졌습니다. 물 위를 걷다가 생각의 무게 때문에 물속에 빠져들어 가던 베드로처럼 우리 또한 비애 속에 자꾸 잠깁니다. 도처에서 생명의 기적이 벌어지고 있는데, 시름에 잠긴 채 그 사이를 절름거리며 걷는 것은 삶의 낭비입니다. 세계 교회는 창조 절기 가운데 9월 1일부터 10월 4일까지를 지구를 위해 함께 기도하고 행동하는 기간으로 정했습니다. 이 기간을 지나면서 지구에 대한 문해력이 높아지면 좋겠습니다. 세상에 편재한 하나님의 사랑을 느낄 수 있으면 좋겠습니다. 좋으신 주님의 은총이 우리 가운데 임하시기를 빕니다.

2021년 9월 9일

선의 희미한 가능성

기뻐하는 사람들과 함께 기뻐하고, 우는 사람
들과 함께 우십시오(롬 12:15).

주님의 은총과 평화를 기원합니다. 백로와 추분 사이를 지나고
있습니다. 가정마다 기쁨과 감사가 넘치길 빕니다. 온 세상을
뒤흔들 듯 요란하던 매미 울음소리가 잦아들고, 이제는 귀뚜라
미 소리가 들려올 때입니다. 도시 소음 때문에 그 소리를 알아
채기 쉽지 않지만, 이맘때가 되면 어릴 적에 벽 사이에서 들려
오던 귀뚜라미 소리가 환청처럼 들리는 것 같습니다. 시인 윤
동주는 "귀뚜라미와 나와/ 잔디밭에서 이야기했다"고 노래했
습니다. 어떤 이야기를 했는지 아무에게도 알려 주지 말자고,
둘이서만 알자고 약속했다는 것입니다.[110] 어떤 이야기를 나눴

는지 알 수도 없고 알 필요도 없습니다. 그 고요한 귀 기울임의 풍경이 떠올라 미소 짓지 않을 수 없습니다.

저는 크고 새된 소리보다는 작고 여린 소리에 귀 기울일 때 평안해집니다. 시냇물 소리, 솔숲이나 대숲을 스쳐 온 바람 소리, 나뭇잎이 바람에 살랑거리는 소리는 얼마나 부드러운지요? 다시 윤동주의 시가 떠오릅니다. "나무가 춤을 추면/ 바람이 불고,/ 나무가 잠잠하면/ 바람도 자오."[111] 인과관계를 정확히 뒤집은 표현입니다. 바람이 불어 나무가 춤추는 법이니까요. 그러나 아무도 시인에게 논리적 오류를 범했다고 말하지 않습니다. 춤추는 나무가 바람의 존재를 알려 주기 때문입니다.

어렵고 난감했던 세월을 살면서도 시인은 이처럼 아름다운 것들에 눈길을 주고 있습니다. 엄중한 현실을 외면했다고 탓하면 안 됩니다. 힘겨운 시절을 견디기 위해서는 우리 속의 아름다움을 한껏 끄집어내야 합니다. 인간의 숭고함은 평안한 시절에 발현되지 않습니다. 이탈리아의 작가인 프리모 레비^{Primo Levi}는 젊은 시절 아우슈비츠 수용소에 갇힌 채 절망의 시간을 보내야 했습니다. 일상적으로 자행되는 폭력 앞에서 구타에 길든 짐승처럼 감각이 마비된 채 살아야 했습니다. 폭격기의 굉음이 들려올 때도 제대로 자라지 못한 들판의 치커리와 카밀러를 꺾어 질겅거렸습니다. 굶주림은 사람을 짐승처럼 만들기도 합니다. 빵 한 조각, 죽 한 모금이라도 더 먹기 위해 아귀다툼을 벌이기도 했습니다. 그런데 그런 시련의 시간을 지나면서도 그가 인간다움을 잃지 않을 수 있었던 것은 로렌초라는 사람 덕분이었습니다. 그는 자기도 어려움 속에 있으면서 늘 남을 배려하고 돌보아 주려고 했습니다.

　　나는 지금 내가 이렇게 살아 있게 된 것이 로렌초 덕분이라
　　고 생각한다. 물질적인 도움 때문이라기보다는 그의 존재
　　자체가 나에게 끝없이 상기시켜준 어떤 가능성 때문이다.
　　선행을 행하는 너무나 자연스럽고 평범한 그의 태도를 보면
　　서 나는 수용소 밖에 아직도 올바른 세상이, 부패하지 않고
　　야만적이지 않은, 증오와 두려움과는 무관한 세상이 존재할
　　지 모른다고 믿을 수 있었다. 정확히 규정하기 어려운 어떤
　　것, 선善의 희미한 가능성. 하지만 이것은 충분히 생존해야
　　할 가치가 있는 것이었다.[112]

　선의 희미한 가능성이 누군가에게는 생존을 위한 버팀목이
되기도 합니다. 어쩌면 믿음으로 산다는 것은 누군가에게 선
의 희미한 가능성을 일깨우는 존재가 되는 것인지도 모르겠습
니다. 마치 성찬에서 사용하는 빵과 포도주가 그리스도의 몸과
피를 상징하는 것처럼, 우리의 일상적 삶이 저 높은 삶의 차원
을 가리킬 수 있어야 합니다.
　코로나 상황이 길어지면서 많은 영세 상인이 절망의 벼랑
끝에 내몰리고 있습니다. 원룸 보증금을 빼 직원들 밀린 월급
을 주고 세상을 등진 분의 이야기를 들었습니다. 쇠로 된 감방
에 갇힌 듯 사방이 다 막힌 것처럼 느껴졌기 때문일 겁니다. 알
려지지 않아 그렇지 이런 일은 도처에서 벌어지고 있습니다.
며칠 전 집 근처 공덕역을 지나는데, 환풍구 주변으로 폴리스

라인이 처져 있었습니다. 그때는 무슨 일이 있었나 보다 하고 무심히 지나쳤습니다. 며칠 후 그곳 환풍구에 놓인 꽃 몇 송이를 보고서야 그곳에서 어떤 사건이 벌어졌음을 알았습니다. 검색을 통해 환풍구 공사를 하던 20대 젊은이가 9미터 아래로 추락하여 사망했다는 보도를 접했습니다. 아버지가 공사 책임을 맡고 있던 자리에서 그렇게 속절없이 세상을 떠난 것입니다. 비용 절감을 위해 안전 조치를 소홀히 했다고 합니다. 이런 일이 반복되는 것은 우리 사회가 여전히 생명을 비용의 문제로 본다는 사실을 방증합니다. 자기 눈앞에서 추락하는 아들을 본 아버지는 남은 생을 어떻게 견디며 살아야 할까요?

'피에타'는 십자가에서 처형당하신 예수의 몸을 무릎에 안고 슬퍼하는 마리아의 도상을 가리킵니다. 자식을 잃고 애통해하는 모든 부모의 마음을 형상화한 것이라 해도 과언이 아닐 겁니다. 여러 해 전 팽목항에서 울부짖는 어머니들의 모습을 보면서 저는 미켈란젤로의 〈론다니니의 피에타〉를 떠올렸습니다. 피에타 하면 흔히 바티칸에 있는 작품을 떠올리지만, 〈론다니니의 피에타〉만큼 제게 깊은 울림을 준 작품은 없습니다.

밀라노 스포르체스코성 박물관에 있는 이 작품은 미켈란젤로가 죽기 며칠 전까지 손을 댔던 미완성작입니다. 이 작품에서 어머니 마리아는 십자가에서 내려진 예수의 시신을 뒤에서 부축하고 있습니다. 중력에 이끌리듯 아래로 아래로 무너지는 아들을 부둥켜안은 어머니의 모습이 처연합니다. 그런데 그 작품을 전후좌우에서 살피다 보면 왠지 호흡이 멎은 예수가 살아 있는 마리아를 업고 있는 것처럼 느껴집니다. 죽은 자가 산자를 업고 있는 것 같은 그 작품 속에서 저는 인류의 아픔을 온통 짊어지고 계신 그리스도를 보았습니다. 주님은 세상의 모든 아픔을 당신과 무관한 것으로 여기지 않으셨습니다. 지금도 부활하신 주님은 우리들의 아픔 속에 화육하고 계십니다. 가장 고통스러운 순간에 우리는 마치 세상과 연결이 다 끊어진 것 같은 느낌에 사로잡힙니다. 하지만 주님은 우리 곁에 계시며 우리와 함께 아파하십니다. 이런 말조차 부질없게 들릴 때도 있습니다. 그러나 주님은 언제나 우리의 설 땅이 되어 주십니다. 주님은 우리를 당신의 몸으로 삼아 외로운 이들 곁에 다가서고 싶어 하십니다.

미국의 영성가이자 설교자인 바바라 브라운 테일러^{Barbara Brown Taylor}의 책을 읽는 중에 꽤 공감되는 대목이 있었습니다. 그는 마흔 명쯤 되는 혼성 그룹의 영성 모임을 이끈 적이 있다고 합니다. 어느 날 그들은 '구체화된 경건'이라는 주제를 다루었습니다. 그날 주어진 말씀은 팔복이었는데, 말은 일절 하지 않고 몸짓으로만 그 말씀을 표현해 보기로 했습니다. 대여섯 명이 한 조가 되어 제시된 말씀을 어떻게 표현할지 궁리하기 시작했습니다. 모두가 다 난감해했습니다. 패닉에 빠진 것처럼 보이는 사람도 있었습니다. 성인들은 토론에는 익숙하지만, 몸으로 표현하는 것은 낯설어합니다. 자의식 때문이겠지요? 게다가 그 모임에 참여한 이들은 팔복을 거의 암송할 수 있을 정도로 그 말씀에 익숙한 사람들이었습니다. 그리고 그 말씀을 본문으로 하는 설교를 수십 번 이상 들었을 터였습니다. 일원 중에 목사들은 슬그머니 나가 버리고 싶어 하는 눈치였습니다. "애통하는 자는 복이 있나니"(마 5:4, 개역개정)라는 말씀을 맡은 조에 속한 사제 한 명이 시체 역할을 자청했습니다. 자리에 누워서 아무것도 안 해도 됐기 때문입니다. 15분이 지나 모든 조가 중앙에 모였습니다. 상당히 흥미로운 표현이 많았습니다. 그 가운데 하나만 예로 들어보겠습니다.

"애통하는 자는 복이 있나니"라는 말씀을 맡은 조는 시체 역할을 자청한 사람을 가운데 두고 빙 둘러섰습니다. 두 번째 여성이 자리를 잡고 앉아 시체 역할을 하는 이의 머리를 무릎에 뉘었습니다. 다른 두 여성이 그 옆에 무릎을 꿇고 앉았고, 나머지 두 사람은 그들 위에 우뚝 섰습니다. 그러자 마치 그 죽은 여인의 몸 위로 고딕식 건물이 세워진 것 같은 형상이 되었습니다. 모든 사람이 다른 이의 몸과 연결되었습니다. 그들은 미동도 하지 않았습니다. 깊은 사랑과 슬픔 속에 잠겨 그렇게 멈춰 있었을 뿐입니다. 잠시 후 그들 속에서 숨죽인 흐느낌이 번져 나왔습니다. 그 모습을 지켜보던 사람들은 깊은 당혹감 속에 빠졌습니다. 그 슬픈 흐느낌은 누구도 계획한 것이 아니었습니다. 그럴 수도 없었습니다. 얼마 후 시체 역할을 하던 분의 몸이 '흐느낌'으로 흔들렸습니다. 그의 부드러운 흐느낌은 점점 커졌고 다른 사람이 따라 울기 시작했고, 울음소리도 터져 나왔습니다. 모든 사람이 그들의 울음을 몸으로 느꼈습니다. 시간이 얼마나 흘렀는지 가늠하기조차 어려웠습니다. 그 울음은 죽었던 여인이 몸을 일으킬 때까지 계속되었습니다. 그 자리에 참여한 이

들은 누구나 "애통하는 자는 복이 있다"라는 말씀을 온몸으로 경험했습니다.[113]

기쁨보다는 슬픔이 사람들 마음을 하나로 묶어 줄 때가 많습니다. 그것이 동정심에서 비롯된 것이든 깊은 공감에서 비롯된 것이든 상관없습니다. 슬픔 혹은 비애는 인간의 고유한 감정입니다. 슬픔의 강을 따라 흐르다 보면 만나지 못할 사람이 없습니다. 슬픔의 강은 국경, 이데올로기, 종교, 문화, 남녀노소, 빈부귀천 사이를 가로지르며 흐릅니다. 슬픔을 배제하는 문화는 천박합니다. 앞에서도 말했듯이 세상에 주님과 무관한 고통이나 슬픔은 없습니다. 예수를 만난 이들이 주님을 가리켜 하나님의 아들이라 고백하는 것은 그 때문이 아니겠습니까? 슬픔을 찬양할 생각은 없습니다. 슬픔은 극복되어야 할 삶의 부정성이기 때문입니다. 그러나 누군가의 슬픔을 외면하지 않을 때 우리는 더 깊은 세계에 접속됩니다. 세상의 고통을 외면하는 순간 참 사람됨의 가능성에서 멀어지기 쉽습니다.

이번 주일부터 추석 연휴가 시작되는군요. 가족들이 마음 편히 모이기도 어려운 시대이긴 합니다만, 안전하고 즐거운 명절을 맞이하시길 빕니다. 아무리 마음이 급해도 예배를 소홀히 하지 않으시면 좋겠습니다. 주님의 사랑이 우리 가운데 함께하시길 빕니다. 평화.

2021년 9월 16일

존재의 용기

"이만하면 됐다"라고 말하는 날, 이날 당신은 죽음에 이를 것입니다. 이에 항상 더 많이 행하고, 항상 앞을 향해 나아가며, 항상 길 위에 있으십시오. 결코 되돌아가지 말고, 결코 길에서 벗어나지 마십시오.[114] _아우구스티누스

주님의 은총과 평화를 빕니다.

명절 잘 보내셨는지요? 명절 풍경이 사뭇 달라졌다고 하더군요. 고속도로를 가득 채운 차량 행렬도 보이지 않고, 기차도 창가 쪽 좌석에만 승객을 앉혔다 합니다. 가족들조차 여덟 명 이상 모일 수 없으니, 옛날처럼 시끌벅적한 명절 분위기를 느낄 수 없었습니다. 저희도 아들과 딸네 식구들을 따로따로 맞아야 했습니다. 모처럼 할아버지 할머니 집에 온 아이들은 누가 시키는 것도 아닌데, 벽에 붙여 놓은 키를 재는 판에 서서 자란 키를 자랑했습니다. 거의 넉달 만에 만났는데 각각 약 4

센티미터쯤 자라 있었습니다. 무럭무럭 자란다는 말이 실감이 났습니다. 그 놀라운 성장력이 희망이겠지요?

저희는 추석에 음식을 많이 하지 않습니다. 올해 역시 마찬가지였는데, 간단한 먹을거리를 장만한 아내가 "그래도 전煎은 좀 준비해야 하지 않나?" 하고 말했습니다. 웬일로 집에서 전을 부치려나 보다 생각했더니 그게 아니었습니다. 공덕역 근처에 있는 유명한 전 가게에 가서 구입하자는 것이었습니다. 짐 꾼으로 발탁되어 따라나섰습니다. 그러다 정말 깜짝 놀랐습니다. 전을 구입하려는 이들의 줄이 길게 늘어서 있었습니다. 다들 커다란 바구니를 하나씩 들고, 얇은 비닐장갑을 낀 채 무드럭지게 쌓여 있는 전 가운데 먹고 싶은 것을 골라 담았습니다. 가게 바깥 대로변에는 차들이 즐비하게 서서 임무를 마치고 돌아올 가족을 기다리고 있었습니다. 아내가 그 줄을 따라 천천히 이동하는 동안 저는 바깥 도로변에 서서 아주 무료한 시간을 보냈습니다. 여러 가지 생각이 들었습니다. '이제는 가족들이 수다를 떨며 전 부치고 음식 장만하는 시대가 지나가고 있구나', '아니, 그런데 명절에는 왜 꼭 전을 먹어야 하는 거야?', '번철에 기름을 두르고 각종 재료를 튀겨 내는 것이 번거롭긴 하지만 잔치 기분은 나겠구나', '왜 이리 오래 걸리는 거야?'

뜬금없이 서홍관 시인의 〈어머니 알통〉도 떠올랐습니다. 시인은 아홉 살 적 기억을 떠올립니다. 뒤주에서 쌀 한 됫박을 꺼내던 어머니가 문득 아이를 보고 웃음 띤 얼굴로 말합니다. "내 알통 봐라." 시인에게 그 때의 일이 인상 깊었던 모양입니다. 그때로부터 수십 년이 흘렀습니다. 모처럼 어머니 집에 들른 시인의 밥상을 차리느라 어머니가 냉장고를 열고 게장을 꺼내시다가 그만 왈칵 엎지르고 말았습니다. 주방은 온통 간장으로 넘쳐 흘렀고, 그 상황이 민망했던 여든 살 어머니는 혼잣말처럼 말씀하십니다. "손목에 힘이 없다", "이제 병신 다 됐다."[115] 짧막한 시 속에 어머니의 한평생이 담겨 있습니다. 물론 대부분의 시간은 이 두 사건 사이의 갈피에 묻혀 있었지만요. 시인의 안쓰러운 마음이 절로 느껴집니다.

그늘이 있어 서 있던 자리에 해가 들어올 정도로 긴 시간이 흐른 후 아내가 나타났습니다. 피곤한 기색이 나타날 거라 예상했지만, 득의의 표정을 짓고 있어 다행이다 싶었습니다. 전을 장만했으니 추석 준비는 거의 끝난 것 같은 분위기였습니다. 아이들이 오고 가는 짬짬이 청소와 설거지를 반복하다도, 조금 한가해지면 서재에 앉아 가벼운 읽을거리에 눈길을 주었습니다. 언론인인 임재경 선생의 회고록 《펜으로 길을 찾다》, 문학평론가 염무웅 선생의 대담집 《문학과의 동행》, 국문학자 겸 민속학자 김열규 선생의 《이젠 없는 것들》을 두서없이 설렁설렁 읽었습니다. 어쩌다 보니 다 옛 기억을 더듬는 책이었네요. 이건 순전히 명절 탓입니다. 김열규 선생의 책은 제목만으로도 갖가지 추억을 떠올리게 했습니다. 예컨대, 사라진 소리와 냄새들, 삼삼한 정경들을 돌아본 셋째 마당의 제목은 '귀에 사무치고 코에 서린 것들'입니다. 제목 속에 모든 게 담겨 있습니다. 낙숫물 소리, 타작 소리, 다듬이 소리, 아낙네들 떨이하는 소리, 방아 소리, 풀피리·버들피리 소리, 닭 울음, 황소 울음, 할아버지 담뱃대 터는 소리, 할머니 군소리, 깨·콩 볶는 냄새, 술 익는 냄새, 누룽지, 숭늉, 처마 끝 고드름, 처마 밑 제비집. 이런 소리와 냄새, 그리고 그런 정경에서 멀어진 삶이 과연 행복한 것인지 아닌지 모르겠습니다. 제게는 그리운 시절입니다. 〈얼굴〉이라는 노래 기억하시는지요? 우리가 젊은 시절부터 불렀던 이 노래가 중학교 음악 교과서에 실려 있다 하여 놀랐습니다.

> 동그라미 그리려다 무심코 그린 얼굴
> 내 마음 따라 피어나던 하얀 그때 얼굴
> 풀잎에 연 이슬처럼 빛나던 눈동자
> 동그랗게 동그랗게 맴돌다 가는 얼굴[116]

이 가사의 핵심은 '무심코'라는 말이 아닐까 싶습니다. 그리움이라는 것은 우리 속에 각인된 어떤 기억이 예기치 않은 순간 의식의 표면으로 떠올라 우리를 확고하게 사로잡는 정서인지도 모르겠습니다. 김소월도 같은 경험을 이야기한 바 있습니다. "그립다 말을 할까, 하니 그리워."[117] 이상하지요? 그리움이라는 말 속에 어떤 마술이라도 걸려 있는 것일까요? 코로나19 시대여서인지 '그립다'는 단어가 더 자주 떠오릅니다. 심심풀이로 성경에서 '그리워하다'라는 단어가 사용된 구절을 찾아보았습니다. 꽤 많지만 몇 구절만 들어 보겠습니다.

> 하나님, 주님은 나의 하나님입니다. 내가 주님을 애타게 찾습니다. 물기 없는 땅, 메마르고 황폐한 땅에서 내 영혼이

주님을 찾아 목이 마르고, 이 몸도 주님을 애타게 그리워합니다(시 63:1).

내 영혼이 주님의 궁전 뜰을 그리워하고 사모합니다. 내 마음도 이 몸도, 살아 계신 하나님께 기쁨의 노래 부릅니다(시 84:2).

내가 주님을 바라보며, 내 두 손을 펴 들고 기도합니다. 메마른 땅처럼 목마른 내 영혼이 주님을 그리워합니다(시 143:6).

나는 임의 것, 임이 그리워하는 사람은 나(아 7:10).

그가 돌아온 것으로만이 아니라, 그가 여러분에게서 받은 위로로 우리는 위로를 받았습니다. 여러분이 나를 그리워하고, 내게 잘못한 일을 뉘우치고, 또 나를 열렬히 변호한다는 소식을 그가 전해 줄 때에, 나는 더욱더 기뻐하였습니다(고후 7:7).

내가 그리스도 예수의 심정으로, 여러분 모두를 얼마나 그리워하고 있는지는, 하나님께서 증언하여 주십니다(빌 1:8).

갓난 아기들처럼 순수하고 신령한 젖을 그리워하십시오. 여러분은 그것을 먹고 자라서 구원에 이르러야 합니다(벧전 2:2).

어느 구절 할 것 없이 그리움은 인간을 인간답게 하는 감정임을 알 수 있습니다. 하나님에 대한 그리움, 동료들에 대한 그리움은 우리 속에 있는 거칠고 날 선 것들을 부드럽게 만들어 줍니다. 아무것도 그리워할 것이 없다고 말하는 사람이 위험한 것은 그 때문입니다. 그리움은 '나'는 '너'를 통해서만 나일 수 있다는 사실을 넌지시 드러냅니다. 인간은 신 앞에 선 단독자라는 말이 있습니다. 옳습니다. 그러나 인간은 홀로 인간일 수 없음 또한 사실입니다. 그리움의 대상을 향해 나아가는 과정이 바로 삶입니다. 바울 사도는 성도의 삶을 이런 말로 요약했습니다. "그리스도 예수 안에서, 하나님께서 위로부터 부르신 그 부르심의 상을 받으려고, 목표점을 바라보고 달려가고 있습니다"(빌 3:14). 베드로는 성도들에게 보내는 편지에서 그들을 가리켜 세상 곳곳에 "흩어져서 사는 나그네들인, 택하심을 입은 이들"(벧전 1:1)이라 칭했습니다. 히브리서는 길손과 나그네로 살던 믿음의 사람들을 소개하면서 그들은 더 나은 곳 곧 '하늘의 고향'(히 11:16)을 찾고 있었다고 말합니다. 그리움이 우리를 밀고 갈 때도 있고, 우리를 앞으로 잡아당기기도 합니다.

며칠 전, 방탄소년단BTS이 유엔 총회 특별 행사 가운데 하나인 '지속가능한 발전 목표SDG' 개회 세션에서 청년 세대와 미래 세대를 대표해서 한 연설이 화제입니다. 그들은 세상이 멈춘 줄 알았는데 분명히 조금씩 앞으로 나가고 있다고 말했습니다. 인간의 위대함은 그런 데 있습니다. 느닷없는 운명의 타격을 받으면 잠시 당황스러워하지만, 다음 순간 정신을 가다듬고 자신이 할 수 있는 일을 시작합니다. 미래 세대에 대한 음울한 전망이 도처에서 터져 나옵니다. 그렇지만 BTS는 "우리의 미래에 대해 너무 어둡게만 생각하진 않으셨으면 좋겠습니다. 앞으로의 세상을 위해 직접 고민하고, 노력하고, 길을 찾고 있는 분들도 계실 테니까요. 우리가 주인공인 이야기의 페이지가 한참 남았는데, 벌써 엔딩이 정해진 것처럼 말하진 않으셨으면 좋겠습니다"라고 말합니다. 변화에 겁먹기보다는 '웰컴'이라고 말하면서 앞으로 걸어 나가자는 말입니다. 존재의 용기란 바로 이런 것이 아닐까요?

사하라 사막 인근에서 은수자로 살다가 순교한 샤를르 드 푸코Charles de Foucauld의 '의탁의 기도'를 저는 늘 기억하고 있습니다. "하나님 아버지, 이 몸을 당신께 맡겨 드리오니, 당신 좋으실 대로 하십시오. 저를 어떻게 하시든지 감사드릴 뿐, 저는 무엇이나 준비되어 있고 무엇이나 받아들이겠습니다." 그가 이렇게 자신을 의탁할 수 있었던 까닭은 하나님의 선의를 믿기 때문입니다. 지금 우리에게 필요한 것은 이러한 궁극적 신뢰입니다. 그 신뢰 속에 있을 때 우리는 변화를 두려워하지 않을 수 있습니다. 이제 계절은 추분에 접어들었습니다. 진정한 가을의 시작입니다. 허장성세를 거두고 내적으로 깊어지는 시간이 되었으면 좋겠습니다. 여러분과 동행이 되어 참 기쁩니다. 주님의 빛을 받아 흔들리지 않는 발걸음으로 우리 앞에 당도한 시간 속을 걸어가십시오. 평화를 빕니다.

2021년 9월 23일

멈출 줄 아는 지혜

어둠이 땅을 덮으며, 짙은 어둠이 민족들을 덮을 것이다. 그러나 오직 너의 위에는 주님께서 아침 해처럼 떠오르시며, 그의 영광이 너의 위에 나타날 것이다(사 60:2).

주님의 은총과 평화를 빕니다.

가을비가 추적추적 내리고 있습니다. 집에서 교회로 걸어오는 동안 젖은 바짓단이 온종일 축축합니다. 차양을 때리는 빗소리가 고즈넉합니다. 점심 식사 후에 바흐의 〈여섯 개의 무반주 첼로 모음곡〉을 들었습니다. 이런 날에 듣는 첼로 소리는 더없이 깊은 울음으로 다가옵니다. 세상은 이런저런 일로 어지럽지만 가끔은 그런 분잡에서 벗어나 아름다움에 마음을 두어야 합니다. 그래야 지치지 않을 수 있습니다. 서로 엇갈리는 말들이 빚어내는 소란스러움이 우리 영혼을 어지럽힙니다. 홍수

통에 마실 물 없다는 말처럼, 말이 넘치는 이 시대에 참말을 듣기 어렵습니다. 거짓이 진실의 옷을 입고 등장하고, 파렴치함이 정의의 옷을 입고 나타납니다. 그 소란 속에서 우리 영혼은 점점 파리해집니다. 넓고 큰 세계에 대한 비전을 잃기 때문입니다.

어느 때보다 지식의 분량이 기하급수적으로 늘어나는 시대지만, 영혼의 국량은 점점 협소해지는 것 같습니다. 그래서 일 겁니다. 얼굴이 해처럼 빛나는 사람들을 만나기 어렵고, 숲을 거쳐 온 바람처럼 청량한 말을 듣기 어렵습니다. "만물이 다 지쳐 있음을 사람이 말로 다 나타낼 수 없다. 눈은 보아도 만족하지 않으며 귀는 들어도 차지 않는다"(전 1:8)는 말이 실감 납니다. 뭔지 모를 결핍감이 우리 영혼을 잠식하고 있습니다.

노자의 말 가운데 제가 늘 마음에 새기며 사는 구절이 있습니다. 지족불욕知足不辱, 지지불태知止不殆, 가이장구可以長久.《도덕경》44장에 나오는 말로 만족할 줄 알면 욕됨이 없고, 멈출 줄 알면 위태롭지 않아 오래 갈 수 있다는 뜻입니다. 성경도 같은 교훈을 줍니다. "자족할 줄 아는 사람에게는, 경건은 큰 이득을 줍니다"(딤전 6:6). 누가 이 말을 부정할 수 있겠습니까? 그런데 자족을 이야기하는 사람들은 세상 물정을 모르는 사람으로 취급받기도 합니다. 돈이면 안 되는 게 없는 세상에서 사람들은 기꺼이 돈을 우상으로 숭배합니다. 예수님은 "너희는 하나님과 재물을 아울러 섬길 수 없다"(마 6:24)고 말씀하셨습니다. 여기서 '재물'로 번역된 단어는 헬라어 '마모나스mamonas'로 아람어에 뿌리를 두고 있습니다. 예수님이 '재물' 혹은 '돈'이라는 단어를 두고 굳이 이 단어를 택하신 것은 '맘몬'이 신격화된 존재였기 때문입니다. 돈은 우리의 가치 세계에서 최고의 자리를 차지하기까지 만족할 줄 모릅니다. 그런 의미에서 우상입니다. 거라사의 광인 속에 머물던 군대 귀신들은 돼지 떼 속으로 들어가 비탈을 내리달아 호수에 빠져 죽었습니다. 멈출 수 없음, 그것이 광기의 본질입니다.

족한 줄 모르고 '조금 더' 차지하기 위해 무리수를 두다가 결국은 망신을 자초하는 이들이 많습니다. 적당한 선에서 멈출 수 있으면 좋겠지만, 욕망이라는 이름의 전차를 탄 이들은 멈출 줄을 몰라 앞만 향해 질주하다가 결국 위태로움에 빠지곤 합니다. 만족함과 멈출 줄 앎이 지혜입니다. 그러나 현실은 그렇지 못합니다. 부를 획득한 이들은 거기에 더해 명예까지 얻으려 하고, 더 나아가 권력까지 쥐고 싶어 합니다. 어느 사회학자는 이런 현실을 적나라하게 지적합니다.

> 의무는 지키지 않은 채, 명예라는 폼 나는 지위까지 다 얻고 싶은 호모 에코노미쿠스들이 영리 추구와 양립할 수 없는 지위를 모두 차지하는 순간, 영리 추구와는 양자택일 관계였던 명예는 자본주의 승자의 전리품으로 변화한다. 승자가 모든 것을 가져가는 승자독식 사회에서 명예는 승자가 돈으로 살 수 있는 상품이 되고, 승리하지 못한 자에겐 명예를 선택할 수 있는 기회도 조건도 제공되지 않는다.[118]

이것이 오늘의 현실만은 아니었던 모양입니다. 주전 8세기의 예언자인 이사야는 자기 시대의 전도된 현실을 함축적인 말로 드러내고 있습니다. "너희가, 더 차지할 곳이 없을 때까지, 집에 집을 더하고, 밭에 밭을 늘려 나가, 땅 한가운데서 홀로 살려고 하였으니, 너희에게 재앙이 닥친다!"(사 5:8) 권력자들은 탐나는 밭이나 집이 있으면 주인을 속여 제 것으로 만들었습니다. 흉년으로 삶이 피폐해진 사람들에게 연대의 뜻으로 곡식을 빌려주는 대신 집이나 밭을 담보로 잡았습니다. 그리고 그 빚을 갚지 못할 여러 가지 조건을 만들어서 결국은 그 땅과 집을 포기하게 했습니다.

욕망이라는 이름의 전차에 올라탄 인간의 삶이 대체로 이러합니다. 땅과 집이 재산 증식의 수단으로 변질된 오늘의 상황에서 예언자의 경고는 참으로 섬뜩하게 다가옵니다. 서민들은 절체절명의 위기를 경험하며 가까스로 생존을 이어가고 있는데, 소위 사회 지도층에 속한 이들은 이런저런 경로로 얻은 정보를 이용하여 막대한 부를 축적하고 있습니다. "너희에게 재앙이 닥친다!"는 예언자의 소리가 우렁우렁 들려옵니다. 귀가 있어도 듣지 못하고 눈이 있어도 보지 못하는 이들에게는 이 말도 헛소리처럼 들릴지 모르겠습니다.

제가 지속적으로 욕망의 길을 따르다가는 영혼이 피폐해질 수밖에 없다고 말하니까, 어떤 분이 질문을 던졌습니다. "어떻게 하면 욕망을 줄일 수 있어요?" 이 질문 속에는 욕망을 줄이고 싶지 않다는 무의식적 태도가 숨겨져 있습니다. 저는 일단 "그냥 해 보세요"라고 대답했습니다. 그는 나의 싱거운 대답에 싱거운 웃음을 지었습니다. 소비자본주의 세상은 끊임없이 우리에게 뭔가를 소비하는 것이 인간다운 삶이라고 말하며 우리를 길들입니다. 따지고 보면 우리의 욕망이나 취미, 더 나아가 생각까지 대중문화와 매체들에 의해 조정되고 있습니다. 광고는 끊임없이 우리의 허영심을 조장합니다. 소비하지 않음이 죄인 것처럼 우리를 몰아댑니다. 욕망은 발생하는 즉시 실현되어야 할 것처럼 생각됩니다. 가끔은 이솝 우화에 나오는 여우의 지혜가 필요한 것은 그 때문입니다. "저 포도는 셔서 못 먹어." 정신 승리법처럼 보이지만 가끔은 포기할 줄도 알아야 자유로워집니다.

먼저 질문에 대해 제가 한 이야기를 조금 더 해야겠습니다. 욕망에 사로잡혀 사는 사람일수록 자기 속에 결핍감이 큰 듯합니다. 마음의 스산함을 가릴 것이 없다는 말입니다. 자족하는 사람은 다른 이들을 선망하거나 질투하지 않습니다. 그저 자기에게 주어진 삶의 몫을 오롯이 누리려 합니다. 다 그런 것은 아니겠습니다만, 농어촌에 사는 이들 가운데 이 시대의 지혜자로 여길 만한 분이 많습니다. 얼마 전 제게 배송된 잡지 《전라도닷컴》에서 읽은 이야기가 좋아서 제 수첩에 적어 놓았습니다.

> 묵고사는 것은 힘들어도 콩 하나라도 서로 나눠 묵고 살고, 옛날에가 재밌었어. 백 원 벌문 천 원 모탤라는 욕심 있듯이 인자는 세상이 좀 각박해졌어. 돈에 눈이 떠진께 재미난 시상이 가불었어.[119] _안마도 어부 서용진 씨

나는 바다가 젤로 재밌어. 그렁께 이것 하제. 날마다 하는 일에서 재미를 느끼는 사람이 젤로 행복한 사람이여.[120] _안마도 어부 김영식 씨

"돈에 눈이 떠진께 재미난 시상이 가불었어"라는 말은 우리 현실의 정곡을 찌르고 있습니다. 마치 시 구절처럼 다가옵니다. '재미난 세상'은 어쩌면 돈으로 환산되지 않는 것들로 이루어지는 것인지도 모르겠습니다. 의무와 욕망 사이를 오가는 동안 재미는 사라지고 삶은 잿빛으로 변하고 있습니다. 삶의 자세를 가다듬을 필요가 있습니다.

어제 오전에 '웨슬리 설교 강의'를 녹화했습니다. 44편의 설교 가운데 이제 42편을 함께 읽었습니다. 전달하는 저의 부족함을 감안하더라도 웨슬리의 설교는 참 심오한 통찰을 담고 있습니다. 마르틴 루터나 장 칼뱅처럼 신학적 저술을 많이 남기지는 않았지만, 그의 설교에는 감리교 신학과 신앙의 정수가 담겨 있습니다. 신학교 다닐 때 저의 선생님은 설교가 모든 신학을 종합하는 예술이어야 한다고 말씀하시곤 했습니다. 그 말에 가장 부합하는 분이 존 웨슬리가 아닌가 생각합니다. 이론신학과 성서신학, 실천신학과 윤리학이 고스란히 담겨 있기 때문입니다. 어제 읽은 설교 "자기 부인否認"에서 웨슬리는 '십자가를 견디는 것'과 '십자가를 지는 것'을 구별합니다.

'십자가를 지는' 일은 '십자가를 견디는' 일과는 좀 다른 것입니다. 자기 스스로 선택하지 않고 온순하게 복종하는 마

음으로 우리 앞에 놓여 있는 것을 참을 때, 그때는 적절하게 "십자가를 견딘다"고 말하게 됩니다. 자신의 능력으로 피할 수 있는 것을 자진하여 감수할 때, 자신의 뜻에 상반될지라도 기꺼이 하나님의 뜻을 마음속에 품게 될 때, 또한 현명하고 은혜로우신 창조주의 뜻이기 때문에 고통스러운 일을 선택할 때, 우리가 적절하게 말해서 '십자가를 지는' 것이 됩니다.[121]

믿음으로 살려는 이들은 십자가를 견디기도 해야 하지만 능동적으로 십자가를 져야 합니다. 십자가를 지는 순간은 마치 껍데기가 깨지는 순간과 마찬가지입니다. 아픔과 충격이 있습니다. 그러나 그 후에는 새로운 생명으로 재탄생하게 됩니다. 자기를 부인하는 것과 자기 십자가를 지는 것이야말로 그리스도인의 완전을 향해 나아가는 기독교인들에게 요구되는 바입니다. 그러나 대부분은 그 길 위 적당한 지점에 멈추어 선 채 앞으로 더 나아가려 하지 않습니다. 어중간한 신앙생활에 만족하는 것이지요. 잊지 않으셨지요? 우리는 그리스도의 마음을 향해 길 떠난 순례자들입니다. 어렵더라도 그 길을 끝까지 가야 합니다. 오늘도 내일도 가슴을 앞으로 내밀며 늠름한 마음으로 우리 인생의 경주를 계속하면 좋겠습니다. 주님의 평안을 빕니다.

2021년 9월 30일

어떤, 편지

너희가 서로 사랑하면, 모든 사람이 그것으로써 너희가 내 제자인 줄을 알게 될 것이다(요 13:35).

주님의 은총과 평화가 모든 이에게 임하시기를 빕니다.

그동안 평안하셨는지요? 어렵고 곤고한 시간을 견디고 있는 교우들이 많습니다. 수술을 받고 회복을 기다리는 분도 있고, 수술을 앞둔 분도 있습니다. 인생의 가장 어려운 순간을 견디고 있는 모든 분에게 하나님의 치유의 능력이 부어지기를 기도합니다. 시대적 우울감이 우리를 확고하게 감싸고 있습니다. 앞날을 기약하기 어렵다는 사실이 우리 어깨를 더욱 무겁게 짓누르는 것 같습니다. 불안에 기회를 주지 않는 끈질기고 확고한 믿음이 필요한 때입니다. "주님의 진노는 잠깐이요, 그의 은총은 영원하니, 밤새도록 눈물을 흘려도, 새벽이 오면 기쁨이 넘친다"(시 30:5)는 시편 기자의 고백이 우리의 고백이 되었으면 좋겠습니다.

벌써 한로寒露 절기가 다가오는데 여전히 날씨가 덥습니다. 아열대성 고기압이 강화되고 있기 때문이라 합니다. 기후 변화가 절기에 대한 우리의 감성조차 바꿔 놓을지도 모르겠습니다. 많은 이들이 코로나 백신 접종을 마쳤습니다. 10월 말부터는 '위드 코로나'로 전환될 예정이라는 보도가 나오고 있습니다. 교회 모임에 대해서는 아직 뚜렷한 방침이 나오지 않고 있습니다. 서서히 일상을 회복하기 위해 모두가 마음을 모아야 할 때인 것 같습니다.

며칠 연속으로 참 이상한 꿈을 꾸었습니다. 교우들이 많이 모여서 애찬을 나누는 꿈이었습니다. 솥에서는 쇠고기뭇국이 끓고 있고, 다양한 음식이 상 위에 차려지고 있었습니다. 시끌벅적한 그 분위기가 얼마나 좋았는지 모릅니다. 땅이 황폐하여 사람도 없고 짐승도 없는 세상의 쓸쓸함을 안타까워하는 예레미야에게 하나님은 회복을 약속하며 이렇게 말씀하십니다. "지금 황무지로 변하여, 사람도 없고 주민도 없고 짐승도 없는 유다의 성읍들과 예루살렘의 거리에 또다시, 환호하며 기뻐하는 소리와 신랑 신부가 즐거워하는 소리와 감사의 찬양 소리가 들릴 것이다. 주의 성전에서 감사의 제물을 바치는 사람들이 이렇게 찬양할 것이다"(렘 33:10-11). 꿈에서도 이 말씀을 떠올리며 홀로 미소를 지은 까닭은 일상의 소음이 더없이 그립기 때문일 것입니다. 그러다가도 문득 걱정에 사로잡혔습니다.

'이래도 되나? 아직은 모임이 금지되어 있는데. 이러다가 누구한 사람이라도 확진자가 나오면 어떻게 하지?' 그런 걱정을 하다가 깨곤 했습니다. 꿈에서 깨어서도 불쾌하기는커녕 괜히 흐뭇했습니다. 그리고 제 속에 숨겨졌던 그리움의 실체를 알게 되었습니다. 지금은 누리지 못하지만 우리가 함께했던 시간이 얼마나 귀한 시간이었는지 절절하게 깨달은 것입니다. 부디 이런 날이 속히 우리에게 열렸으면 좋겠습니다.

요즘 〈오징어 게임〉이라는 넷플릭스 드라마가 전 세계적으로 선풍적인 인기를 끌고 있다고 합니다. 저는 아직 보지 못했습니다만, 그 속에 반영된 기독교인들의 모습이 매우 부정적이라지요? 징검다리 건너기 게임에서 다른 사람을 밀어트린 후 자신은 살아남았다고 감사 기도를 올리는 사람, 아내를 때리고 딸에게 몹쓸 짓을 한 후에 습관처럼 "우리 죄를 사해 달라"고 기도하는 목사, 눈이 가려지고 양손이 뒤로 묶인 채 비 오는 거리에 버려진 주인공을 모두가 외면할 때 그의 안대를 벗겨 주며 "괜찮으세요?"라고 묻는 대신 "예수 믿으세요"라고 말을 건넨 거리의 전도자.

벌써 여러 해 전입니다만, 영화 〈밀양〉이 나왔을 때 청년 교사들과 함께 보러 간 적이 있습니다. 이청준 선생의 단편 소설 〈벌레 이야기〉를 기초로 만든 영화였습니다. 소설은 기독교인들이 늘 입에 달고 사는 용서의 문제가 우리 삶의 구체적 상황 속에서 어떻게 작동될 수 있는지를 묻습니다. 작가는 "용서하라"는 말이 때로는 피해자에 대한 폭력이 될 수도 있음을 보여 줍니다. 애지중지하던 아들 알암이가 참담하게 죽임을 당한 후, 알암이 엄마의 삶은 무너질 수밖에 없었습니다. 범인은 알고 보니 아이가 다니던 학원의 원장이었습니다. 알암이 엄마는 범인에게 복수하고 싶어 합니다. 그러나 범인은 오히려 경찰의 보호를 받고 있었습니다. 복수의 표적을 빼앗긴 알암이 엄마는 미칠 것 같았습니다.

그때 주변의 기독교인들이 집요하게 전도를 합니다. 주님께 귀의하지 않으면 그 시련의 시간을 이겨 낼 수 없다는 것이었습니다. 어느 순간 알암이 엄마는 교회에 나가기 시작했고 다른 이들보다 더 열성적인 신도가 되었습니다. 영화는 기독교인들의 집회 모습을 보여 줍니다. 찬양을 인도하는 사람들, 열정적인 설교자 등의 모습이 등장합니다. 어느 날 알암이 엄마는 교인들에게 교도소에 있는 범인을 찾아가겠다고 말합니다. 사람들은 그러지 말라고 만류하지만, 기어코 그를 만나 "당신을 용서한다"고 말하고 싶다는 것이었습니다. 그러나 그 만남은 비극적으로 끝납니다.

범인과 마주한 알암이 엄마는 범인의 평온한 모습을 보고 충격을 받습니다. 그는 감옥에 있는 동안 전도를 받았고, 주님께 귀의한 후 마음의 평화를 누리고 있었던 것입니다. 알암이 엄마는 그 범인을 용서한다고 말함으로써 자기가 그보다 정신적으로 우위에 있음을 드러내고 싶었던 것인지도 모르겠습니다. 평온한 범인의 모습은 알암이 엄마를 내적으로 무너뜨렸습니다. "내가 용서하지 않았는데 누가 용서할 수 있나?"라는 질문이 떠올랐기 때문입니다. 알암이 엄마는 결국 자살로 생을 마감합니다. 그것은 어쩌면 신에 대한 변형된 복수인지도 모르겠습니다. 작가인 이청준 선생은 땅에서 벌어진 일은 땅에서 풀어야 한다고 말합니다. 애를 써 보아도 결국 풀리지 않는 문제는 하나님께 가져갈 수밖에 없지만요. 영화 〈밀양〉은 원작의 이 비극적 결말을 받아들이지 않습니다. 알암이 엄마의 아픔을 깊이 이해하고 사랑하는 한 존재를 통해 새로운 삶을 이어갈 희망의 싹을 암시하며 끝납니다.

영화를 보고 나와서 다들 한동안 아무 말도 하지 못했습니다. 충격을 받은 것이지요. 그러다가 교회에서 찬양을 인도하던 한 청년이 말했습니다. "영화에 등장하는 찬양 인도자의 모습을 보고 충격을 받았어요. 세상 사람들 눈에 나도 그들처럼 보이겠거니 생각하니 한 대 맞은 것 같아요." 찬양 인도자의 열정적인 말과 몸짓과 태도는 익숙하지 않은 이들이 보면 조금 이상해 보일 법도 했습니다. 〈오징어 게임〉이라는 드라마에 반영된 기독교인들의 모습이 모든 기독교인의 모습이라고는 생각하지 않습니다. 그러나 그 이미지는 세속인의 눈에 비친 기독교인의 적나라한 모습인 게 분명합니다. 거룩함을 말하지만 가장 세속적이고, 현실에 대해 가장 깊이 이해하고 있는 것처럼 보이지만 실은 몽환적 세계 속에서 헤매는 사람들 말입니다.

미국 신학자 랭던 길키Langdon Gilkey가 일본의 수용소에서 겪은 일을 기록한 《산둥 수용소Shantung Compound》라는 책이 있습니다. 그는 중일전쟁이 한창이던 1943년에 중국에 있는 한 기독교 대학에서 영어를 가르치고 있었습니다. 그런데 일본이 중국에 머무는 서양인들을 잠재적 위험 요인으로 파악하여 위협

(지금의 산둥) 수용소라는 곳에 가둡니다. 그 수용소는 나치나 구
소련의 수용소처럼 학대와 고문이 자행되는 곳은 아니었습니
다. 풍족하지는 않아도 그런대로 끼니는 이어갈 수 있도록 음
식도 제공되었습니다. 그래서인지 그곳에서는 나름의 수용소
문화가 형성되었고, 때로는 아주 유쾌한 시간도 보낼 수 있었
습니다. 다양한 동기로 중국에 와 있던 사람들이 비좁은 공간
을 공유하다 보니 사람들 특성이 오롯이 드러나곤 했습니다.
일종의 축소된 인류와 같았습니다. 랭던 길키는 그곳에 머무는
동안 서구 사회를 지탱한다고 여겼던 합리성과 공정함의 원리
가 자기 이익을 관철하려는 인간의 욕망에 얼마나 속절없이
무너지는지 여실히 경험했습니다.

　　그나마 종교인들은 신앙이 없는 이들에 비해 조금은 관대한
태도로 다른 이들을 대했습니다. 삶에는 뜻이 있다고 믿었고,
그 열악한 상황을 일종의 과제로 받아들였습니다. 가톨릭 신부
와 수사와 수녀들은 수도원 생활의 경험 때문인지 공동생활에
잘 녹아들었습니다. 쾌활하고 이타적인 모습을 보였고, 용감하
고 강인하게 현실에 맞섰습니다. 수용소 안에 있는 이들을 따
뜻하게 받아들였고, 누구하고든 잘 섞였습니다. 술, 도박, 욕설,
음란을 일삼는 사람들까지도 있는 그대로 받아들였습니다. 단
순히 그들을 수용하는 데서 그치지 않고 그들을 사랑으로 대
하기까지 했습니다.

　　그런데 개신교 선교사들은 조금 달랐습니다. 다른 사람들을
도덕적으로 비난하거나 물리적으로 거부하지는 않더라도 정
신적으로 거부하는 경향을 보였습니다. 다른 사람들에게 친절

하려고 애를 쓰기는 했지만, 여전히 벽을 만들고 있었던 것입니다. 랭던 길키는 그 경험을 한 후에 이렇게 말합니다. "사람이 타인을 도울 수 있는 길은 경건함이 아니라 사랑이라는 사실을 알게 되었다. 도덕성이 높은 사람도 변덕스러운 형제를 품을 포용력이 없다면 그를 섬길 수 없다."[122] 개신교를 비하하려고 하는 말은 아닙니다. 우리에게 정말 요구되는 태도가 무엇인지 돌아보자는 것입니다. 기독교인에 대한 세상의 조롱이 아픕니다. 우리들 각자가 일상의 자리에서 살아가는 모습을 통해 그 이미지를 바꾸어 나가는 수밖에 없습니다. 바울 사도는 성도들을 가리켜 "그리스도께서 쓰신 편지"(고후 3:3)라고 말했습니다. 우리는 먹물로 쓴 편지가 아니라 하나님의 영으로 쓴 편지입니다.

이 가슴 벅찬 선언이 부끄럽지 않은 삶을 살고 싶습니다. 홀로는 감당하기 어렵지만 함께하면 할 수 있습니다. 이 멋진 길에서 여러분의 동행이 되어 참 기쁩니다. 오늘도 내일도 몸과 마음 두루 건강하시기를 빕니다. 은총의 바람에 몸을 맡긴 채, 주님이 우리를 어디로 이끄시든 감사할 수 있는 믿음의 사람들이 되면 좋겠습니다. 평화를 빕니다.

2021년 10월 7일

낮과 밤 구별법

누가 하나님을 사랑한다고 하면서, 자기 형제
자매를 미워하면, 그는 거짓말쟁이입니다. 보이
는 자기 형제자매를 사랑하지 않는 사람이 보
이지 않는 하나님을 사랑할 수 없습니다. 하나
님을 사랑하는 사람은 자기 형제자매도 사랑해
야 합니다. 우리는 이 계명을 주님에게서 받았
습니다(요일 4:20-21).

주님의 은총과 평화를 빕니다.

하루하루 기쁘게 살고 계시는지요? 전도서 기자는 "하나님
은 이처럼, 사람이 행복하게 살기를 바라시니, 덧없는 인생살
이에 크게 마음 쓸 일이 없다"(전 5:20)고 말하지만, 우리는 마
치 근심 걱정이 우리 소명인 것처럼 살고 있는 것은 아닌지 모
르겠습니다. 일상의 모든 순간은 메시아가 우리에게 틈입^{闖入}하
는 문이라지요? 자잘하기 이를 데 없는 일들도 잘 살펴보면 그
속에 아름다움이 깃들어 있습니다. 다만 분주함에 쫓기느라 그
작고 미묘한 기운을 알아차리지 못할 뿐입니다. 세상에서 제일

잘 사는 사람은 '지금'을 한껏 누리는 사람이 아닐까요? 이제는 제법 가을 기운이 느껴지는 나날입니다. 서재에 앉아 책을 읽거나 글을 쓰다 보면 서늘한 느낌이 들어 무릎 담요를 가져다 덮기도 합니다. 며칠 전까지만 해도 초가을 날씨가 왜 이리 덥냐고 투덜거렸는데, 이번 주일에는 영상 4도 아래로 내려간다니 건강에 유의해야겠습니다.

올해는 교육관 옆에 있는 대추나무가 해거리하는지 열매가 많이 달리지 않았습니다. 지난 월요일에 대추 수확을 했는데, 나무에서 절반쯤 썩은 것이 많아 안타까웠습니다. 그래도 이걸 잘 말렸다가 송구영신 예배 때 차로 만들어 마실 예정입니다. 이러니저러니 해도 열매를 거두는 일은 참 고마운 일입니다. 며칠 전 CBS 〈성서학당〉 시청자 한 분이 고향인 부여에 갔다가 주웠다며 밤을 보내 주셨습니다. 그것을 목회실 식구들과 나누며 참 기뻤습니다. 밤을 먹을 수 있어서가 아니라, 그것을 보내 준 이의 마음이 떠올랐기 때문입니다. 바닥에 떨어진 알밤을 줍기도 하고, 밤송이를 발로 밟거나 나뭇가지로 발기면서 얼마나 행복했을까요? 흥감스럽게 떠들어 대는 사람들 모습이 눈에 보이는 듯했습니다. 어른들 속에도 아이들이 숨어 있다지요? 가끔은 그 어린아이들의 소리에 귀를 기울여야 삶이 건강해집니다. 놀이가 중요한 것은 그 때문일 겁니다.

요한 하위징아Johan Huizinga는 호모 루덴스Homo Ludens라는 개념으로 인간을 파악했습니다. '노는 인간'이라는 뜻입니다. 근대인들에게 논다는 말은 부정적인 함의를 지닐 때가 많았습니다. 근면과 성실이 근대인에게 요구되는 덕목이었습니다. 그러나 인간은 일만 하며 살 수 없습니다. 놀 줄 알아야 삶이 주는 긴장에서 벗어날 수 있습니다. 놀이는 누가 시켜서 하는 것이 아니기에 자발적 행위입니다. 일상의 경험과 구별되기에 비일상적 행위입니다. 불확실성과 우연성이 일으키는 긴장이 묘한 흥분감을 일으킵니다. 잘 놀 줄 아는 사람이 창조적인 경우가 많습니다. 말은 이렇게 하지만 저는 어느새 놀 줄 모르는 사람이 되고 말았습니다.

가을이 무르익어 가는 데도 저는 여전히 일상 주변을 맴돌고 있습니다. 한가한 때가 별로 없지만 어쩌다 몇 시간 한가로운 시간이 주어지면 뭘 해야 할지 도무지 모르겠습니다. 서울 밖으로 나갈 기회가 별로 없기 때문입니다. 벼가 무르익는 논, 갈대나 억새가 흔들리는 개울가나 산야를 그저 상상 속에서만 경험하고 있습니다. 한때 유목적 삶을 꿈꾼 적이 있습니다. 정착 생활이 주는 안온함에서 벗어나 자유롭고 홀가분하게 떠도는 사람들을 보면 부럽기도 했습니다. 떠돎을 꿈꾸면서 집토끼처럼 사는 삶에 비애를 느끼기도 합니다. '은총의 숲' 조성 문제 때문에 몽골에 몇 차례 다녀온 적이 있습니다. 혹독한 추위도 경험해 보았고, 초원을 가득 채운 야생화에 도취되기도 했고, 땅 이 끝에서 저 끝까지 이어진 별 하늘을 보고 감탄한 적도 있습니다. 몽골 유목민들은 유랑과 정착을 반복합니다. 가축들에게 먹일 신선한 풀이 필요하기 때문입니다.

유목민들은 이사를 하기 전에 늘 가족과 친척들이 한자리에 모여 어느 쪽으로 이동할 것인지 의논하는 가족회의를 연다. 서로 이야기를 나누어 사람들이 별로 살지 않는 곳, 풀이 무성한 곳, 물이 있는 곳을 찾는 것이다. 그렇게 해서 이사 장소를 정하면 책력을 뒤져 길한 날을 확인한다.

유목민의 이사 준비는 게르의 중심인 난로를 해체하는 것부터 시작한다. 가장 먼저 불을 끈 후 난로를 빼고, 아궁이 굴뚝과 연통을 제거한다. 그 뒤 게르를 둘러싼 세 개의 줄을 풀면 본격적인 게르 해체가 시작된다. 게르를 해체하고 짐을 치울 때 걸리는 시간은 불과 두 시간 남짓, 언제라도 풀이 있는 곳을 찾아 떠나야 하는 유목민이기에 가능한 일이 아닐까?

이삿짐을 다 싸면 그동안 잘 살았음을 감사하는 마음과, 훗날 이곳에 다시 옮겨올 때 풀이 많이 자라 있기를 바라는 마음에서 차나 우유를 하늘에 바친다.[123]

물론 우리가 송창식의 〈피리 부는 사나이〉처럼 모진 비바람을 맞아도 거센 눈보라가 닥쳐도 입에 피리 하나 물고서 언제나 웃고 다닐 수는 없습니다. 그래도 가끔은 우리 어깨를 짓누르는 일상의 짐에서 벗어나 껄껄 웃을 수 있으면 좋겠습니다. 성경에 "잘 놀 줄 알아야 한다"는 말이 등장하지 않는 것이 유감스럽습니다. 전혀 없는 것은 아닙니다. 예수님은 하루하루 긴장 속에 살아가는 이들에게 "공중의 새를 보아라"(마 6:26), "들의 백합화가 어떻게 자라는가 살펴보아라"(마 6:28)라고 말씀하셨습니다. 하나님은 장막에 머물며 이런저런 근심에 사로잡혀 있던 아브람을 장막 밖으로 끌어내 "하늘을 쳐다보아라.

네가 셀 수 있거든, 저 별들을 세어 보아라"(창 15:5) 하고 말씀
하셨습니다. 이것을 굳이 '놀이'라고 말할 수는 없지만, 그 바
라봄은 일상 속에 더 큰 생기를 끌어들이는 통로가 아닌가 싶
습니다.

지난 연휴 중에 공원에 앉아 두 시간쯤 책을 읽었습니다. 카
페에 갈 생각이었지만, 신선한 바람이 불어 마음이 바뀌었습
니다. 제가 앉은 자리 옆에는 나이 지긋한 할머니 한 분이 앉아
계셨습니다. 공원을 산책하는 꽤 많은 이가 인사를 건네고, 또
잠시 그 곁에 머물다 가는 것을 보니, 공원의 단골손님임이 분
명했습니다. 누가 다가와도 물리치지 않았고, 간다고 붙잡지도
않았습니다. 맹자에 나오는 왕자불추^{往者不追} 내자불거^{來者不拒}의
경지였습니다. 할머니는 사람들이 와서 말을 하면 다 듣기는
했지만, 이러쿵저러쿵 대꾸하지는 않았습니다. 한참 이야기를
하고 떠나는 이에게는 "잘 가요" 한마디뿐이었습니다. 그 가운
데는 이단 종파에 속한 것이 분명한 이들도 있었습니다. 그들
은 아주 친절한 말투와 몸짓으로 할머니를 설득하려 했지만,
할머니는 내내 침묵 속에 있다가 제풀에 지친 그들이 떠날 때
면 "잘 가요" 하고 인사했습니다. 역정^{逆情}을 내지 않는 그 평안
함이 참 놀라웠습니다. 어떤 인생의 과정을 거쳐 왔기에 그런
내공을 간직할 수 있었을까요? 사람들을 어떤 냉소도 조롱기
도 없이 대하는 이들을 보면 우리 마음도 절로 따뜻해집니다.
거친 말이 넘실거리는 세상에 살기 때문일 겁니다.

오래전에 한 랍비가 자기 제자들에게 어떻게 하면 밤이 지
나가고 낮이 다가오고 있음을 알아차릴 수 있느냐고 물었습니

다. 제자 한 사람이 "저 먼 데 있는 짐승이 양인지 개인지 구별할 수 있을 때입니다"라고 대답했습니다. 랍비는 가만히 고개를 좌우로 흔들었습니다. 다른 제자가 말했습니다. "먼 데 있는 나무가 무화과나무인지 복숭아나무인지 구별할 수 있을 때입니다." 랍비는 가만히 고개를 가로저었습니다. 제자들은 스승의 생각은 어떠한지 여쭈었습니다. 그러자 랍비는 이렇게 대답했습니다. "어떤 사람의 얼굴을 바라보면서 그에게서 형제나 자매의 얼굴을 볼 수 있을 때일세. 그럴 수 없다면 그 시간이 언제든 여전히 밤이라네."

우리 앞에 있는 사람의 얼굴에서 형제나 자매를 본다는 것은 무슨 뜻일까요? 그의 연약함과 부족함을 따뜻하게 바라본다는 뜻이 아닐까요? 우리는 늘 경계심을 품고 사람들을 대합니다. 적대감이 넘치는 세상이니 어쩔 수 없다는 생각이 드는 것도 사실입니다. 생각과 지향이 다른 사람들에게 호감을 느끼기란 여간 어려운 일이 아닙니다. 우리는 가끔 날카로운 눈빛이나 거친 말로, 다가오는 사람들을 밀어냅니다. 그와 연루되기 싫다는 생각 때문입니다. 하지만 그렇다고 하여 우리의 난폭함과 뻔뻔함이 정당화되지는 않습니다. 그날 공원에서 저는 프랑스 상징주의 시인들의 난해한 시를 읽고 있었지만, 정작 제 마음에 더 큰 빛을 던져 준 것은 옆 벤치에 앉아 있던 그 할머니였습니다.

정부는 이제부터 서서히 위드 코로나로 전환할 준비를 하는 것 같습니다. 일상회복위원회가 가동되기 시작했다지요? 반가운 소식입니다. '일상 회복'이라는 말이 우리가 직면한 현실을 고스란히 보여 줍니다. 우리도 다시 대면 예배를 준비해야 할 때입니다. 비대면 예배에 이미 익숙해진 몸과 마음을 가지런히 하고, 순례자의 마음을 회복해야 합니다. 마당을 비질하고 물을 뿌려 손님을 맞이했던 옛사람처럼 설레는 마음으로 그날을 준비하겠습니다. 몸과 마음 두루 평안하시기를 빕니다.

2021년 10월 14일

나무의 웃음 속으로

내가 나에게 하는 말을 네게 들려주고 싶다. 지금은 그 어느 때보다도 행동해야 할 때다. 에너지가 차올랐다. 그러니 쟁기를 손에 잡아라. 우리는 강해짐으로 강해질 수 있고, 믿음으로 믿음을 배울 수 있고, 사랑함으로 사랑을 배울 수 있다.[124] _빈센트 반 고흐

주님의 은총과 평화를 빕니다.

10월이 깊어 가고 있습니다. 계절은 벌써 상강霜降을 눈앞에 두고 있습니다. 어느 분이 교회에 작은 국화 화분 12개를 보내 주셔서 현관 앞에 두었습니다. 국화가 외로울까 봐 가끔 밖에 나가 눈인사를 나누곤 합니다. 슬그머니 서정주의 〈국화 옆에서〉를 떠올리기도 했습니다. "그립고 아쉬움에 가슴 조이던/ 머언 먼 젊음의 뒤안길에서/ 인제는 돌아와 거울 앞에 선/ 내 누님 같이 생긴 꽃이여."[125] 지나치게 화려하여 눈길을 끌지도 않고, 수수한 듯하면서도 기품이 있는 국화꽃이 아름다운 계절

입니다. 추수감사절을 앞두고 크고 좋은 국화 화분을 장만하여 교우들을 맞을 생각입니다. 화단에 있는 자주달개비는 때를 잊었는지 새로운 꽃을 피웠다 지기를 반복하고, 꽃댕강나무도 여전히 꽃을 피워 향기를 내뿜습니다. 지난 6월경부터 예쁘게 피기 시작한 일일초는 조금 기운이 약해지긴 했지만, 며칠마다 새로운 꽃을 피워 내며 끈질긴 생명력을 자랑합니다. 꽃 시절이 얼마 남지 않았음을 알기에 안간힘을 다하여 꽃을 피워올리는 나무들을 응원하지 않을 수 없습니다.

지난 월요일, 교우 아버님의 장례식에 참석하기 위해 대전에 다녀왔습니다. 창밖으로 산을 내다보며 가는 길이 지루하지 않았습니다. 단풍의 시간은 다가오지 않았는지 산은 아직 형형색색으로 물들지 않았더군요. 추수를 이미 끝낸 논도 보였고, 가지런하게 서 있는 벼 포기가 바람에 일렁이는 논도 보였습니다. 길가에 선 은사시나무 잎이 오가는 차량을 향해 손을 흔들었습니다. 빈소는 대개 슬픔의 공간이지만 늘 그런 것만은 아닙니다. 고인이 아름다운 인생을 사셨고, 가족들의 우애가 깊을수록 따뜻한 공감과 사랑이 깃드는 장소가 되기도 합니다. 서울로 돌아오는 길, 왠지 가을 산을 느껴 보고 싶은 마음에 인근에 있는 계족산을 찾아 한 시간 정도 황톳길을 걸었습니다. 검은 양복에 구두를 신고 있었지만, 마음은 사뭇 유쾌했습니다. 흙을 느껴 보고 싶어 맨발로 황톳길을 조금 걸었습니다. 발은 아리도록 시렸지만, 흙이 주는 탄력을 느낄 수 있어 좋았습니다.

몇 해 전까지만 해도 월요일이면 가까운 산에 오르곤 했습니다. 월요일에는 아예 다른 일정을 잡지 않았습니다. 그런데 언제부터인가 산을 향하는 발걸음이 뜸해졌습니다. 주중에는 시간을 토막 내 사용해야 하기에, 옹근 시간을 들여서 해야 할 일은 늘 월요일로 미루곤 했던 것입니다. 일단 그런 일이 습관이 되자 더러 일정이 빈 날에도 배낭을 메고 밖으로 나갈 생각을 품지 않게 되었습니다. 교우들 가운데 산에 가서 찍은 사진과 영상을 SNS에 올리는 분들이 있습니다. 얼마나 부러운지 모릅니다. 얼마 전 설악산 공룡능선을 걸으며 찍은 교우의 영상을 보며 "와우, 와우" 감탄사만 터뜨렸습니다. 절경 앞에 서면 사람은 말을 잊게 마련입니다. 아름다움 앞에 설 때 사람은 오염된 말을 버리고 침묵 속에 젖어 듭니다. 정화의 시간입니다. 땀 흘림이 없다면 그런 체험도 불가능할 것입니다.

그 영상을 보다가 문득 생텍쥐페리Antoine de Saint-Exupéry의 어린 왕자가 방문했던 지리학자의 별이 떠올라 쓰디쓴 웃음을 지었습니다. 그 별은 어린 왕자가 지구에 오기 바로 직전에 들른 곳입니다. 어린 왕자가 그 별에 도착하자 책상 위에 커다란 책을 펼쳐 놓고 있던 늙은 신사가 그를 맞아 줍니다. 그는 어린 왕자에게 "어디서 오는 거냐?"고 묻고는 자기를 지리학자라고 소개합니다. 지리학자는 뭐 하는 사람이냐고 어린 왕자가 묻자, 바다와 강과 도시와 산 그리고 사막이 어디에 있는지를 아는 사람이라고 말합니다. 어린 왕자가 그 별에도 강이나 산 그리고 사막이 있냐고 묻자 지리학자는 모른다고 대답합니다. 자기는 탐험가가 아니라서 알 수 없다는 것입니다. 탐험가들을 만나 이야기를 듣고 그들의 기억이 진실하다는 판단이 들면 기록하는 것이 자기 사명이라고 그는 생각했습니다. 그는 현실과 학자적 거리를 두고 사는 판단 강박증 환자입니다.

학자다운 호기심을 품고 그는 어린 왕자의 별에 관해 묻습니다. 어린 왕자가 자기 별은 아주 작다면서 그 별에는 불 있는 화산이 둘, 불 꺼진 화산이 하나 있다고 말합니다. 그리고 갑자기 생각난 것처럼 꽃 한 송이도 있다고 말합니다. 그 말을 들은 지리학자는 자기는 꽃에 대해서는 기록하지 않는다고 말합니다. 왜 그 예쁜 것을 기록하지 않냐고 묻자, 그는 꽃이 '덧없는 것'이기 때문이라고 대답합니다. 자기는 영원한 것, 변치 않는 것만 기록한다는 것이었습니다. 어린 왕자가 덧없다는 게 뭐냐고 묻자 지리학자는 "그것은 '머지않아 사라져 버릴 위험이 있다'는 뜻"[126]이라고 말합니다. 그 말을 들은 어린 왕자는 갑자기 우울해집니다. 세상에 맞서서 자기를 보호할 수단이라곤 가시 네 개밖에 없는 꽃을 홀로 두고 왔다는 자책감이 밀려왔기 때문입니다. 생텍쥐페리는 슬그머니 덧없는 것들의 아름다움을 암시하고 있습니다.

오랜 세월이 흘러도 변하지 않는 것만 소중한 것은 아닙니다. 그것들은 우리 삶의 견고한 토대가 되어 줍니다. 하지만 작고 여려 언제라도 소멸할 수 있는 것들에 마음을 둘 때 우리는 비로소 숨겨진 아름다움을 발견하게 되는 것 아닐까요? 날이 차갑고 바람이 많이 부는 날, 산이나 강가에 있는 나무에 서린 상고대를 본 적 있으시지요? 그 앞에 서면 아무리 목석같은 사람이라도 신비감에 사로잡히게 마련입니다. 그런데 상고대를 사시사철 볼 수 있다면 그 감성이 살아날 리 없습니다. 쉬 스러지는 것이기에 더욱 애틋한 눈길을 받는 것입니다. 솔로몬의 노래로 알려진 아가雅歌에 나오는 사랑의 노래가 떠오릅니다.

나는 임의 것, 임이 그리워하는 사람은 나. 임이여, 가요. 우리 함께 들로 나가요. 나무 숲 속에서 함께 밤을 보내요. 이른 아침에 포도원으로 함께 가요. 포도 움이 돋았는지, 꽃이 피었는지, 석류꽃이 피었는지, 함께 보러 가요. 거기에서 나의 사랑을 임에게 드리겠어요(아 7:10-12).

작고 여린 것, 그래서 아름다운 것을 함께 본다는 것, 바로 그것이 사랑의 본질이 아닌가 싶기도 합니다. 아름다운 것을 바라본다는 것은 자기에게 골몰하던 삶에서 벗어나 세상을 향해 자기를 개방하는 것입니다. 아름다운 것에 눈길을 주는 순간 나와 타자를 가르는 담장들이 무너지고 잠시나마 하나 됨의 기쁨을 맛볼 수 있습니다. 쓸모와 유용성이 지배하는 세상은 늘 우리의 몸과 마음을 긴장시키지만, 아름다움에 사로잡힐 때 우리는 긴장에서 벗어나 홀가분함을 느낍니다.

벌써 몇 해가 흘렀군요. 이맘때면 우리는 가을 기차 여행을 하거나, 한적한 곳으로 소풍을 떠나곤 했습니다. 설렘으로 가득 찼던 교우들 표정이 참 아름다웠습니다. '함께'라는 사실이 그렇게 좋을 수 없었습니다. 마을 고샅길을 천천히 걸으며 꽃들에 눈길을 주기도 했고, 산길을 걸으며 식물들의 이름을 익히기도 했습니다. 소나무 사이로 비쳐 드는 햇살이 밝았고, 새들의 노랫소리가 간간이 끼어드는 예배는 또 얼마나 아름다웠습니까? 어느 동시에서 본 구절입니다만 우리는 '나무의 웃음 속으로 걸어 들어가는' 기쁨을 맛보았습니다.[127] 그리운 시절입니다. 이제 다시 그럴 때가 곧 오겠지요? 올해는 모두 함께 그런 시간을 누릴 수는 없지만, 일부러라도 시간을 마련하여 한적한 곳을 찾아가시면 좋겠습니다. 멋진 숲길을 걸을 때 저를 초대해 주셔도 좋겠습니다.

교회의 영상 장비와 조명 공사는 순조롭게 진행되고 있습니다. 위드 코로나 시대가 열린다 해도 예배 영상을 송출하는 일은 중단하기 어려울 것 같습니다. 또 늘 질 좋은 영상을 접하는 이들은 영상의 품질이 떨어지면 매우 힘들어한다고들 하시더군요. 새로운 물건을 구입하거나 교체하는 일에 매우 보수적인 편이지만, 이번만큼은 모른 체하며 젊은 세대의 말을 따르기로 했습니다. 강대상을 향해 달린 여러 대의 조명 장비가 조금은 낯설 수도 있지만 얼마 지나지 않아 익숙해지리라 생각합니다. 영상에 얼마나 큰 변화가 있을지는 모르겠습니다만, 방송실에서 봉사하는 이들의 수고를 기억하며 사랑으로 격려해 주시면 좋겠습니다. 그분들의 헌신 덕분에 우리는 편안하게 예배를 드리고 있습니다.

11월 첫째 주는 우리 교회가 해마다 추수 감사 주일로 지키는 날입니다. 마침 그 주간은 위드 코로나로 전환하며 맞이하는 첫 번째 주일입니다. 얼마나 많은 교우가 예배에 동참할지는 모르겠지만, 교우들과 함께 하나님의 은혜를 기억하고 찬송을 바칠 수 있게 되어 기쁩니다. 힘겨운 일상이 지속되고 있지만, 그래도 여기까지 우리를 지키시고 보호해 주신 하나님의 은혜를 자꾸만 헤아려 보십시오. 나무가 가을볕을 머금어 아름다운 색을 만들듯, 우리도 주님의 빛과 사랑을 받아 아름다움을 창조할 수 있으면 좋겠습니다. 주님의 평강이 모든 가정에 머무시기를 빕니다. 안녕히 계십시오.

2021년 10월 21일

파도를 타고

> 그는 천사들의 노래를 듣고 황홀해하고, 하나
> 님의 노여움에 아찔하도록 현기를 느끼며, 창
> 조의 오묘함을 보고 말을 잃고, 하늘의 자비를
> 두고 노랫가락을 읊은, 하나님으로 불붙은 사
> 람이었다. 그런 사람에게는, 하나님 앞에서 내
> 모습이 어떤가 하는 문제보다 더 중요한 문제
> 는 없다.[128] _롤런드 베인턴

주님의 은총과 평화를 기원합니다.

늦가을의 정취가 가득한 나날입니다. 분주한 일상 속에서도 가끔은 먼 산도 바라보고, 하늘도 바라볼 수 있으면 좋겠습니다. 땅만 바라보며 살면 시야가 협소해지고 감정이 메말라가기 쉽습니다. 먼 데 눈길을 줄 때 중력처럼 우리를 잡아당기는 잡다한 일들로부터 잠시나마 벗어날 수 있습니다. 예수님의 삶은 앞으로 나아감과 뒤로 물러남의 통일이었습니다. 주님의 활동 비밀은 "아주 이른 새벽에, 예수께서 일어나서 외딴 곳으로 나가셔서, 거기에서 기도하고 계셨다"(막 1:35)라는 말씀에 담겨 있다고 생각합니다. 옛날 개역한글 성경은 '아주 이른 새벽에'라는 구절을 '새벽 오히려 미명에'라고 번역해 놓았습니다. '새벽'과 '미명' 사이에 틀어박힌 '오히려'라는 부사가 낯섭니다. '오히려'는 '생각한 바와는 달리 도리어'라는 뜻이기에 더욱 그렇습니다. 그런데 이 낯섦이 묘한 맛을 냅니다. 이 구절을 떠올릴 때마다 어떤 예외적 행동을 예상하게 됩니다. 어둠과 밝음이 교차하는 그 시간은 뭔가 새로운 것이 도래할 것 같은 시간이기도 합니다. 그 외딴곳이 숲이라면 오직 새들의 지저귐이 새벽의 고요함을 깰 것이고, 광야라면 바람 소리만이 귓전을 스칠 것입니다.

아, 이런 생각을 하다 보니 갈릴리 호숫가에서 맞이한 새벽 시간이 떠오르는군요. 몇 해 전 교우들과 '성서의 땅 답사 여행' 중 잠시 머물렀던 갈릴리 숙소에서 호수는 불과 몇십 미터 밖에 떨어져 있지 않았습니다. 대추야자가 지붕 위로 후둑후둑 떨어지는 소리에 잠을 못 이룬 이도 있었습니다. 아주 이른 새벽, 저는 호숫가로 나가 누군가 내놓은 흰색 플라스틱 의자에 앉아 찰랑거리는 물소리를 들었습니다. 호수에 배를 띄우고 언덕에 앉은 사람들에게 가만가만 말씀을 전하시는 예수님의 모습, 큰 물결이 일어나 어쩔 줄 몰라 하는 제자들을 향해 물 위를 걸어가시던 주님의 모습이 떠올랐습니다. 십자가 사건 이후 갈릴리로 돌아와 밤새 그물을 던졌으나 빈 그물만 건져 올린 제자들의 쓸쓸함도 짙게 느껴졌습니다. 아주 고요하게 찰랑대며 기슭으로 밀려오는 물소리가 마치 제자들의 수런거림처럼 들렸습니다. 지금도 마음이 스산할 때면 그 호숫가에서 맛보았던 고요함이 그리워집니다. 아, 그리고 갑자기 물이 흔들리면서 수달처럼 보이는 동물이 나와 제 곁을 재빠르게 스쳐 지나가던 광경도 떠오르네요. 교우들과 함께 성서의 장소들을 다시 답사할 수 있는 시간이 속히 왔으면 좋겠습니다.

엊그제 강화도에 다녀왔습니다. 심방 차 간 것이지만, 오가는 길이 참 아름다웠습니다. 활짝 핀 억새가 바람을 맞아 나붓거리고 있었고, 아직 베지 않은 벼들도 추수의 시간을 기다리고 있었습니다. 비 그치기를 기다렸다가 고구마를 수확한 농부들이 상자에 고구마를 담는 광경도 눈에 들어왔습니다. 이미 말라버린 고춧대에 붉은 고추가 달려 있었습니다. 일손이 부족하기 때문인지 병이 들어 수확을 포기한 것인지 모르겠습니다. 다음 일정이 있어 가을 풍경을 더 눈에 담지 못하고 황급히 돌아온 것이 못내 아쉬웠습니다. 분주함은 우리 삶을 빈곤하게 만듭니다. 경제적 빈곤을 말하는 게 아니라 정서적 빈곤을 말하는 것입니다. 시간을 들이지 않으면 아름다움과 만나기 어렵습니다.

도반道伴이며 형인 시인 고진하 목사가 얼마 전 《야생초 마음》이라는 책을 냈습니다. 강연 차 서울에 올라온다 하여 인사동에서 만나 저녁을 먹었습니다. 밥값도 형이 냈습니다. 얼마 전 박인환 문학상을 받았는데 상금이 꽤 많았던 듯했습니다. 그래서 아주 흔쾌히 대접을 받았습니다. 그가 제게 건네준 책은 참 예뻤습니다. 스물네 개의 야생초에 얽힌 이야기를 다각도로 들려주는 책이었습니다. 그 책이 더욱 빛난 것은 그의 딸인 화가 고은비가 정성을 다해 그린 들풀 그림 때문이었습니다. 화가는 각 식물의 가장 아름다운 시간을 발견하기 위해 발 품을 팔고, 그것을 꼼꼼히 살펴보고 만져 보면 저절로 뭘 그려야 할지가 떠올랐다고 말합니다. 그림 하나하나를 바라보는 것만으로도 마음이 따뜻해지는 느낌이었습니다. 저자는 "지구의 다른 생명체들을 위해 자기 존재를 아낌없이 선물로 내어 주는" 그 식물들을 일러 성스럽고 사랑스러운 존재라고 말합니다. 그가 어떤 마음으로 자연을 바라보는지를 보여 주는 구절이 있습니다.

> 텃밭에서 새싹을 틔우는 생명의 기척을 내 몸을 낮춰 주의 깊게 바라보는 일, 꽃몽우리가 열린 후 씨앗으로 여물기까지의 수고로운 과정을 지켜보며 박수를 보내는 일. 그렇다. 지구별 위에서 공생한다는 것은 그렇게 너와 나를 살피고 응원하는 일. 그런 알뜰살뜰한 살핌과 응원은 결국 너와 나를 살게 하는 에너지원이 아니던가. 이것은 사람만이 할 수 있는 일이 아니다. 식물도 오감五感을 통해 더불어 살아가는 인간의 섭생을 살피고, 무심한 듯한 자비로 지구라는 광대한 몸의 세포들이 살아갈 수 있도록 도우며 그 창조적 자발성을 발휘하지 않던가.[129]

일을 하다가도 책상 위에 놓인 그 책을 무심코 집어 들어 이곳저곳 들춰 보다 보면 "대지의 미소인 꽃들처럼 '쉴 새 없이 명랑하자!'고" 사람들을 꼬드기는 그의 마음이 떠올라 저절로 흐뭇해집니다. 각박한 세상에 "쉴 새 없이 명랑하자"고 말하는 것이 가당키나 한가 싶지만, 날마다 징징대며 살자고 말하는 것보다는 얼마나 좋습니까.

눈이 있어도 보지 못하고, 귀가 있어도 듣지 못하는 사람들이 많습니다. 세상에 가득 찬 신비와 기적을 보지 못하기에 그들은 빈곤합니다. 물질적으로는 풍요롭지만 정신의 허기증에 시달립니다. 밑 빠진 독에 아무리 물을 부어도 채울 수 없습니다. 바닥짐ballast이 없으면 배는 작은 파도에도 일렁입니다. 옆질과 키질을 견디지 못할 때 배는 좌초되기 쉽습니다. 마음의 바닥짐이 없는 사람도 마찬가지입니다. 사소한 일에도 화를 벌컥 내고, 작은 차이를 용납하지 못합니다. 자기를 통제하지 못하기에 실수 연발입니다. 능숙한 뱃사람이 넘노는 파도를 타고 가야 할 목적지로 나아가는 것처럼, 믿음의 사람은 우리를 소원의 항구로 인도하시는 주님을 신뢰하며 인생의 파도를 타고 나아갑니다.

이번 주일은 마르틴 루터의 종교 개혁 기념 주일입니다. 1517년 10월 31일, 루터는 비텐베르크의 성채 교회 문에 가톨릭의 면벌부 판매를 비판하는 95개 조의 신학 논제를 게시했습니다. 그때까지만 해도 자기의 행동이 어떤 파문을 일으킬지 예측하지 못했음이 분명합니다. 알았더라면 그런 싸움을 시작할 엄두를 내지 못했을 수도 있습니다. '아는 것이 힘'이라는 말이 있지만 때로는 '모름'이 우리에게 도움이 될 때도 있습니다. 베이징에서 나비 한 마리가 날개를 퍼덕임으로 뉴욕에 폭풍우가 몰아칠 수도 있다지요? 이것은 물론 극단적인 예이긴 합니다만, 세상의 모든 일은 서로 연결되어 있다는 뜻으로 새겨도 될 것입니다. 95개 반박문의 제1조는 의미심장합니다. "우리의 주요 선생이신 예수 그리스도께서 '회개하여라'(마 4:17)고 하신 것은 신자의 전 삶이 돌아서야 함을 명령한 것이다." 어찌 보면 평범한 듯 보이는 명제입니다. 그러나 이 선언을 관통하는 아주 강력한 힘이 있습니다. 신자의 전 삶이 돌아선다는 것은 욕망에 휘둘리던 옛 삶과 결별한다는 말입니다.

개혁되어야 하는 것은 시스템으로서의 종교만이 아닙니다. 마음과 지향의 변화가 더 근원적입니다. 물론, 제도 혹은 형식이 내용과 분리되는 것이 아니기에 제도를 바꾸는 것도 중요합니다. 시대가 바뀌면 시대정신도 달라지게 마련입니다. 새 포도주는 새 가죽 부대에 담아야 합니다. 그러지 않으면 부대가 찢어지기 쉽습니다. 각 교단이 보고한 통계를 보면 신자들 수가 해가 갈수록 줄어들고 있음을 알 수 있습니다. 그 가파른 하락세가 심각할 정도입니다. 많은 목회자가 과연 교회의 미래가 있겠느냐고 우려 섞인 음성으로 묻습니다. 신학교는 정원을 채우지 못하고 있습니다. 어려운 시절인 것은 분명합니다. 하지만 그렇기에 지금은 기회의 시간입니다. 비본래적인 것들을 덜어 내고 본래적인 가치를 확고하게 붙들 수 있다면, 이보다 더 좋은 일이 또 어디에 있을까요? 가을이 깊어 가면서 나뭇잎이 하나둘 떨어집니다. 나뭇잎이 다 떨어지고 나면 나무는 줄가리만으로 겨울을 견딥니다. 잎이 진 후에야 우리는 나무의 상처와 옹이를 살피게 됩니다. 상처는 나무가 견뎌 온 세월의 풍경입니다. 고급 가구를 만들 때 귀하게 쓰이는 먹감나무 무늬는 안으로 스며든 나무의 상처입니다.

지금 교회의 내상이 깊습니다. 예수의 이름으로 말하나 예수 정신을 저버린 목회자들로 인해 세상이 소란스럽습니다. 교회에 도무지 희망이 보이지 않는 것 같아 암담할 때도 있습니다. 그러나 지난 2,000년 동안도 교회는 온갖 우여곡절을 겪으며 앞을 향해 전진했습니다. 하나님은 인간의 실수까지도 받아들여서 당신의 일을 이루셨습니다. 이제 우리가 해야 할 일은 그릇된 것에 "아니요"라고 말하는 동시에 바른 것을 옹골차게 붙드는 일입니다. 결과는 주님께 맡기면 됩니다. 쓸데없는 싸움에 힘을 다 빼느니 차라리 새로운 질서를 만들기 위해 창의적으로 노력하는 게 낫습니다.

이제 서서히 기지개를 펴야 할 때입니다. 절망의 말, 비평의 말은 누구나 할 수 있습니다. 그러나 참으로 용감한 사람은 지금 여기에서 새로운 삶을 시작합니다. 우리는 그러한 멋진 일에 초대를 받은 사람들입니다. 우정과 환대의 공간을 넓히고, 하늘빛을 이 눅진눅진한 일상에 끌어들이는 일이야말로 하나님나라를 지향하는 이들의 소명이 아닐까요? 힘겨운 시간을 견디고 있는 분들을 위해 늘 기도하고 있습니다. 오늘도 내일도 용감하게 주님을 신뢰하며 생명과 평화의 씨를 뿌리며 사십시오. 우리의 방패이신 주님이 우리를 지켜 주시리라 믿습니다.

2021년 10월 28일

참고맙습니다,
잘 견뎌 주셔서

> 무화과나무에 과일이 없고 포도나무에 열매가
> 없을지라도, 올리브 나무에서 딸 것이 없고 밭
> 에서 거두어들일 것이 없을지라도, 우리에 양
> 이 없고 외양간에 소가 없을지라도, 나는 주님
> 안에서 즐거워하련다. 나를 구원하신 하나님
> 안에서 기뻐하련다. 주 하나님은 나의 힘이시
> 다. 나의 발을 사슴의 발과 같게 하셔서, 산둥성
> 이를 마구 치닫게 하신다(합 3:17-19).

주님의 은총과 평화를 빕니다.

코로나 단계적 완화 조치가 시행된 첫 주입니다. 뭔가 선물
을 받은 것 같은 느낌입니다만, 마냥 즐거워할 수만도 없습니
다. 여전히 코로나 확진자는 줄어들 생각이 없는 것 같습니다.
지난 주일 설교에서 저는 '코로나19'가 몰락을 향해 가는 우리
문명에 하나님이 보내신 멈춤 신호 같다고 말했습니다. 또한,
더 큰 세계를 상상하길 포기한 채 소비 사회의 논리를 횡단하
는 일에 몰두하는 교회를 향한 경고라고도 말했습니다. 섣부른
이야기인지 모르겠지만, 코로나19를 문명사적 전환의 계기로

삼지 않는다면 인류는 재앙적 상황에 직면하게 될 것입니다. 음식 배달이 줄었다지요? 반면 식당은 상당히 붐빕니다. 사람들은 이제 일상으로 돌아가는 연습을 하는 것 같습니다.

교회는 백신 접종과 관계없이 좌석 수의 50퍼센트 정도의 회중이 모여 예배를 드릴 수 있게 되었습니다. 한 칸 띄어 앉아 예배를 드릴 수 있다는 말입니다. 아직 공동 식사는 할 수 없지만, 잠깐의 소모임은 허용된다고 합니다. 도무지 모일 수 없던 시절에 비하면 아주 많은 가능성이 우리 앞에 열린 셈입니다. 그렇기에 더욱 조심스럽습니다. 최선을 다해 방역에 만전을 기해야 합니다. 교우 여러분들도 조금이라도 몸에 이상이 느껴진다든지, 많은 사람이 모인 장소에 다녀온 분들은 영상을 통해 예배에 참여하는 것이 좋을 것 같습니다. 우리에게 열린 기회의 문이 다시 닫히지 않게 하려면 그럴 수밖에 없습니다.

며칠 후면 벌써 입동입니다. 가을의 끝자락에 겨울이 들어서는 것입니다. 저는 이번 가을 내내 정신적 여백 없이 지냈습니다. 딱히 할 일이 많았다기보다는 그저 뭔가에 붙들린 것 같은 느낌이 들었습니다. 지인들이 단풍 든 산 사진을 올리거나, 여행지에서 찍은 사진을 올린 것을 보면서 함께 즐거워하기도 했지만, 왠지 억울하다는 생각이 들기도 했습니다. 안식을 누리지 못하는 저의 뿌리 깊은 버릇이 스스로 원망스럽기도 했습니다.

지난 월요일, 아침에 일어나니 가만히 있으면 안 되겠다는 생각이 문득 들었습니다. 아내에게 통보하듯 "나 오늘 산에 갈 거야" 하고 말했습니다. 생급스러운 남편의 선언에 아내는 잠깐 놀란 눈을 하더니 잘 다녀오라고 격려해 주었습니다. 사실 20여 년 전까지만 해도 월요일이면 거의 무조건 산에 올라갔습니다. 비가 오나 눈이 오나 그 루틴은 변하지 않았습니다. 교인들에게 바위 타는 것을 가르치면서 동행하기도 했습니다. 그런데 아내가 산에서 사고를 당하고 부상 후유증에 시달리면서부터 산을 멀리하게 되었습니다. 늘 둘이 함께 다니던 산에 혼자 가는 것이 도리가 아니라는 생각이 들었기 때문일 겁니다. 그러다 보니 등산화는 다 낡아졌고, 그때 입던 등산복도 얼추 사라졌습니다.

장 안 깊숙이 넣어 두었던 배낭을 꺼내고, 입을 만한 옷을 찾아내고, 아내가 얼마 전에 사 둔 스틱까지 챙겼습니다. 보온 도시락에 점심까지 담고 나니 소풍 가는 것처럼 설렜습니다. 혼자 가야 한다는 것이 조금 쓸쓸하긴 했지만, 그래도 일단 집을 나섰습니다. 오랜만의 산행이니 무리할 필요 없다는 생각이 들어 구기동 계곡을 들머리로 하여 사모바위와 승가봉을 거쳐 대남문에서 구기동 방향으로 하산하는 것으로 대충 밑그림을 그렸습니다. 사람들이 많으리라 생각했는데 한산했습니다. 노랗고 붉게 물든 단풍을 바라보며 천천히 걸었습니다. 오래전 여름이면 찾아가 그 그늘에 머물곤 하던 귀룽나무는 벌써 잎을 다 떨군 채 겨울나기를 준비하고 있었습니다. 물소리는 고요했고, 바람이 조금만 불어도 낙엽이 우수수 쏟아졌습니다. 졸가리 사이를 파고드는 햇살은 맑고 깨끗했습니다. 바닥에 깔린 갈참나무, 굴참나무, 떡갈나무, 신갈나무 잎 위를 걸을 때 자박자박 나는 소리가 가만가만 제 마음을 어루만지는 것 같았습니다.

승가사 입구에 잠시 앉아 다리쉼을 했습니다. 여느 때 같으면 꽤 많은 이들이 북적거리는 자리인데, 그날만큼은 저의 독차지였습니다. 한참을 호젓한 고요 속에 머물렀습니다. 산길을 걷다 보니 다 잊은 줄 알았던 산 모양, 바위 형태, 길의 굴곡 등이 마치 어제 일인 듯 선명하게 떠올랐습니다. 산은 늘 그곳에 있으면서 찾아오는 이들을 그느르고 있었던 것입니다. 사모바위 앞에 군락을 지어 피어나던 쑥부쟁이도 일부 남아 저를 반겨 주었습니다. 승가봉 위에 서서 바라본 북한산 연봉이 장관이었습니다. 가을 색으로 물들어 가는 산에 한동안 취해 있었습니다.

대남문 근처에서 한적한 자리를 찾아 도시락을 꺼냈습니다. 돗자리도 챙기지 못해 바닥에 놓고 먹었지만, 전혀 불편하지 않았습니다. 식사를 마칠 무렵 어디선가 낑낑거리는 소리가 들려 둘러보니 개 여섯 마리가 저를 바라보고 있었습니다. 배가 고파서였을 겁니다. 유기견들이 산에 머물며 야생화 과정을 걷는다는 보도가 떠올라 약간의 경계심이 발동되더군요. 자리를 털고 일어나자 개들도 순순히 물러났습니다.

하산하려고 생각하니 왠지 그래선 안 될 것 같은 느낌이 들었습니다. 조금만 더 걷다가 정릉계곡으로 내려가도 좋겠다는 생각이 들어 천천히 발걸음을 옮겼습니다. 걷다 보니 만경대, 노적봉, 인수봉, 백운대 연봉을 가까이서 보고 싶어졌습니다. 그 하얀 화강암 바위는 떠올리는 것만으로도 마음이 웅장해집니다. '조금만 더, 조금만 더' 하다가 결국 백운대에 이르렀고,

그때쯤에는 무릎과 고관절에 약간의 통증이 느껴졌지만, 태극기 깃대 아래 서서 사진도 한 장 찍었습니다. 조심조심 바윗길을 내려와 위문 근처에서 잠시 쉬었다가 북한산 탐방로 방향으로 내려왔습니다. 내려오면서 힐끔힐끔 인수봉을 바라보았습니다. 직벽에 매달려 정상을 향해 천천히 조심스럽게 올라가는 이들이 보였습니다. 마음 깊은 곳에서 암벽 등반을 다시 시작하면 어떨까 하는 생각이 잠시 들기도 했지만 이내 떨쳐 버렸습니다. 산기슭에 다가올수록 단풍나무 붉은 잎이 더욱 선명한 색을 자랑하고 있었습니다.

탐방로 입구에서 전철을 타는 곳까지 내려오는 길이 조금 길어 지루한 듯했지만, 산이 준 늠늠한 마음 덕분에 기쁘게 걸을 수 있었습니다. 올가을 들어 제가 누린 호사를 자랑하느라 이야기가 길어졌습니다. 영문 모를 억울하다는 느낌을 씻기 충분한 시간이었습니다. 설악산 공룡능선을 걸었거나 한라산, 지리산, 월악산, 두타산, 소백산 같은 산을 다녀오신 분들에게 부탁합니다. 북한산 정도 걸었다고 자랑질이냐고 하지 마십시오. 제게는 나름의 최선이었습니다. 교우들과 어울려 도란도란 이야기를 나누며 산길을 걷는 시간이 속히 왔으면 좋겠습니다.

개인적인 이야기를 했습니다만, 지금 우리는 매우 중대한 역사적 고빗길에 서 있습니다. 영국 스코틀랜드 글래스고에서 열린 제26차 유엔기후변화협약당사국총회COP26는 지금 지구가 직면한 환경 위기가 심각한 지경에 이르렀다는 사실을 확인하고, 전 지구적 대책 마련을 위한 안건들을 논의했습니다. 우리나라도 국제 사회에서 책임감 있는 일원으로 동참하겠다고 다짐했습니다. 대통령의 연설문 일부입니다.

첫째, 한국은 2030 NDC를 상향하여 2018년 대비 40퍼센트 이상 온실가스를 감축하겠습니다. 종전 목표보다 14퍼센트가량 상향한 과감한 목표이며, 짧은 기간 가파르게 온실가스를 감축해야 하는 매우 도전적인 과제입니다. … 한국은 2050 탄소 중립을 법제화하고, 탄소 중립 시나리오를 발표했습니다. 2030년까지, 30퍼센트의 메탄 감축 방안도 담겼습니다. … 한국은 '국제메탄서약'에 가입해 메탄 감축 노력에 적극 동참하겠습니다. 둘째, 한국은 2차 세계 대전 이후 유일하게 산림 녹화에 성공한 나라로서 산림 복원 협력에 앞장서겠습니다. … '산림 및 토지 이용에 관한 글래스고 정상 선언'을 환영하며 개도국의 산림 회복에 적극 협력하겠습니다. … 셋째, 세계 석탄 감축 노력에 동참하겠습니다. … 녹색기후기금, 글로벌녹색성장연구소를 통한 기후 재원 지원을 계속하고, '기후기술센터 및 네트워크'를 통해 녹색 기술 분야에서 개도국과 협력을 강화하겠습니다. … 제가 드릴 한 가지 제안은 '청년 기후 서밋'의 정례적인 개최입니다. … 기후 위기의 당사자인 미래 세대와 기성세대가 함께 기후 위기의 해법을 찾는다면 지속 가능한 세계를 향한 인류의 발걸음도 한층 빨라질 것입니다.[130]

여기 굳이 이 연설문을 인용하는 까닭은 이런 공약이 말뿐인 공약이 되어서는 안 된다는 생각 때문입니다. 이것은 우리가 불편함을 감수하면서라도 기어코 도달해야 할 최소한의 목표입니다. 정부만의 일이 아니라 하나님을 창조주로 고백하는 우리 그리스도인들의 시대적 소명이기도 합니다.

지금까지는 우리 정치, 문화, 사회, 종교 등 모든 부문에서 경제 논리가 생명의 논리를 압도해 왔습니다. 생명과 평화를 말하는 사람들을 색안경 끼고 바라볼 때도 있었습니다. 그러나 이제 생명 중심적 사고로 전환해야 할 때입니다. 우리 시대에 기독교가 감당해야 할 역할이 있다면 바로 이것이 아니겠습니까.

돌아오는 주일은 우리 교회가 지키는 추수 감사 주일입니다. 사람마다 소회가 다를 것입니다. 절망의 심연에서 여전히 헤어나오지 못하는 이들도 있고, 힘겹기는 했지만 그래도 이만하니 다행이라 생각하는 이들도 있을 겁니다. 우리가 꿈꾸고 바라던 일이 다 잘 될 때만 감사할 수 있는 것은 아닙니다. 수렁 속에 빠져드는 것 같은 현실 속에서도 유머 감각을 잃지 않고, 다른 이들을 돕기 위해 기꺼이 몸을 낮추는 이들이 있습니다. 생각해 보면 우리가 이렇게라도 견디며 사는 것은 그저 곁에 있는 것만으로도 힘이 되는 동료들이 있었기 때문입니다. 때때로 격절감과 고립감에 사로잡힐 때도 있지만, 우리가 주님 안에서 연결되어 있다는 사실을 자각하면 내면 깊은 곳에서 힘이 솟아오릅니다.

여러 분이 제게 문자 메시지나 메일을 통해 추수감사절을 맞이하는 소감을 보내 주었습니다. 어느 한 분도 그늘이 없는 밝음만을 이야기하지 않았습니다. 그늘 속에서 밝음을 지향하는 삶의 이야기에 가슴이 뭉클해졌습니다. 참 고맙습니다. 잘 견뎌 주셔서. 우리가 함께여서 참 다행입니다. 이제 곧 찬 바람이 불어오겠지요? 참사람의 온기가 그 어느 때보다 그리운 시절입니다. 주님을 모셨으니, 누군가의 시린 마음을 감싸는 이 불과 같은 사람이 되어야 하겠습니다. 평화의 주님께서 모든 교우의 삶에 빛이 되어 주시기를 기원합니다.

2021년 11월 4일

1. 아브라함 요수아 헤셸,《사람을 찾는 하느님》, 이현주 옮김, 종로서적, 1988, 95쪽.

2. 다음 책을 참고하라. 심경호,《간찰》, 한얼미디어, 2006.

3. 고정희, 〈상한 영혼을 위하여〉,《이 시대의 아벨》, 문학과지성사, 2019, 90쪽.

4. 안도현, 〈너에게 묻는다〉,《외롭고 높고 쓸쓸한》, 문학동네, 2004.

5. 엘리 위젤,《샴고로드의 재판》, 하진호·박옥 옮김, 포이에마, 2014.

6. 다음 책에서 재인용했다. 게리 하우겐,《정의를 위한 용기》, 이지혜 옮김, IVP, 2011.

7. 중대재해 처벌 등에 관한 법률 제정안은 이 글을 쓴 다음날인 2021년 1월 8일에 국회 본회의를 통과했으며 2022년 1월 27일부터 본격 적용된다.

8. 백석, 〈나와 나타샤와 흰당나귀〉,《나와 나타샤와 흰당나귀》, 다산책방, 2014.

9. 황지우, 〈너를 기다리는 동안〉,《바깥에 대한 반가사유》, 휴먼앤북스, 2010.

10. 헤르만 헤세, 〈행복〉,《인생의 노래》, 김재혁 옮김, 이레, 2001.

11. 조선 헌종 때 정학유가 지은 가사 〈농가월령가〉 중 12월령의 한 대목.

12. 괴테의 시 〈나그네의 밤노래2 *Wandrers Nachtlied2*〉의 첫 구절.

13. 안재원,《아테네 팬데믹》, 이른비, 2020, 7쪽.

14. 슈테판 츠바이크,《위로하는 정신》, 안인희 옮김, 유유, 2012, 130-131쪽.

15. Matthew Fox, *Original Blessing*, Bear & Company, 2000, p. 115.

16. 헤더 모리스,《아우슈비츠의 문신가》, 박아람 옮김, 북로드, 2019,

202쪽.

17. 빅터 프랭클, 김충선 옮김,《죽음의 수용소에서》, 청아출판사, 2001, 139쪽. 번역은 저자가 일부 수정했다.

18. 이성부,〈봄〉,《우리들의 양식》, 민음사, 2006.

19. 김진영,《아침의 피아노》, 한겨레출판, 2018, 40쪽.

20. 앞의 책, 73쪽.

21. 아우구스티누스,《아우구스티누스: 요한 서간 강해》, 최익철 옮김, 분도출판사, 2012, 327쪽.

22. 김남주,〈설날 아침에〉,《김남주 시 전집》, 임홍배·염무웅 엮음, 창비, 2014.

23. 김종길,〈설날 아침에〉,《솔개》, 시인생각, 2013.

24. 그레고리오 대종,《베네딕도 전기》, 이형우 역주, 분도출판사, 1999, 219-221쪽.

25. 김영래,〈그 마구간의 짚 향기〉,《사순절》, 토담미디어, 2013.

26. 미쉘 꽈스트,《참 삶의 길》, 조철웅 옮김, 성바오로출판사, 1989, 127쪽.

27. 마이클 샌델,《공정하다는 착각》, 함규진 옮김, 와이즈베리, 2020, 109쪽.

28. 러끌레르끄,《게으름의 찬양》, 장익 옮김, 분도출판사, 1988, 45-46쪽.

29. 안젤름 그륀·얀 우베 로게,《아이들이 신에 대해 묻다》, 장혜경 옮김, 로도스, 2012, 9-11쪽 참조.

30. 조던 스콧 글, 시드니 스미스 그림,《나는 강물처럼 말해요》, 김지은 옮김, 책읽는 곰, 2021.

31. 루이스 글릭의 대표작〈눈풀꽃〉의 일부로 류시화 시인의 번역을 인용했다.

32. 아이스퀼로스,〈결박된 프로메테우스〉,《아이스퀼로스 비극》, 천병희 옮김, 단국대학교출판부, 1998, 208-209쪽.

33. 다음 책에서 재인용했다. 린들 로퍼,《마르틴 루터: 인간, 예언자, 변절자》, 박규태 옮김, 복있는사람, 2019, 288-289쪽.

34. 디트리히 본회퍼, 《성도의 공동생활》, 정현숙 옮김, 복있는사람, 2016, 22쪽.

35. 황동규, 〈맨땅〉, 《오늘 하루만이라도》, 문학과지성사, 2020.

36. 월터 브루그만, 《예언자의 기도》, 박천규 옮김, 비아, 2020, 149쪽.

37. 앞의 책, 150쪽.

38. 노리치의 줄리안, 《노리치의 줄리안: 보여주는 것들》, 이현주 옮김, 말씀과밥의집, 2020, 149쪽.

39. 존 웨슬리, 《웨슬리 설교전집3》, 한국웨슬리학회 편, 조종남·김홍기·임승안 외 공역, 대한기독교서회, 2019, 77쪽.

40. 이-푸 투안, 《공간과 장소》, 윤영호·김미선 옮김, 사이, 2020, 155쪽.

41. 토마스 베리·브라이언 스윔, 《우주 이야기》, 맹영선 옮김, 대화문화아카데미, 2010, 133-134쪽.

42. 허난설헌, 〈아들 죽음에 곡하다〉, 《허난설헌 시집》, 허경진 엮음, 평민사, 2019, 20쪽.

43. 다음 책에서 재인용했다. 정민, 《조심》, 김영사, 2014, 30-31쪽.

44. 다음 책에서 재인용했다. Matthew Fox, *Original Blessing*, Bear & Company, 2000, p. 286.

45. 토마스 베리, 《위대한 과업》, 이영숙 옮김, 대화문화아카데미, 2009, 91쪽.

46. 피에르 쌍소, 《느리게 산다는 것의 의미》, 김주경 옮김, 동문선, 2000, 10쪽.

47. 칼릴 지브란, 《예언자》, 강은교 옮김, 문예출판사, 1979, 22쪽.

48. 아브라함 요수아 헤셸, 《누가 사람이냐》, 이현주 옮김, 종로서적, 1996, 205쪽.

49. 함석헌, 〈님께 바쳐지이다〉, 《함석헌전집 6: 시집 수평선 너머》, 한길사, 1983, 266-269쪽.

50. 도종환, 〈새의 사랑〉, 《도종환의 교육 이야기》, 사계절, 2011.

51. 정현종, 〈올해도 꾀꼬리는 날아왔다〉, 《정현종 시 전집 2》, 문학과지성사, 2013, 79쪽.

52. 피에로 말베치·조반니 피렐리 엮음, 《레지스탕스 사형수들의 마지막

편지〉, 임희연 옮김, 올드벤, 92-93쪽.

53. 앞의 책, 92-96쪽.

54. 칼 라너, 《칼 라너의 기도》, 손성현 옮김, 복있는사람, 2020, 150쪽.

55. 이청준, 〈떠도는 말들〉, 《잃어버린 말을 찾아서》, 문학과지성사, 1981, 28쪽.

56. 이청준, 〈자서전들 쓰십시다〉, 《잃어버린 말을 찾아서》, 문학과지성사, 1981, 65쪽.

57. 요한 볼프강 폰 괴테, 《빌헬름 마이스터의 수업시대》, 곽복록 옮김, 동서문화사, 2016, 136쪽.

58. 프레데리크 그로, 《걷기, 두 발로 사유하는 철학》, 이재형 옮김, 책세상, 2014, 17쪽.

59. 안셀름 그륀, 《길 위에서》, 김영룡 옮김, 분도출판사, 2020. 89-90쪽.

60. 이현주, 《세기의 기도》, 이현주 옮김, 삼인, 2021.

61. 2021년 5월 26일에 열린 '한국교회 2050 탄소중립 선포식'에서 한 말이다. https://christian.nocutnews.co.kr/news/5559695

62. 헨리 데이빗 소로우, 《월든 숲속의 생활》, 안정효 옮김, 수문출판사, 2021, 137쪽.

63. 문태준, 〈유형〉, 《먼 곳》, 창비, 2012, 62쪽.

64. 안병무, 《민중신학 이야기》, 한국신학연구소, 2016.

65. 칼하인츠 A. 가이슬러, 《시간》, 박계수 옮김, 석필, 2002, 172쪽.

66. 앞의 책, 177쪽.

67. 앞의 책, 178-179쪽.

68. 정지용, 〈나무〉, 《정지용 전집 1: 詩》, 민음사, 2016.

69. 김소월, 〈바라건대는 우리에게 우리의 보섭대일 땅이 있었더면〉, 《김소월 시집 진달래 꽃》, 알에이치코리아, 2020. 160쪽.

70. 이승우, 《사랑이 한 일》, 문학동네, 2020, 31쪽.

71. 라이너 마리아 릴케, 《릴케 시선》, 구기성 옮김, 을유문화사, 1995.

72. 앙투안 마리 로제 드 생텍쥐페리, 《어린 왕자》, 김화영 옮김, 문학동네, 2007, 100-101쪽.

73. 유영희 작사, 박재훈 작곡, 〈여름 성경학교 교가〉.

74. 박목월 작사, 외국곡, 〈흰 구름〉.

75. 이원수 작사, 정세문 작곡, 〈나뭇잎〉.

76. 박희병, 《엄마의 마지막 말들》, 창비, 2020, 55쪽.

77. 앞의 책, 397쪽.

78. 로버트 콜스, 《환대하는 삶》, 박현주 옮김, 낮은산, 2011, 33쪽.

79. 정학유, 〈농가월령가〉, 6월령.

80. 최영철, 〈우짜노〉, 《그림자 호수》, 창비, 2003.

81. 반칠환, "이 아침에 만나는 시", 〈동아일보〉, 2003년 8월 22일.

82. 한완상, 《사자가 소처럼 여물을 먹고》, 후마니타스, 2017, 302쪽.

83. 앞의 책, 340-341쪽.

84. 타고르, 《기탄잘리》, 김병익 옮김, 민음사, 1974, 18쪽.

85. 로버트 L. 스미스, 《퀘이커 지혜의 책》, 박기환 옮김, 사월의책, 2021, 67쪽.

86. 앞의 책, 88쪽.

87. P. Theophile Desbonnets, *Assisi: In the Footsteps of Saint Francis*, Assisi, Edizioni Porziuncola, 1993, p. 103.

88. 제라드 홉킨스, 〈알록달록한 아름다움〉, 《홉킨스 시선》, 김영남 옮김, 지식을만드는지식, 2014, 88쪽.

89. 〈누군가 널 위해 기도하네〉라는 제목의 이 곡은 작사가이자 작곡가인 래니 울프의 "Someone is praying for you"를 변안한 곡이다.

90. 윌리엄 워즈워스, 〈하늘의 무지개를 볼 때마다〉, 《하늘의 무지개를 볼 때마다》, 유종호 옮김, 민음사, 2017, 15쪽.

91. 헤로도토스, 《역사 下》, 박광순 옮김, 범우사, 1995, 305쪽.

92. 김용석, 《일상의 발견》, 푸른숲, 2002, 139쪽.

93. 앞의 책, 머리말_멀리하기엔 너무 가까운.

94. 버트런드 러셀, 《나는 무엇을 위해 살아왔는가》, 최혁순 옮김, 문예출판사, 2013, 18-19쪽.

95. 빈센트 반 고흐, 《반 고흐, 영혼의 편지 1》, 신성림 옮김, 예담, 2017, 82쪽.

96. 척 로퍼, 〈자연이 들려주는 말〉, 《아일랜드 축복 기도》, 신현림 엮음,

사과꽃, 2019, 25쪽.

97. 플라톤,《국가·政體》, 박종현 옮김, 서광사, 1997, 82쪽.

98. 아브라함 J. 헤셸, 〈예언자들〉, 이현주 옮김, 삼인, 2004, 323쪽.

99. 라오서,《루어투어 시앙쯔 2》, 최영애 옮김, 통나무, 1992, 495쪽.

100. 알베르트 아인슈타인,《나는 세상을 어떻게 보는가》, 강승희 옮김, 호메로스, 2021, 23-24쪽.

101. 김진영,《아침의 피아노》, 한겨레출판, 2018, 94쪽.

102. 김웅교,《곁으로》, 새물결플러스, 2015, 27쪽.

103. 권정생·이오덕,《살구꽃 봉오리를 보니 눈물이 납니다》, 한길사, 2003, 233쪽.

104. A. 아우구스티누스,《고백록》, 최민순 옮김, 성바오로딸, 2010, 324쪽.

105. 앞의 책, 330쪽.

106. 움베르토 에코·카를로 마리아 마르티니,《무엇을 믿을 것인가》, 이세욱 옮김, 열린책들, 1998, 56쪽.

107. 헨리 데이빗 소로우,《소로우의 노래》, 강은교 옮김, 이레, 1999, 171쪽.

108. 김수영, 〈거미〉,《김수영 전집 1》, 이영준 엮음, 민음사, 2018, 79쪽.

109. 요한 페테 에커만,《괴테와의 대화 2》, 곽복록 옮김, 올재클래식스, 2021, 142-143쪽.

110. 윤동주, 〈귀뚜라미와 나와〉,《윤동주 전 시집》, 스타북스, 2019, 131쪽.

111. 윤동주, 〈나무〉,《윤동주 전 시집》, 스타북스, 2019, 211쪽.

112. 프리모 레비,《이것이 인간인가》, 이현경 옮김, 돌베개, 2007, 187쪽.

113. 다음 책을 참조하라. Barbara Brown Taylor, *An Altar in the World*, HarperOne, 2010, pp. 48-51.

114. 다음 책에서 재인용했다. 안셀름 그륀,《길 위에서》, 김영룡 옮김, 분도출판사, 2020, 41쪽.

115. 서홍관, 〈어머니 알통〉,《어머니 알통》, 문학동네, 2010, 15쪽.

116. 동도중학교 교사였던 심봉석, 신귀복이 1967년에 각각 작사, 작곡한 가곡.